KIM & AXEL HIMER

Das große Buch der Lederpflege

Schuhpflege – Bekleidung – Möbelpflege

HEEL Verlag GmbH
Gut Pottscheidt, 53639 Königswinter
Tel.: 02223 9230-0, Fax: 02223 9230-13
www.heel-verlag.de, info@heel-verlag.de

Bildnachweise: AKH: S. 167, 244, 245; Alvoro: S. 39, 194, 195
Attila Aszoti: S. 203; Bentley Düsseldorf: S. 13, 28; Detmar Modes: S. 173
Collonil: S. 30, 3, 35; Thorsten Dickmann: S. 199; Rainer Ersfeld: S. 198
Thomas Garnick: S. 209; Gregor Chemie: S. 62; Modehaus Hirmer: S. 287
Keller Bürsten: S. 236; Kiwi: 210, 211; La Cordonnerie Anglaise: S. 129
Eduard Meier: S. 154, 155, 192, 193; J. Nitschmann: S. 206, 208
Klaus Schultes: S. 6, 52, 132, 196, 197, 205; H.G. Winkler: S. 215

Autor: Kim Himer und Axel Himer

Fotos: Barthold Stromeyer
Coverfoto: Barthold Stromeyer
Abbildungen: Siegle Design, Baden-Baden
Satz und Gestaltung: Siegle Design, Baden-Baden
Cover Design: gb-s Mediendesign, Königswinter
Lektorat: Sabine Arenz

Printed in Germany

ISBN 978-3-86852-458-1

KIM & AXEL HIMER

Das große Buch der
Lederpflege

Schuhpflege – Bekleidung – Möbelpflege

HEEL

Inhalt

Nicola, Axel und Kim Himer.

Danksagungen

Nach einer vierjährigen Entwicklung und Recherche zu diesem Buch möchten wir mehreren Personen unseren Dank aussprechen. An erster Stelle ist Fabian Pfister zu nennen, der uns maßgeblich bei Recherche und der umfangreichen Datenverwaltung unterstützt hat. Besonders dankbar sind wir Fotograf Barthold Stromeyer, der unser Buch in dieser Form erst möglich gemacht hat. Ohne seine Bildkomposition wäre das Werk dem Leser und Betrachter nicht sinnvoll zu vermitteln gewesen. Des Weiteren danken wir Grafiker Bernhard Siegle für sein gelungenes Layout. Wir danken Nada und Horst Lichter dafür, dass sie uns mit dem Agenten Dr. Jürgen Pütz zusammengebracht haben. Diesem danken wir für sein, von Anfang an, großes Engagement und dafür, dass er an unsere Idee dieses Buches geglaubt hat. Ohne ihn wären wir nicht mit dem Heel Verlag zusammengekommen. Franz-Christoph Heel und seinen Mitarbeitern, insbesondere unserer Lektorin Sabine Arenz, danken wir für das uns entgegengebrachte Vertrauen und die eingeräumten Freiheiten bei der Erstellung dieses Buches.
Allen in diesem Buch genannten Firmen danken wir für ihre Unterstützung. Bei Dr. Prinz Asfa-Wossen Asserate bedanken wir uns für sein geneigtes Vorwort. Unser Dank gilt im Einzelnen den folgenden Personen: Attila Aszoti, Liz Buffo, Michael Baggeler, Jörg Beckhaus, Thimon von Berlepsch, Rainer Brüssow, Mark Fisher, Ingo Fischer, Ottmar Geberbauer, Johann Glöckle, Peter Heinrichs, Patrick Hofmeister, Jürgen Hingsen, Michael Kober, Blanka Krieg, Frank Marrenbach, Jochen Mass, Adolfo Massi, Ralf Möller, Elmar Nyhuis, Ali Peneck, Prof. Dr. Erich Pfister, Dr. med. Siddhartha Popat, Erol Sander, Christian Schims, Guido Graf von Spee, Carmine Tortora, Andreas Weiss, Nicol & Dirk Westendorf, Senator Dierk Wettengel, Ulrich Tröger, Oliver Wickert und Tina Himer. Zu guter Letzt danken wir Nicola Himer, Schwester von Kim und Tochter von Axel Himer, für ihre Mitwirkung und Unterstützung bei der Erstellung dieses Buches.

Vorwort von Dr. Prinz Asfa-Wossen Asserate

Neben Holz, Stein und Wolle gehört Leder zu den ältesten Materialien, die Menschen nutzen. Kein Wunder, denn gegerbte Tierhaut ist ein sehr robustes und vielfältig einsetzbares Material. Früher wurden beispielsweise auch Teile von Waffen aus Leder gefertigt – heutzutage sind es vor allem alltägliche Gebrauchsgegenstände, die aus dem Naturmaterial hergestellt werden.

Leder war das erste Material, worauf der Mensch seine Geschichte geschrieben hat. Die Bedeutung und Nutzung des Leders spielt zugleich in zahlreichen Facetten des täglichen Lebens seit Anbeginn der Menschheit eine wichtige Rolle. Das Naturprodukt Leder verdient ebenso eine natürliche Ver- wie Bearbeitung. Das Leder spricht uns als zweite Haut an. Geduldig nimmt es die Gestalt des persönlichen Ausdrucks auf. Im Charakter, weich und zäh, findet das langlebige Leder dann seine Geschmeidigkeit. Träger und Benutzer wissen um diese Erfahrung und werden zur Symbiose mit dem Leder. Gemeinsam gehen sie durch dick und dünn. Der überwiegende Teil des weltweit produzierten Leders wird wohl für Schuhe verwendet. Für die Herstellung eines Schuhs sind verschiedene Lederarten mit gänzlich unterschiedlichen Eigenschaften erforderlich.

Wer sich den Füßen zuwendet, der muss bereit sein, vom hohen Ross herabzusteigen, der muss sich klein machen, sich bücken, sich erniedrigen. Das fällt uns nicht immer leicht, denn es verlangt Demut zu zeigen und das wiederum setzt eine gewisse Größe voraus.

Die Füße sind unser Kontakt zur Erde, mit den Füßen bewegen wir uns durchs Leben. Dabei ist es unvermeidbar, dass sie geschützt werden, und es ist wiederum unvermeidbar, dass dieser Schutz, den wir auch „Schuh" nennen, befleckt und beschmutzt wird. Wir kommen auf unserem Lebensweg auch mit dem Unreinen in Berührung. Der Staub und Schlamm der Erde heftet sich an unsere Füße und wurde vielfach zum Symbol für das Befleckte und Sündhafte.

Für Muslime, Hindus und Buddhisten und auch für äthiopische Christen ist es üblich, an der Schwelle zu heiligen Orten sowie zu Hause, die Schuhe auszuziehen. Man lässt so das Beschmutzte quasi vor der Tür. Auch in der Bibel findet sich dieser Gedanke, als Gott zu Moses sagt: „Ziehe deine Schuhe aus, denn der Ort, auf dem du stehst, ist heiliges Land." Eine besondere Bedeutung in vielen orientalischen Kulturen, wie zum Beispiel auch in meiner äthiopischen, hat die Reinigung von Schuhen. Überall in den Städten findet man junge Menschen mit ihren kleinen Hockern und Holzkisten, in denen sie die Utensilien zum Reinigen der Schuhe aufbewahren. Die äthiopischen Schuhputzer werden immer noch „Listros" genannt, eine Bezeichnung,

die als ein Erbe aus der italienischen Besatzungszeit zwischen 1935 und 1941 angesehen werden darf. In diesen Ländern haben es Schuhe gut, denn sie werden bestimmt besser behandelt als in vielen europäischen Ländern. Der Grund dafür mag darin liegen, dass das Schuheputzen sehr billig ist und sich dort jeder diese tägliche Pflege leisten kann. Ein Vorbild für die „Servicewüste Deutschland"?
Leder kann – wie jedes Material – durch eine konstante Nutzung geschädigt werden. Dazu gehören Schäden wie Einrisse, Abrieb, Flecken, Schneeränder, usw. Oft findet man bei Leder auch Risse in der Oberfläche, die durch eine zu hohe Trockenheit oder auch einen zu hohen Fettgehalt im Leder ausgelöst worden sein können.
Nun haben Axel und Kim Himer, beide ausgewiesene Experten in Sachen Lederverarbeitung, ein Buch über die Pflege von Lederwaren geschrieben. Es ist ihnen dabei gelungen, einen für den Laien verständlichen Ton zu finden und uns auch Tipps und Tricks zu verraten, wie wir mit Lederwaren umgehen sollen.
Es geht auf keine Kuhhaut, dass man sich der Lektüre dieses wichtigen Buches verweigert!

Ich kenne Axel Himer seit einigen Jahren als vielseitigen und „umtriebigen" Handwerker, der es gemeinsam mit seiner Frau Tina geschafft hat, sein Wissen an seine Töchter Kim und Nicola weiterzugeben. Sie streben ebenfalls nach bester Qualität und suchen ihren Platz in einem aussterbenden Handwerk zu behaupten. So ist inzwischen auch Kim Himer zu einer der Besten ihrer Zunft avanciert. Dass nun Vater und Tochter „Das große Buch der Lederpflege" als gemeinsames Werk erstellt haben, finde ich in unserer Zeit wegweisend.

Dr. Prinz Asfa-Wossen Asserate

Unternehmensberater, Bestsellerautor
und politischer Analyst

Einleitung

Die Erfindung der verschiedensten Gerbverfahren, durch die Tierhäute in Leder umgewandelt werden, ist eine der größten Errungenschaften der Menschheit und bereits mehrere tausend Jahre alt. Erst diese haben es dem Menschen ermöglicht, in allen Klimazonen der Welt Fuß zu fassen. Im Vergleich dazu ist es erstaunlich, dass professionelle Lederpflegemittel vor gerade erst knapp hundert Jahren entwickelt wurden. Diese modernen Lederpflegemittel erhalten nicht nur den Wert hochwertiger Lederwaren langfristig, sondern sorgen selbst unter härtesten Bedingungen wie Kälte, Hitze, Feuchtigkeit und Abrieb, für eine oftmals gesteigerte Funktionalität.

Durch unser über fünfundzwanzigjähriges Schaffen als Maßschuhmacher haben wir uns ständig mit den unterschiedlichsten Lederarten und deren Pflege beschäftigt. Denn auch das beste Leder hält nun einmal länger, wenn es richtig gepflegt wird. Dabei ist das Wort „richtig" sehr ernst zu nehmen, denn falsche Pflege oder falsche Pflegemittel können schaden. Deshalb ist es wichtig, für jeden Pflegefall das richtige Mittel einzusetzen. Immer wieder sind wir von Kunden und Teilnehmern unserer Pflegeseminare nach den besten Methoden und Pflegemitteln gefragt worden.

Angesichts dieses Interesses am Thema Schuh- und Lederpflege ist es umso erstaunlicher, dass es bisher keinerlei fachlich qualifizierte Literatur zu diesem Thema gab. Es erscheint uns geradezu, als wäre im Sog der Entwicklung der Gesellschaft hin zu einer Wegwerfgesellschaft das Wissen um die Schuh- und Lederpflege ebenfalls weggeworfen worden. Während vor zwei Generationen jedes Kind in seinem Elternhaus das Schuheputzen lernte, wissen heute nicht einmal mehr die meisten Eltern wie Schuhe richtig gepflegt werden. Wer kennt heute noch den Unterschied zwischen einer Emulsionscreme und einer Hartwachspaste oder weiß, wie verschiedene Flecken im Leder oder Kaugummi sinnvoll entfernt werden?

Um Ordnung in dieses Chaos zu bringen und eine ganze Branche, die momentan zu Unrecht größtenteils ignoriert wird, in das Licht der Öffentlichkeit zu rücken sowie den Wissenshunger der „Besserpfleger" zu stillen, haben wir uns entschlossen, all unser Praxiswissen über Lederpflege mit der themenbezogenen Literatur unserer Bibliothek kritisch zu verknüpfen und dieses Buch zu schreiben. Denn Ledermöbel, Lederbekleidung, Schuhwerk, Sattelzeug, Lederaccessoires und Fahrzeugleder verdienen gute Pflege und schließlich stehen heute jedermann die besten Pflegemittel zur Verfügung, die es je gab. Mit diesen ein Paar bequeme Schuhe oder eine lieb gewonnene Handtasche zu pflegen, wird Ihnen nach Lesen unseres Buches nicht nur leichter von der Hand gehen, sondern auch für deren Langlebigkeit, gutes Aussehen und Werterhalt sorgen. Zusätzlich werden Sie eine innere Befriedigung angesichts der eigenen handwerklichen Leistung verspüren, doch ein bisschen Arbeit, das sei hier vorab erwähnt, ist es schon. Die jedoch, mit den richtigen Pflegeutensilien ausgeübt, fast schon meditativen Charakter erreicht.

Die Pflegeutensilien und deren Handhabung, mit denen wir in den vergangenen Jahrzehnten unserer Arbeit die besten Resultate erzielen konnten, werden in diesem Buch vorgestellt. Alle sind von hoher Qualität und wir können sie uneingeschränkt empfehlen. Selbstverständlich handelt es sich um eine von uns subjektiv getroffene Auswahl und deren Handhabung, die keinen Anspruch auf Vollständigkeit erhebt, aber doch einen weit gefächerten Überblick gibt.

In diesem Sinne hoffen wir, dem Leser einen guten Lederpflege-Leitfaden an die Hand zu geben, durch den er seine Schuhe sowie andere Lederprodukte besser und mit mehr Freude pflegt. Dann hätten wir unser Ziel erreicht.

SEIL-MARSCHALL
TONINO
SHOEMAKER
CORDONNERIE ANGLAISE
SHOEBOY'S
EXKLUSIV-PFLEGE
Collonil
Nilfett
WOLY
SHOE CREAM
COLONIA
Premium Shoe & Leather Care
Beste Schuh & Lederpflege
KIWI
SHOE POLISH
BROWN
COLONIA
TAPIR
LEDERBALSAM

Leder – Das unverzichtbare Naturprodukt

Trotz unserer modernen Lebensweise und weit fortgeschrittenen Zivilisation ist Leder, eines der ältesten Materialien, welches die Menschheit kennt, in unserem Alltag so stark vertreten wie nie zuvor. Nie waren die Herstellungsarten, die Vielfalt der Herkunft und die möglichen Verwendungszwecke so facettenreich wie heute.

Schon seit der Steinzeit wird Leder von den Menschen als Bekleidung und zur Herstellung von Schuhwerk verwendet. Ebenso wurde Leder schon sehr früh zur Herstellung von einfachen Behausungen wie Zelten eingesetzt. Nicht nur von Nomaden in Steppengegenden wie der Mongolei, wo Holzknappheit herrscht, sondern auch in nordamerikanischen Waldgebieten. Kein Wunder, wenn man bedenkt, dass Leder eine dreifach bessere Wärmeisolation besitzt als Eichenholz. Ermöglicht wird dies durch die in die Faserstruktur des Leders eingebetteten Luftpolster. So besitzt ein Gramm vegetabil gegerbtes Leder eine innere Oberfläche von bis zu 300 m^2.

Vor Erfindung des Pergaments, das aus ungegerbten Häuten hergestellt wird, wurde in den antiken Hochkulturen nicht nur auf Papyrus, sondern auch auf Leder geschrieben.

Das römische Imperium stattete seine Legionäre mit Rüstungen aus Leder aus, die Eskimos bespannten bis Anfang des 20. Jahrhunderts ihre Boote mit Leder. Stühle, Sessel und Sofas wurden und werden aufgrund seiner Dehnbarkeit und Reißfestigkeit mit Leder bespannt. Lederarmbänder und geflochtene Lederriemchen dienen als Schmuck.

Mit Aufkommen des Buchdrucks in der Mitte des 15. Jahrhunderts ergab sich ein gänzlich neuer Einsatzbereich, den Leder von allen Materialien am besten erfüllen konnte, nämlich als Einbandmaterial in der Buchbinderei. Hier fand sogar eine Ledersorte Verwendung, die einen heute erschaudern lässt – Menschenleder. So wurde beispielsweise die Prozessakte eines Mörders in der ersten Hälfte des 19. Jahrhunderts in England nach seiner Hinrichtung in dessen eigener Haut gebunden. Glücklicherweise war und ist Leder in fröhlichen Bereichen wie der Musik als Bezugmaterial für Trommeln und heute im Sport beispielsweise als Material zur Herstellung von Fußbällen von weit größerer Bedeutung.

Als Hernando Cortés Anfang des 16. Jahrhunderts das heutige Mexiko eroberte, kam die Kunst der Lederverarbeitung und Verzierung, in der die Spanier damals führend waren, in die Neue Welt. Die ausgebildeten spanischen Lederhandwerker, die für die Fertigung von Sätteln und Zaumzeug für die mitgebrachten Pferde zuständig waren, kamen so mit der beeindruckenden mittelamerikanischen Flora in Kontakt, was sich in der Lederverzierung in schönen Blumenmustern niederschlug. So entstand eine Überleitung von den bis dahin gebräuchlichen starr geometrischen Formen des Spätmittelalters hin zu gefälligeren, fließenden Formen.

Für unzählige Accessoires und Funktionsartikel wie Gürtel, Handtaschen, Geldbörsen, Messerscheiden, Uhrenarm-

Ledersohlen eines Wanderstiefels von 1870 mit handgeschmiedeten Absatz- und Sohlennägeln.

bänder und Sättel ist Leder die erste Wahl. Selbst im Badezimmer hat sich Leder in Form des Streichriemens für Rasiermesser im Bereich der Herrenhygiene durchgesetzt.

Der Einsatzbereich in Automobilen nicht nur als Polsterleder der Sitze, sondern immer mehr als Bezugmaterial von Armaturenbrett und Himmel, ist historisch gesehen relativ jung, aber quantitativ sehr bedeutend. Im Automobilbereich ist es übrigens sehr interessant, dass Leder als Material in der Wertschätzung schon einen radikalen Wandel hinter sich hat. So war ein Bugatti Royale in den Zwanziger- und Dreißigerjahren des 20. Jahrhunderts das teuerste und exklusivste Automobil der Welt, im Passagierabteil mit teuren Stoffsitzen ausgestattet, während der Chauffeur auf günstigem widerstandsfähigem Leder Platz nehmen musste. Heute hingegen überbieten sich Hersteller von Luxuswagen in Qualität und Auswahl ihrer Ausstattungsleder, und nicht selten muss für eine exklusive Volllederausstattung derartiger Limousinen der Preis einer veritablen Mittelklasselimousine bezahlt werden.

Heute werden jährlich 1,8 Milliarden Quadratmeter Leder produziert, etwa 65 Prozent der Häute stammen vom Rind und 80 Prozent der Leder werden von der Modebranche für Bekleidung, Accessoires und vor allem für Schuhe verwendet.

Trotz aller moderner Materialien, neuartiger Textilien und Kunstleder, die in den letzten hundert Jahren erfunden wurden, sind die Eigenschaften des Leders in seiner einzigartigen Kombination von Dehnbarkeit, Reißfestigkeit, Wärme- und Kälteisolation, Atmungsaktivität, Schwerentflammbarkeit und Abriebfestigkeit nicht reproduzierbar. Insbesondere die Schwerentflammbarkeit und Abriebfestigkeit verhelfen dem Leder im Bereich der Motorradschutzkleidung zu einer Alleinstellung, die hochaktuell ist und es wohl auch immer bleiben wird. In allen Einsatzbereichen bietet Leder vielfältige Höchstleistungen und ist so fast immer das Material der ersten Wahl.

„Schmutzweiche bei Rendenbach". In der Reinigungshaspel werden die Häute mit 30 Grad warmem Wasser von Salz, Dung und Blutresten gereinigt.

Lede

Perlrochen-Maßschuhe.

Rindsleder Westernsattel.

Bentley Azure II Bj. 2010,
das Cabriolet der Arnage Baureihe.

… Echsen-, Kaiman-, Straußen- und Kalbslederarmbänder.

Das kleine Lederlexikon

Leder entsteht durch das Gerben von Häuten und Fellen. Durch das Gerben werden sie in einen dauerhaft haltbaren Zustand überführt und vor Verwesung geschützt. Die Körperdecken großer Säugetiere wie Rind, Pferd oder Schwein werden Haut genannt – wie auch die von verwendeten Reptilien, Fischen oder Amphibien – bei kleineren Säugetieren wie Schaf oder Ziege und natürlich allen Tieren mit Pelz heißen sie Fell.

Die Haut von Säugetieren besteht aus drei Schichten, der dünnen Oberhaut (Epidermis) mit Haaren, Schweiß- und Talgdrüsen, der dicken Lederhaut (Corium) und der Unterhaut (Subcutis), die aus dem Unterhautbindegewebe mit eingelagerten Fettzellen besteht. Zur Lederherstellung ist nur die Lederhaut geeignet, die aus der oberen Papillarschicht (dem Narben) und der dickeren Retikularschicht mit ihren Faserbündeln (Fibrillen) besteht.

Die Anzahl der Gerbereien in Europa ist ebenso wie die hergestellte Ledermenge aufgrund der immer restriktiveren Umweltgesetzgebung rückläufig.

Heute wird das meiste Leder in Indien und dem gesamten asiatischen Raum produziert und auch dort weiterverarbeitet, da das Leder an sich, bis auf wenige Ausnahmen, kein Endprodukt darstellt. Aufgrund der oft aufwendigen Weiterverarbeitung in Handarbeit ist Asien angesichts der niedrigen Lohnkosten ebenfalls im Vorteil. In Europa finden sich hauptsächlich Gerbereien, die im Nischenbereich oder im Luxussegment arbeiten.

Die Hauptgerbverfahren sind die Chromgerbung mit Chrom und Mineralsalzen, die vegetabile oder Grubengerbung, die Tran- oder Sämischgerbung sowie die synthetische Gerbung mit Aldehyden, Acrylaten und Phenolen. Oft werden auch verschiedene Verfahren kombiniert, um die Eigenschaften des fertigen Leders in der gewünschten Weise zu beeinflussen. Die genaue Zusammensetzung der verwendeten Gerbstoffe ist Betriebsgeheimnis jeder Gerberei. Etwa 80 Prozent aller in Europa produzierten Leder sind chromgegerbt, ungefähr 20 Prozent vegetabil gegerbt und nur etwa ein Prozent sind sämisch gegerbt. Fast alle Bekleidungs- und Schuhoberleder sind chromgegerbt. Möbel- und Autoleder sind auch meist chromgegerbt, werden aber immer mehr mit chromfreien Methoden (vegetabil oder synthetisch) gegerbt. Hochwertiges Bodenleder für Schuhsohlen wird immer lohgegerbt (vegetabil). Nachfolgend werden die wichtigsten Gerbverfahren beschrieben.

„In des Leders Werdegang ist die Hauptsach der Gestank. Kalk, Alaun, Salz, Mehl, Arsen, machen's gar, recht weiß und schön. Eigelb, Pinckel, Hundeschiete geben ihm besondere Güte. Drum ist es ein Hochgenuß, auf den Handschuh zart ein Kuß."

Alter Gerberspruch.

Chromgerbung

Die Chromgerbung mit Mineralsalzen gibt es seit 1958, sie stellt heute die am weitesten verbreitete Gerbmethode dar.

Den ersten Schritt zu einem hochwertigen Endprodukt bildet bereits die Auswahl der Rohware. Rind- und Kalbshäute fallen als Abfallprodukt in Schlachthöfen an, wo sie von Geschäftsleuten aufgekauft werden, die mit diesen Häuten Handel treiben. Diese Häutehändler sortieren die erworbene Ware nach Geschlecht und Gewicht und sorgen durch Einsalzen und

„Trockenspeicher" bei Gerberei Rendenbach. Bevor die fertig gegerbten Leder einzeln zur Trocknung aufgehängt werden, bei der werden sie mit einem speziellen pflanzlichen Öl bearbeitet.

Kühlung für die Konservierung – ein grober Zuschnitt findet ebenfalls statt. Anschließend wird die Rohware an Gerbereien und Lederfabriken weiterverkauft.
Der erste Produktionsschritt ist die „Weiche" im „Äscherfass", einer großen rotierenden Trommel, die sich in der Wasserwerkstatt der Gerberei befindet. Hier wird den Häuten durch das Einweichen im Wasser der natürliche Wassergehalt zurückgegeben, und außerdem werden sie bei diesem Bad von Salz und Schmutz gereinigt. Anschließend folgt der „Äscher" genannte Enthaarungsprozess, bei dem Kalk und Schwefelnatrium zum Einsatz kommen. Bei diesem Arbeitsgang, der circa 30 Stunden dauert, werden Eiweiße und Fette aus der Haut gewaschen. Das Ergebnis ist die „Blöße", wie die enthaarte Haut genannt wird. Nun folgen mit dem Beseitigen des Unterhautbindegewebes die Entfleischung (Kantierung) jener Blöße sowie eine erste Beschneidung, bei der Beine und Schwanz entfernt werden. Jetzt wird die Blöße horizontal mit einem Bandmesser in einen Narbenspalt und einen Fleischspalt geteilt. Der Narbenspalt, auch Oberspalt genannt, wird für Oberleder verwendet, aus dem

Oberleder-Rohäute werden im Faß gereinigt.

Hier werden die Farben der Oberledergerberei Hofmans angesetzt.

Fleischspalt wird **Spaltleder**, das zu Futterleder oder **Veloursleder**, manchmal auch zu Gelatine, weiterverarbeitet wird.

Nun erfolgt die eigentliche Gerbung. Sie wird ebenfalls in großen rotierenden Trommeln durchgeführt. Zuerst wird in der Entkälkung der Spalt von Kalk befreit und baut in einer Beize mit zugesetzten Enzymen Kollagen ab, um so die Haut auf die Aufnahme möglichst vieler Gerbstoffe vorzubereiten. Der Pickel genannten Vorgerbung werden Säure (Schwefelsäure und Ameisensäure) sowie Neutralsalze hinzugefügt, um den pH-Wert zu senken. Dann werden die eigentlichen Gerbstoffe beigegeben. Bei der Gerbung mit Mineralsalzen handelt es sich hauptsächlich um Chromsalze aus dreiwertigem Chrom, Aluminium- und Eisensalze. Bei diesem Vorgang lagern sich die kleinen Chrommoleküle gut in den Fasern und den luftigen Poren der Haut ein. Durch das Hinzufügen von Lauge bei der sogenannten Abstumpfung vergrößern sich die Chromteilchen und werden so in der Haut verankert. Dieser Prozess der Verbindung von Gerbstoff und Haut ist die eigentliche Gerbung, aus Haut ist nun Leder geworden. Die frisch gegerbten feuchten Leder werden durch das Chrom blau gefärbt, sie werden daher auch Wet Blue genannt – im Gegensatz zu Wet White, die durch die **Weißgerbung** entstehen und die insbesondere bei der Pelzgerbung zur Anwendung kommt, bei der nicht färbende synthetische Gerbstoffe und Aluminiumsalze eingesetzt werden. Beide Verfahren dauern bis zu 20 Stunden.

Auf der Abwelkpresse werden die nassen Leder zwischen zwei Filzwalzen entwässert und im Anschluss der Länge nach geteilt und je nach Dicke, Narben und Mückenstichen in Qualitätsstufen eingeteilt. Durch das Falzen wird das Narbenleder von Unebenheiten befreit und auf eine gleichmäßige Stärke gebracht. In einem Färbefass werden die Wet Blues in der Neutralisation von den Resten der Gerbsäure befreit und dann in der Nachgerbung und Färbung durch Zugabe weiterer Gerb- und Farbstoffe auf die

Die Oberledergerberei bei Hofmans ist auch heute noch ein Knochenjob.

„Hängeversenk" der Häute, dient als Vorstufe zur Gerbung in der Grube mit pflanzlichen Rinden und Früchten.

Kundenwünsche eingestellt. So werden vorgegebene Parameter wie Farbe, Griffigkeit, Reißwerte, Elastizität und andere Eigenschaften erreicht. Hochwertige Leder bleiben so lange im Färbefass, bis sie komplett durchgefärbt sind. Abschließend wird durch die Beimischung von Fetten die erwünschte Weichheit erzielt. Durch die Beigabe von hydrophoben Fetten entstehen wasserabweisende Leder, die jedoch gleichzeitig Wasserdampf und Schweiß nach außen dringen lassen – was bei Lederkleidung und Schuhen für perfektes Wohlfühlklima sorgt. Die Kunstfertigkeit des Färbemeisters ist hierbei entscheidend. Zum Trocknen kommen die Lederhäute zuerst auf eine Ausreckmaschine, wo sie glattgepresst und auseinander gezogen werden, wodurch sich eine glatte Oberfläche ergibt. Jetzt legt man die Lederhäute auf eine 40 Grad Celsius warme Heizplatte, streicht sie glatt und trocknet sie unter Vakuum an, um die Fasern zu fixieren. Der letzte Trocknungsvorgang findet als Hängetrocknung in Trockenöfen statt.

Durch die langsame Trocknung wird dem Leder genügend Zeit gegeben, die chemischen Reaktionen vollständig zu beenden, wodurch sich die zugesetzten Gerb- und Farbstoffe noch besser mit der Faserstruktur verbinden. Vor der Zurichtung werden die Leder durch Stollen, einen maschinellen Walkvorgang, weich geklopft und anschließend bei 90 Grad gebügelt und erneut glattgepresst. Das Leder wird jetzt als Crust bezeichnet.

Der erste Schritt der Zurichtung ist das mechanische Entfernen längerer Fasern auf der Rückseite durch Schleifpapier. Wird das Leder auf der Oberseite angeschliffen, entsteht **Nubuk**. Falls ein besonders weiches Leder gewünscht ist, kommt es in ein Millfass, wo es so lange gedreht und dadurch weich geschlagen wird, bis die gewünschte Weichheit erreicht ist. Das bekannteste gemillte Leder ist **Nappa**. Weitere Arbeitsschritte sind das Appretieren, wobei Imprägnierungen, Öle oder Wachse aufgetragen und schlecht gefärbte Stellen ausgebessert werden. Prägungen wie **Scotchgrain** oder **Kroko-Imitat** werden ebenfalls hier aufgebracht. Durch einen letzten Bügelvorgang, bei dem Glätte und Glanz nochmals gesteigert werden, entstehen besonders elegante Leder. Bei Ledern, die eher einer sportlichen Verwendung zugeführt werden sollen, wird darauf verzichtet.

Rendenbach mahlt seine Rinde noch selbst, wie man hier erkennen kann.

„Streichmaschine" bei Rendenbach.
Auf der Streichmaschine werden die Häute auf dem Narben restgesäubert, das heißt von Haarwurzeln und überschüssigen Farbpigmenten befreit.

Blick in den Grubenhof bei der Bodenledergerberei Rendenbach, dem Herzstück der Altgrubengerbung.

Trangerbung oder Sämischgerbung

Sämischleder ist ein in Fischtran oder Fischöl (meist Dorschlebertran) gegerbtes Leder. Der Gerbprozess findet durch Oxidierung des Fischtrans in den Häuten statt. Sämischleder ist angenehm weich und gut zu reinigen. In der Regel wird es aus Schaffellen hergestellt, aber auch Hirsch-, Ziegen- und Rindhäute werden verwendet. Die Sämischgerbung ist eine der ältesten Gerbverfahren und wird manchmal auch Trangerbung oder **Fettgerbung** genannt.

Weißgerbung wird die Gerbung mit Aluminiumsalzen genannt, weshalb sie manchmal auch als **Alaungerbung** bezeichnet wird. Sie wurde fast vollständig von der Chromgerbung abgelöst und wird heute nur noch für die Gerbung von Pelzen und Dekorationsfellen, wie Jagdtrophäen, verwendet. Durch sie erhält das Leder einen weißen Farbton, was sehr dekorativ wirkt. Weißgegerbte Leder haben allerdings den Nachteil, dass sie nicht wasserbeständig sind und bei häufigem Kontakt mit Wasser die Gerbstoffe ausgewaschen werden können. Werden den Gerbstoffen Eidotter und Mehl beigemischt, so hat man es mit einer **Glacégerbung**, auch **französische Weißgerbung** genannt, zu tun. Glacéleder wird vor allem für Handschuhe verwendet und ist sehr empfindlich.

Die **Grubengerbung**, **Lohgerbung** oder **vegetabile Gerbung** findet heute vor allem bei der Herstellung hochwertiger Bodenleder für Schuhsohlen Anwendung. Als weltweit eines der besten Verfahren hat sich die Altgrubengerbung mit Eichenlohe durchgesetzt. Bei diesem Verfahren wird komplett auf mechanische Techniken zur Beschleunigung des Gerbprozesses verzichtet, und es kommen ausschließlich natürliche Gerbstoffe wie Eichen-, Fichten-, und Mimosarinde sowie Valonea und Auszüge von Kastanie und Sumach zum Einsatz. Die Basis bilden die Eichen- und Fichtenrinden jüngerer Bäume, da der Gerbstoffanteil hier am höchsten ist. Eichenrinde ist für alle Leder verwendbar, Kastanien ergeben ein hartes Leder mit rötlicher Färbung und Fichtenrinde erzeugt viel Säure. Daher muss sie exakt dosiert werden. Mimosarinde von Akazienbäumen bringt Biegsamkeit und Geschmeidigkeit in das Leder. Valonea ist der Fruchtbecher einer mediterranen Eichenart mit einem äußerst hohen Gerbstoffanteil von bis zu 32 Prozent, der für Festigkeit und Zähigkeit des Leders sorgt. Außer den verwendeten Gerbstoffen ist vor allem die Zeit

Dieses Markensiegel bürgt für beste Qualität – Made in Germany.

von entscheidender Bedeutung. Je länger die Häute der Lohe (Gerbemittel, insbesondere Rinde) ausgesetzt werden, desto tiefer dringen die Gerbstoffe in die Haut ein.

Der eigentliche Gerbprozess besteht aus drei Schritten. Der erste ist der Farbengang, bei dem die gesäuberten und enthaarten Häute in eine zwei auf zwei Meter große und zwei Meter tiefe Grube gehängt werden. Der Farbengang kann bis zu sechzehn derartiger Gruben umfassen, in welchen die Häute einer immer stärker konzentrierteren Gerbbrühe ausgesetzt werden. Hierdurch wird eine sogenannte Totgerbung vermieden, die auftritt, wenn die Häute sofort in eine frisch angesetzte Gerbbrühe kommen. Weil die großen Gerbstoffteilchen sich sofort mit den Häuten verbinden, versperren sie den kleinen den Weg und verhindern so, dass das Leder komplett durchgegerbt wird. Der gesamte Vorgang dauert etwa vier Wochen. Im nächsten Schritt gelangen die Häute in die Versenk genannte Grube. Das Versenk ist bis zur Hälfte mit einer wiederum stärker konzentrierten Gerbbrühe gefüllt. Die Häute werden auf einem Versenkboden genannten, Lattenrost horizontal aufgeschichtet, mit je einer Schicht geschroteter Lohe zwischen den Häuten, und dann in das Versenk abgelassen. Hier verharren sie rund zwölf Wochen. Nach sechs Wochen werden sie manchmal in ein neues Versenk mit frischer Gerbbrühe umgesetzt. Der letzte Schritt ist der Versatz. Jetzt erfolgt die eigentliche Eichenloh-Grubengerbung. Die Häute kommen in eine, am Boden dick mit Lohe bedeckte Grube und zwischen die Häute kommt wieder jeweils eine Loheschicht. Anschließend wird die schwächere Abtränkbrühe in die Grube geleitet und schlussendlich oben als luftdichter Abschluss, eine besonders dicke Schicht Lohe aufgetragen. Zuletzt wird die Grube noch mit Brettern beschwert und abgedeckt. So bleiben die Häute bis zu neun Monate im Versatz. Danach werden sie gesäubert, geglättet und zum Trocknen aufgehängt. Zur Fixierung der Gerbstoffe und um eine große Flexibilität zu erreichen, wird das Leder nun eingeölt und durch Walzen verdichtet. So behandelt, erhält man ein sehr abriebfestes und widerstandsfähiges Leder, das nicht nur für Schuhsohlen, sondern auch für Reitsättel und als Geschirrleder Verwendung findet, aber auch weiches Futter- und Saffianleder sowie Blankleder zur Möbelverarbeitung wird auf diese Weise hergestellt.

Feinste Kalbsleder in unzähligen Farben stellt die Gerberei Richard Hofmans für Kunden aus der ganzen Welt her.

Ledertypisierung nach Herkunft

Büffelleder stammt von domestizierten asiatischen Wasserbüffeln. Es wird meist anilin zugerichtet und als Polsterleder eingesetzt, in begrenztem Umfang auch für Autositze. Es ist relativ widerstandsfähig, hat aber die üblichen Nachteile von Anilinledern. Büffelleder ist grobporiger als Rindleder, und die Haarkanäle sind deutlich sichtbar.

Chevreauleder bezeichnet ein ausschließlich chromgegerbtes **Ziegenleder**. Es ist sehr leicht, geschmeidig und widerstandsfähig. Kennzeichnend sind die halbmondförmigen Narben sowie eine charakteristische unstrukturierte Faltenbildung. **Saffianleder** wird ein mit Sumach lohgegerbtes Ziegenleder genannt.

Cordovan ist ein spezielles, vegetabil gegerbtes, aus den Kruppen der Tiere hergestelltes Pferdeleder. Manchmal wird auch ein bestimmter Farbton cordovan genannt. Von jedem Pferd erhält man genau zwei ovale Schilde, die im Englischen Shells genannt werden, daher der Name Shell Cordovan für die höchste Qualitätsstufe. Das beste Leder kommt vor allem von den großen Kaltblütern. Das wohl beste Shell Cordovan stellt die amerikanische Gerberei Horween aus Chicago her. Aus jedem Schild kann genau ein Schuh gefertigt werden. Da die Shells aber nicht miteinander verwachsen waren, ist die Faserstruktur des Leders unterschiedlich, was bei Schuhen in unterschiedlich geworfenen Gehfalten resultiert. Berühmt ist Cordovan vor allem für seinen außergewöhnlichen Tiefenglanz und seine glatte Oberfläche, was dieses Leder für den Laien einerseits leicht erkennbar macht und andererseits allen Cordovanprodukten eine hohe Wertigkeit verleiht. Die glänzende Oberfläche ergibt sich durch die fleischseitige Verarbeitung, wodurch sich auch eine fast hundertprozentige Wasserdichte ergibt. Aufgrund seiner Dehnbarkeit sind Schuhe aus Cordovan äußerst bequem. Cordovan ist etwa zehn Prozent schwerer und etwas dicker als Kalbsleder. Mit Ausnahme von Krokoleder ist es eines der teuersten Leder überhaupt.

Elchleder sind meist sämisch gegerbte sehr weiche Leder, die als Bekleidungsleder, Schuhoberleder oder für hochwertige Täschnerwaren im Jagd-Bereich eingesetzt werden. Bei Elchleder handelt es sich um echtes Wildleder, daher sind Mückenstiche und kleine Verletzungen normal und gelten als Echtheitsmerkmal.

Elefantenleder ist angenehm weich, relativ dick und sehr widerstandsfähig. Es ist allerdings in Deutschland nur selten zu bekommen, da viele Lederhändler und

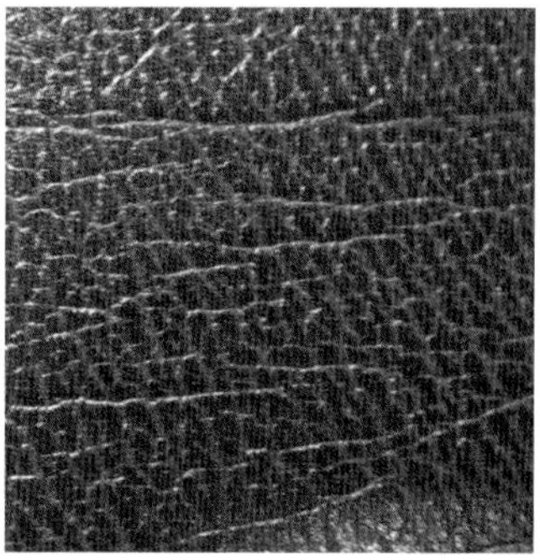

Büffelleder

Elefantenleder

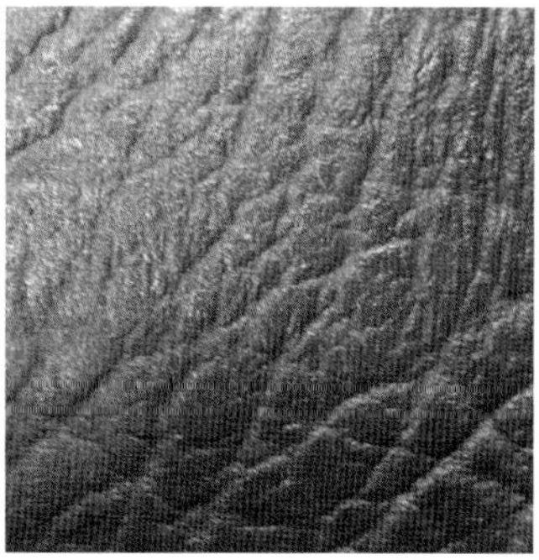

Bisonleder

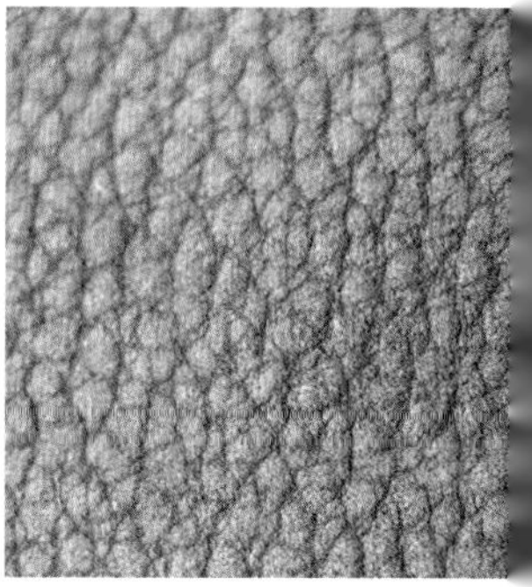

Elchleder

Kaimanleder

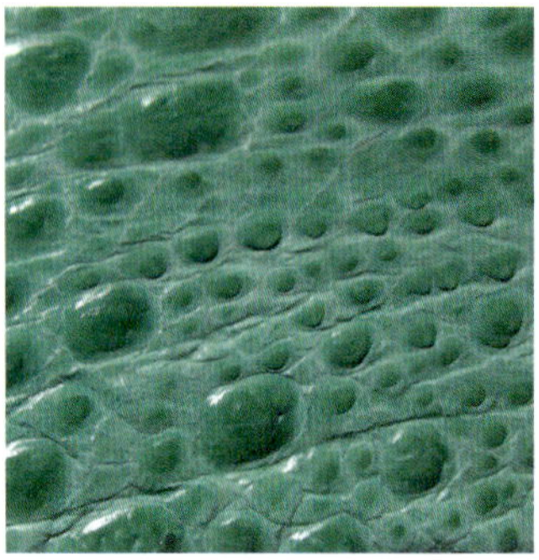

Froschleder

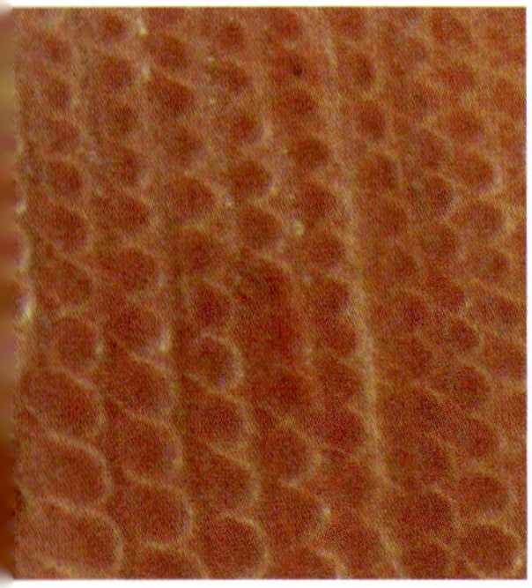

Echsenleder

Krokodilleder

Hersteller vor den sehr strengen Einfuhrbestimmungen (siehe Krokodilleder) zurückschrecken. Elefantenleder ist vor allem für Schuhe mit robuster Optik oder strapazierfähiges Reisegepäck geeignet.

Fischleder gehört zu den exotischen Ledern und ist dementsprechend selten und teuer. Aufgrund seiner Optik sind Produkte aus Fischleder immer sehr extravagant. Fischleder ist sehr dünn (0,5 mm) und wird daher selten solitär eingesetzt. Zumeist wird es als Besatzleder benutzt und aufgrund der geringen Stärke immer mit einem Futterleder unterlegt. Zu den am häufigsten verwendeten Fischledern gehören Lachs, Karpfen, Dorsch und Forelle. Sie weisen die charakteristische Schuppenoptik auf. Hai und Rochen (siehe dort) werden ebenfalls zur Ledergewinnung verwendet. Haileder wird meist ungefärbt angeboten, es weist eine ausgeprägte Rauheit auf und ist sehr abriebfest.

Froschleder stammt vom Ochsenfrosch und ist weich, geschmeidig und fest. Es kommt vor allem bei Kleinlederwaren und Applikationen zum Einsatz.

Kalbsleder, insbesondere das hochwertige Boxcalf, das von Milchkälbern stammt, wird am häufigsten für exquisite Lederwaren und hochwertiges Schuhwerk verwendet. Der Grund dafür liegt in seiner Geschmeidigkeit bei gleichzeitiger Festigkeit und Strapazierfähigkeit. Da für die meisten Lederwaren eine Haut ausreicht, ergibt sich eine gleich bleibende Faserstruktur.

Känguruleder zeichnet sich durch hohe Reißfestigkeit, Zugfestigkeit und Stabilität aus. Gleichzeitig ist es dünner und leichter als Rindleder, wodurch es vor allem bei Sportschuhen, Handschuhen und manchmal bei Motorradbekleidung zum Einsatz kommt.

Krokodilleder stammt eigentlich von Alligatoren. Es ist das begehrteste Reptilleder und mit Abstand das teuerste Leder überhaupt. Das rührt daher, dass anders als bei Rind, Kalb oder Lamm nur die Haut verwendet wird und alle anfallenden Kosten der Aufzucht vom Verkauf der Haut getragen werden müssen. Heute werden nur noch Häute von Zuchttieren genutzt, die alle mit Papieren der Organisation CITES (Convention on International Trade in Endangered Species of Wild Fauna and Flora) unter Einhaltung des Washingtoner Artenschutzabkommens geliefert werden. Aufgrund der besseren Verarbeitbarkeit werden meist Häute von jungen Krokodilen bevorzugt. Das großschuppige Leder gilt allgemein als dekorativer und ist daher begehrter als das kleinschuppige. Krokodilleder an sich ist zwar sehr stabil und widerstandsfähig, wird aber wegen seiner schlechten Dehnbarkeit sehr dünn (0,7 mm) verarbeitet, außerdem ist es relativ geräuschvoll, wenn es gebogen wird. Es wird daher ebenfalls fast immer mit Futter verarbeitet.

Pferdeleder kommt, neben dem Cordovan als speziellem Schuhleder, vor allem bei Jacken zum Einsatz, die sich durch hohes Gewicht und eine gewisse Steifheit auszeichnen. Stark eingefettet erinnern sie vom Glanz und vom Schnitt her an amerikanische Pilotenjacken, da Pferdeleder vor allem in den USA sehr beliebt ist.
Als **Rossnappa** ist es sehr exklusiv und bequem zu tragen. Da es sich hierbei in der Regel um gebügelte Anilinleder handelt, bleiben die Poren offen, wodurch sich im Lauf der Zeit die markante Patina entwickelt.

Rindleder ist besonders fest, strapazierfähig und relativ dick, es ist sehr gut verfügbar und daher preisgünstig. Rindleder mit aufgeprägter Körnung wird als **Scotchgrain** bezeichnet.
Dieses Verfahren wurde ursprünglich angewandt, um Fehler im Leder zu verdecken. Heute dient es ausschließlich dekorativen Zwecken, und auch andere Ledersorten werden für die Herstellung von Scotchgrain benutzt.

Blankleder sind pflanzlich gegerbte, mäßig gefettete Rindleder, die aufgrund ihrer Dicke und Widerstandsfähigkeit vor allem für größere, stabile Lederwaren wie Koffer, Möbel, Sättel und auch als Bodenleder für Schuhe Verwendung finden.

Velvet-Blankleder besitzt einen leicht abgeschliffenen Narben. **Vachetteleder** (französisch vache = Rind) ist ein dünneres, gefettetes und geschmeidiges Rindleder, das durch Spalten gewonnen wird. Es wird üblicherweise pflanzlich gegerbt und vor allem als Möbelleder verwendet. Selten trifft man auf das chromgegerbte **Chromvachettenleder**, welches vor allem als Automobilleder Verwendung findet.
Eine Besonderheit im Möbelbereich stellt **Bullendickleder** dar, das in seinen höchsten Qualitätsstufen bis zu 4 mm Stärke aufweist. Es ist leider auch in keiner Weise mehr als preisgünstig zu bezeichnen.

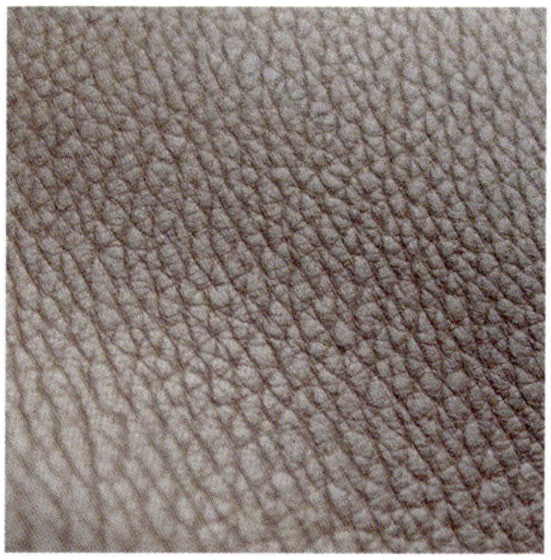
Hirschleder

Hirschleder sämisch gegerbt

Wapiti fettgegerbt

Kalbsleder

Scotchgrain

Cordovan

Juchtenleder ist ein von jungen Kühen oder Kälbern stammendes pflanzlich oder kombiniert gegerbtes Leder, das seinen Ursprung in Russland hat. Charakteristisch ist die Behandlung mit Birkenteeröl, was für seine stark hydrophoben Eigenschaften und seinen Rauchgeruch sorgt. Seine wärme- und kälteisolierenden Eigenschaften machen Juchtenleder zu einem perfekten

Perlrochenleder

Perlrochenleder geschliffen

Haifischleder

Schlangenleder

Oberleder für Strapazierschuhwerk, insbesondere Bergschuhe, aber auch widerstandsfähige Täschnerware und Streichriemen für Rasiermesser werden aus Juchten gefertigt. Manchmal wird es auch als **Fahlleder** bezeichnet.

Lavalina-Leder ist ein anilines Rindleder, das wasserabweisend zugerichtet wurde und die anilintypischen Nachteile wie Fleckenempfindlichkeit und eine Neigung zum Ausbleichen besitzt. Es war vor einigen Jahren stark im Ledermöbelbereich verbreitet. Die Lavalina-Leder, die heute im gehobenen Automobilsektor verwendet werden, sind pigmentiert.

Rochenleder ist das Leder vom Perl- oder Stachelrochen, es gehört zu den Fischledern und damit zu den Exoten. Die an Perlen erinnernde halbkugelförmige Oberflächenstruktur ist einzigartig unter den Ledern. Hinzu kommt eine weißliche, rautenförmige Fläche auf dem Rücken. Das macht Perlrochenleder zu einem optisch sehr auffälligen und dekorativen Material, wobei die harte Oberfläche der „Perlen" durchaus der Widerstandsfähigkeit, der aus ihm gefertigten Produkte zukommt. Die Oberfläche kann auch angeschliffen werden, wodurch das Leder geglättet wird und eine leicht andere Optik erhält.

Schafleder wird quasi ausschließlich als anilin zugerichtetes Möbelleder verwendet. Es ist in den Eigenschaften dem Ziegenleder ähnlich, jedoch in der Hautqualität großen Qualitätsschwankungen unterworfen, weshalb bei Bekleidung, Taschen und Lederaccessoires auf Lammleder zurückgegriffen wird. Lammleder wird oft geprägt und vor allem im Bekleidungsbereich gerne als Lammnappa verarbeitet.

Schlangenleder wird hauptsächlich aus den Häuten von Pythons und Boas hergestellt, aber auch Häute von anderen Schlangenarten finden teilweise Verwendung. Wie bei praktisch allen Reptilledern ist auch beim dünnen Schlangenleder (ca. 0,5 mm) eine geringe Dehnbarkeit charakteristisch, weshalb es immer durch ein Futterleder verstärkt wird. Als exotisches und auffälliges Leder ist es beliebt, um modische Akzente zu setzen.

Schweineleder von Hausschweinen findet vor allem als günstiges Bekleidungsleder und als Futterleder für Schuhe und Taschen Verwendung. Auch Koffer und Aktentaschen werden aus Schweineleder gefertigt. Schweineleder besitzt eine geringere Reißfestigkeit als andere Leder, weshalb es bei Schutzkleidung nicht zum Einsatz kommt.

Peccary (deutsch Pekari) ist Leder von den in Südamerika wild lebenden Nabelschweinen. Als Leder von Wildtieren weist Peccary mehr Narben im Leder auf als

Leder von Zuchttieren. Es ist äußerst geschmeidig und wird vor allem zu weichen Kleinlederwaren wie Handschuhen verarbeitet.

Straußenleder ist ein sehr exklusives und äußerst auffälliges Leder. Es ist von seinen Eigenschaften her sehr faserig und schwierig zu vernähen. Kennzeichnend sind die Noppen auf der Oberfläche, in denen die Federn wuchsen, wodurch Straußenleder sehr extravagant wirkt. Schuhe, Uhrenarmbänder und andere Kleinlederwaren werden aus Straußenleder hergestellt.

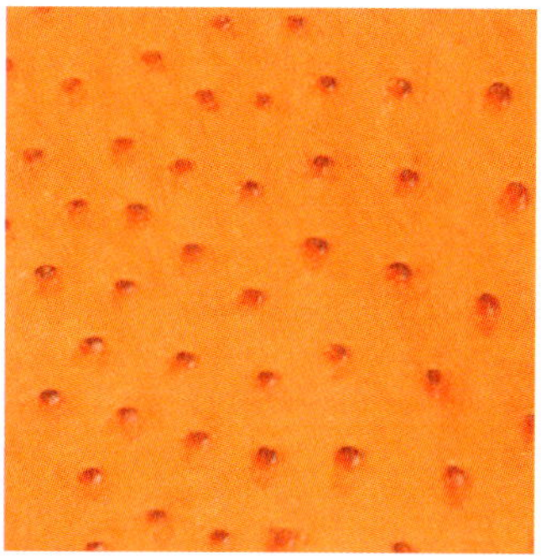

Straußenleder

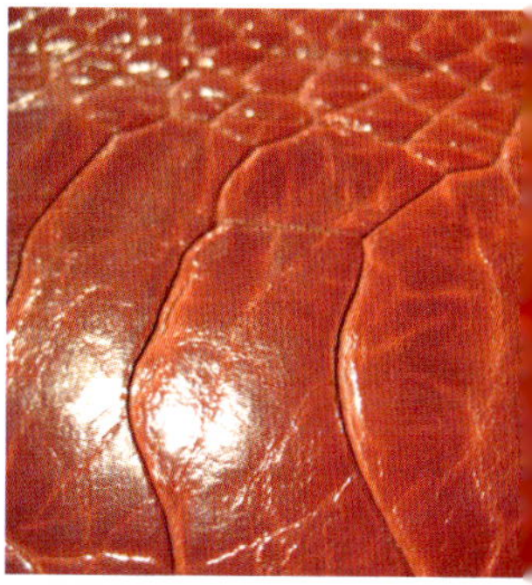

Straußenbeinleder

Ledertypisierung nach Färbeart

Anilinleder sind mit löslichen Farbstoffen durchgefärbte, offenporige Leder ohne Oberflächenpigmentierung. Das natürliche Narbenbild bleibt somit erhalten, weshalb nur fehlerlose Häute zur Herstellung von Anilinleder genommen werden können, da alle Mückenstiche oder sonstigen Verletzungen auf dem fertigen Leder zu sehen wären. Daher ist Anilinleder in der Regel teurer als oberflächengefärbtes Leder gleicher Herkunft. Es ist sehr weich und angenehm warm im Griff. Wird eine leichte Pigmentierung auf den Narben (die Oberfläche) aufgebracht, welche die Poren teilweise abdeckt, so spricht man von **Semianilinleder**. Werden die Poren komplett abgedeckt, so handelt es sich um **pigmentiertes Leder**. Pigmentiertes Leder wird auch als **oberflächengefärbtes** oder **kopfgefärbtes Leder** bezeichnet. Es ist glatter und kälter im Griff als Anilin- oder Semianilinleder. Wenn man nicht weiß, mit welchem Ledertyp man es zu tun hat, hilft die Wassertropfenprobe. Wenn der Wassertropfen schnell einzieht, handelt es sich um Anilinleder, zieht er nur langsam ein, hat man ein Semianilinleder vor sich, und wenn er gar nicht einzieht, ein pigmentiertes Leder. Doch Vor-

Straußenlederschuh für Schauspieler Ralf Möller.

Bentley-Ledersitze werden aus vegetabil gegerbtem Rindleder in traditioneller, britischer Handarbeit hergestellt. Bentley baut die besten Autoledersitze die es gibt.

sicht, unbedingt eine unauffällige Stelle zum Testen auswählen. Ein Tropfen Wasser reicht schon aus, um auf Anilin- und auch auf Semianilinleder einen Fleck zu verursachen, der sich nicht mehr entfernen lässt. Anilinleder gehört trotz seiner flauschigen Oberfläche zu den Glattledern.

Lackleder findet vor allem bei festlichem Schuhwerk, eleganten Damenhandtaschen und Fetischen Verwendung. Zur Herstellung von Lackleder wird meist Rinds- oder Kalbsleder verwendet. Auf das Leder wird dann in mehreren Schichten Lack aufgetragen, wodurch der einzigartige Spiegelglanz entsteht. Lackleder ist sehr temperaturempfindlich und eignet sich daher kaum für Alltagsprodukte. Lackleder gehört zu den Ledern mit Beschichtung.

Ledertypisierung nach Oberflächen-beschaffenheit

Antikleder finden vor allem bei der Möbelherstellung Verwendung, insbesondere bei Chesterfieldmöbeln sowie bei Rucksäcken und Taschen für die Jagd. Antikleder haben eine helle Grundfarbe, auf die eine zweite dunklere Farbe durch Wischen aufgebracht und dann wieder abgewischt wird. Daher wird diese Lederart manchmal auch **Wischleder** oder **Rub-Off-Leder** genannt. In der Regel handelt es sich um Rindnappaleder.

Fettleder ist der Oberbegriff für Leder, die auf der Oberfläche mit einer fetthaltigen Appretur versehen wurden. Dadurch bekommen sie schnell eine Patina, weshalb sie besonders gerne für Möbel, aber auch für Taschen und Schuhe verwendet werden. Werden Nubukleder mit einer derartigen Fettschicht versehen, so werden sie **Pull-up-Leder** genannt.
Diese dürfen wiederum nicht mit den **PU-Ledern** verwechselt werden, die ebenfalls bei der Herstellung von Ledermöbeln Verwendung finden. Das PU steht für Polyurethan, mit dem solche Leder beschichtet sind. PU-Leder sind billige polyurethanbeschichtete Spaltleder, die auf das Aussehen von Narbenleder getrimmt sind, aber schlechtere Eigenschaften besitzen. PU-Leder wird auch als **Bycastleder** bezeichnet.

Glanzgestoßene Leder sind Leder, deren Oberfläche durch Druck und Reibungswärme auf der Oberfläche einen hohen Glanzeffekt aufweisen. Durch die dabei ausgeübte Bewegung werden die Poren teilweise geschlossen, was den hohen Glanz bewirkt. Besonders dekorativ sieht glanzgestoßenes Pferde- und Reptilleder aus. Leider ist diese Art der Veredelung aber sehr empfindlich, schon etwas stärkerer Kontakt mit Wasser kann den Glanz beschädigen.

Glattleder sind alle Leder und die narbenseitig (mit der Haarseite nach außen) verarbeitet werden.

Rauleder nennt man Leder, die auf der Narben- oder Fleischseite angeschliffen sind, sodass sich eine faserige Oberflächenstruktur ergibt. Manchmal wird Rauleder generell als **Wildleder** bezeichnet, was jedoch nicht korrekt ist, da echtes Wildleder nur von wirklich wild lebenden Tieren wie Hirsch, Gams, Elch etc. gewonnen wird. Glattleder aus dem Narbenspalt, das leicht angeschliffen wird, wandelt sich zum Rauleder und wird **Nubuk** genannt. Stark angeschliffenes Rauleder aus dem Fleischspalt heißt **Veloursleder**, auch

Unter Zurichtung versteht man die Oberflächenbehandlung des Leders, die normalerweise aus Grundierung, Pigmentfärbung und Top Coat, auch Finish genannt, besteht. Das Leder wird mit Anilinfarben vorgefärbt und grundiert, wodurch einerseits die Poren bereits ausgefüllt werden und andererseits die Pigmentfarbe besser haftet. Abschließend wird noch ein Klarlack aufgetragen und das Leder so versiegelt, um eine optimale Wasserresistenz zu erzeugen.

Spaltvelours genannt. Wenn zur Herstellung die ganze Haut verwendet und rückseitig stark angeschliffen wird, entsteht hochwertiges Velours. Da Nubuk aus

Veloursleder

Nubukleder

dem dickeren stabileren Oberspalt hergestellt wird, ist es üblicherweise hochwertiger als Velours. Dieses wird stärker angeschliffen, wodurch sich längere Fasern ergeben. Insgesamt sind alle Rauleder angenehm weich anzufassen und haben eine fast flauschige Oberfläche, die mit der Zeit allerdings speckig wird.

Als **Nappaleder** bezeichnet man vollnarbige, nicht oberflächenkorrigierte (z. B. durch Prägung) Glattleder, die gegenüber ihrer traditionellen Bezeichnung, wie beispielsweise Kalbsleder, in der Regel durch millen (s. Gerben) sehr geschmeidig gemacht werden und immer die weichere Alternative darstellen, z. B. Kalbnappa. Aber auch eine Einteilung nach Verwendungszweck wie Möbelnappa oder Handschuhnappa ist möglich. Nappaleder können anilin, semianilin oder pigmentiert zugerichtet sein und sind quasi immer durchgefärbt. Dies stellt eine Besonderheit der Nappaleder dar. Die Art der Zurichtung kann ebenfalls in die Bezeichnung einfließen, z. B. semianilines Rossnappaleder. Nappaleder findet vor allem als Bekleidungs- und Möbelleder Verwendung. Die Bezeichnung „geprägtes Nappa", die man manchmal findet, ist Unsinn, da eine Prägung per se eine Oberflächenkorrektur darstellt.

Vollnarbenleder sind Leder, deren Narbenseite komplett erhalten ist und nicht in Dicke oder Oberflächenbeschaffenheit manipuliert wurde.

Geschichte der Schuh- und Lederpflege

Collonil-Lieferwagen und Mitarbeiter um 1920.

Bevor der Chemiker Philipp Adam Schneider, Teilhaber der Wachswarenfabrik Werner & Mertz in Mainz, 1901 die Schuhcreme erfand, so wie wir sie heute kennen, benutzten die Menschen über Jahrhunderte hinweg die sogenannte „Schuhwichse". Die moderne Lederpflege entwickelte sich ebenfalls erst aus Schuhpflegemitteln der letzten 110 Jahre, da Schuhe das am stärksten beanspruchte Lederprodukt überhaupt sind, wurde für die Pflege von Schuhen seit jeher der höchste Aufwand betrieben. Lederbekleidung und insbesondere Sattelzeug wurde mit hartem reinen Stangenwachs gepflegt, das aber in Anwendung und Ergebnis nicht zufriedenstellend war. Ein Rezept für Schuhwichse, wie sie vor 1900 in Verwendung war, hört sich folgendermaßen an:
„Man nehme: Schwefel, Ruß, Sirup und Melasse, verrühre dies alles mit Wasser zu einem dickflüssigen Brei und fülle diesen, in einem bereits deutlich eingetrockneten Zustand, in eine Spanschachtel".
Manchmal wurde anstatt Ruß auch Knochenkohle

Kiwi-Werbeplakat um 1920.

Abfüllung bei Collonil um 1920.

Collonil-Werbeplakat um 1950.

Von Anfang an achteten
die Pflegemittelhersteller auf
ihr Markenerscheinungsbild.

Der Krieg war für manchen Hersteller ein echter Segen.

(Spodium) als Färbemittel verwendet. Die Pflegewirkung dieses Gemisches war schlecht bis gar nicht vorhanden, und die Glanzwirkung war bestenfalls mäßig. Hinzu kam noch, dass Schuhwichse nicht wasserfest war und stark abfärbte. Bei trockenem Wetter waren also entweder die Beine oder die Hosen schmutzig und bei Regenwetter die Stelle, an der die Schuhe nach dem Ausziehen standen. Außerdem war Schuhwichse für die gegen Ende des 19. Jahrhunderts aufkommenden farbigen Lederschuhe unbrauchbar. Für diese gab es zwar seit 1881 verseiftes Carnaubawachs und auch Bienenwachs wurde benutzt, aber diese hatten keine Glanzwirkung. Zu diesem Zweck gab es amerikanische Lederlacke, die auf Spiritus, Terpentinöl oder aufgelöstem Schellackwachs basierten. Sie mussten mit einem Pinsel aufgetragen werden und waren hochglänzend, aber dafür hatten sie keinerlei Pflegewirkung und ruinierten langfristig die Lederoptik, da das ganze Leder mit Lack zugeschmiert wurde und so die Poren verstopfte.

Erst Philipp Adam Schneider kombinierte beide Verfahren, was als die Initialzündung eines ganz neuen Wirtschaftszweigs bezeichnet werden kann. Am 28.9.1901 erteilte das Berliner Patentamt die Urkunde über die Eintragung des Markennamens „Erdal". Der Name leitet sich von der früheren Anschrift des Unternehmens Erthalstraße 5 ab, die wiederum nach dem im 18. Jahrhundert lebenden Kurfürsten und Erzbischof von Mainz Friedrich Carl Joseph von Erthal benannt war. Im Pfälzer Dialekt hört sich „Erthal" ausgesprochen an wie „Ärdaal", was dann im Schriftdeutsch zu „Erdal" führte. Heute werden 9000 Dosen Erdal Schuhcreme in der Stunde produziert, zum Teil auch für andere Marken.

1919 füllte das Dresdner Unternehmen Eg-Gü zum ersten Mal weltweit Schuhcreme in Tuben ab. Dies bereitete nicht nur Eg-Gü, sondern der ganzen Pflegemittelindustrie, die diese Abfüllungsart schnell kopierte, einen großen Aufschwung. Vor allem auf Reisen war die neue Schuhcreme jetzt leicht und auslaufsicher mitzunehmen.

Viele der damaligen Ledercrememarken, wie beispielsweise Nigrin, Kavalier, Lodix, Agal und Heka, gibt es heute nicht mehr; sie haben entweder die Produktion von Lederpflegemitteln eingestellt, wurden übernommen oder existieren nicht mehr.

Seit den Siebzigerjahren werden immer weniger Lederpflegeartikel gekauft. 2010 wurden in Deutschland, mit seinen knapp 82 Millionen Einwohnern, gerade einmal 50 Millionen Euro für Lederpflegeartikel ausgegeben. Nach Abzug der Kinder und Jugendlichen gibt also jeder Erwachsene hierzulande gerade einmal rund einen Euro im Jahr für Lederpflege aus. Dabei ist jeder Euro gut angelegt, vor allem wenn hochwertige Pflegemittel gekauft werden, was man eigentlich immer tun sollte. Schließlich danken es einem alle Lederprodukte mit längerer Haltbarkeit, besserer Funktionalität und schönerer Optik.

Bei der Erstbesteigung des Nanga Parbats im Himalaya-Gebirge schworen die Bergsteiger auf Collonil Lederöl, um ihre Schuhe wasserdicht zu halten.

Alle Hersteller im Überblick

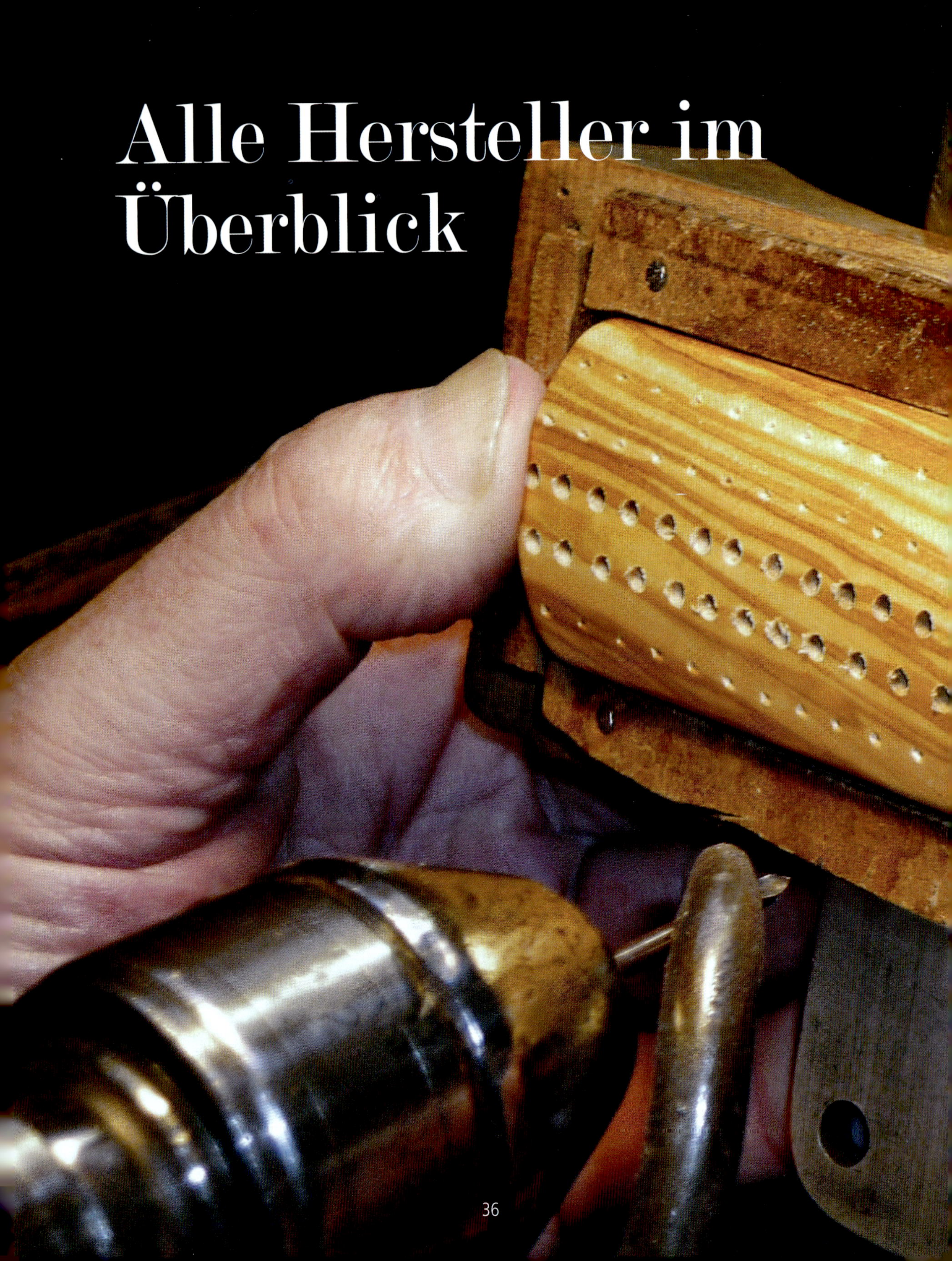

Abbeyhorn

Die Hornschleiferei der Familie Humpherson aus dem englischen Bewdley wird 1749 gegründet und bleibt 171 Jahre im Besitz der Familie Humpherson, die den Standort 1912 nach Gloucester verlagert. 1920 wird der Betrieb an Mr. Grove verkauft. Er ist ein Verwandter der Groves aus Halesowen, die berühmt sind für ihre Hornknopf-Fertigung, welche sich bis in das 16. Jahrhundert zurückverfolgen lässt. Nach nur drei Jahren wird das Unternehmen 1923 an Percy Leresche verkauft, der es, inspiriert durch Wegweiser in der Llanthony Road, nach der mittelalterlichen „Llanthony Abbey" in „The Abbey Horn Works" umbenennt. 1932 zieht Leresche mit der Firma erneut um, nach Kendal in Cumbria. Dort fusioniert er mit der alten Hornkammanufaktur „James Troughton & Sons", Jim Troughton wird Partner. 1955 wird die Firma an das Ehepaar John Barnes verkauft. Percy Leresche arbeitet weiter mit John Barnes zusammen, bis er einige Jahre später stirbt. Während dieser Zeit gedeiht das Exportgeschäft und es wird in „Abbey Horn of Kendal Ltd." umfirmiert. 1980 tritt Paul Cleasby als Hornschleifer-Lehrling in das Unternehmen ein. Nachdem er elf Jahre für das Unternehmen gearbeitet hat, kauft er es 1991 auf. Paul Cleasby verlegt den Betrieb um einige Meilen in den Ort Holme in eine alte Mühlenanlage aus dem 18. Jahrhundert. Der Firmenname wird in „Abbeyhorn of Lakeland" umbenannt. Die schottische Hornschleiferei „Horncraft" aus Irvine in der südwestlichen Grafschaft Ayrshire wird 1998 von der Familie Cleasby aufgekauft und der Firmenname wird in „Abbeyhorn" umbenannt. Abbeyhorn fertigt neben Löffeln, traditionellen schottischen Gegenständen und Schmuck besonders hochwertige und formschöne Schuhanzieher aus westafrikanischem Zebuhorn, manchmal in Verbindung mit Hirschhorngriffen. Alle Hornprodukte stammen vom schottischen Rothirsch, westafrikanischen Zeburind, indischen Wasserbüffel oder britischen Hausschaf.

www.abbeyhorn.co.uk

Alvoro

Alvoro wurde 1999 von den beiden Designern Alvo von Römer und Rolf Spangenberg gegründet. Der Firmenname setzt sich aus den Vornamen der beiden Gründer Alvo und Rolf zusammen. Anlass zur Gründung war die Erkenntnis, dass es zwar hochwertige handgefertigte Schuhe und Maßschuhe gab, aber kein entsprechendes Gegenstück im Bereich der Schuhpflegemöbel und Schuhaufbewahrung, wodurch die Möglichkeit gegeben wäre, individuelle Schuhpflege im gepflegten Ambiente der eigenen Wohnung durchzuführen. So wurde es zum Firmenziel besondere Möbelstücke zur Integration in das heimische Wohnumfeld zu kreieren.

Den Einstieg in das Produktionsprogramm bilden die Schuhpflegeboxen, die aus Massivholz und Leder gefertigt werden. Der Kunde kann zwischen zwei Varianten der Raumaufteilung wählen. Aufgrund der kompakten Abmessungen sind die Schuhpflegeboxen leicht portabel und gut zu verstauen. Die Königsklasse bilden die größeren und aufwendiger hergestellten Schuhpflegetruhen. Wie auch die Schuhpflegeboxen kann aus den Hölzern von Ahorn, Mahagoni, Kirsche, Buche, Nussbaum, Palisander oder das Wurzelholz ausgewählt werden. Für die Beschläge kann Edelstahl, Messing oder Leder ausgewählt werden. Grundsätzlich wird aber jeder Sonderwunsch des Kunden berücksichtigt sofern irgend möglich. Die auf jeder Truhe montierte Schuhauflage, die das Pflegen der Schuhe in angezogenem Zustand ermöglicht, dient abgenommen als Stiefelknecht. Sowohl Boxen als auch Truhen können mit oder ohne Befüllung geordert werden.

Die neueste Entwicklung stellen die modularen Schuhboxen zur Aufbewahrung dar, die aus Ahorn, Nussbaum oder MDF gefertigt werden. Sie sind vorne und hinten mit Belüftungsöffnungen zur besseren Trocknung versehen und besitzen innen einen verschiebbaren Lattenrost, was die Einstellung und Entnahme der Schuhe erleichtert. Die Schuhboxen können um eine Pflegemittelbox in der gleichen Optik und Ausführung erweitert werden. Die Oberflächen sind in natur und in gewachster oder lackierter Ausführung erhältlich. Die Schuhboxen werden wie die Schuhpflegeboxen und -truhen auch in aufwendiger Handarbeit in Deutschland produziert.

www.alvoro-design.de

Bama

1914 kaufte Curt Baumann in Dresden für 750 Reichsmark eine Nähmaschine und eine Handstanze und begann mit der Fertigung von Einlegesohlen. Das Unternehmen war so erfolgreich, dass es 1939 bereits 400 Mitarbeiter beschäftigte. Nach Ende des Zweiten Weltkriegs wurde 1945 in Mosbach fabriziert. Bereits 1949 musste das neu errichtete Werk wieder erweitert werden. Im darauf folgenden Jahrzehnt wurden erste Auslandsgesellschaften aufgebaut. Doch die Produktionskapazität reichte erneut schon nach einer kurzen Zeit nicht mehr aus, sodass 1965 eine zweite Produktionsstätte in Mosbach gebaut werden musste. Im Jahr 1980 wurde Bama zum eindeutigen Marktführer in Deutschland. 1993 expandierte man aus Kostengründen nach Polen, wo ein neues Werk errichtet wurde. So konnte die handarbeitsintensive Tätigkeit wirtschaftlich weiterbetrieben werden. Der US-amerikanische Konzern Sara Lee übernahm Bama 1997 und integrierte ihn in seine europäische Schuhpflegesparte. Außerdem wurde die gesamte europäische Produktion für Schuhpflegeprodukte von Sara Lee

am polnischen Bama-Standort konzentriert, nur die Verwaltung blieb in Mosbach. 2011 wurde Bama, wie die ebenfalls zum Sara Lee Konzern gehörende Schuhpflegemarke Kiwi, an das US-amerikanische Unternehmen S.C. Johnson verkauft. Bama bietet neben den klassischen Einlegesohlen und anderer Schuhfurnituren ein umfangreiches Schuhpflegesortiment an. Emulsionscremes in Tiegeln und Tuben finden sich ebenso im Sortiment wie Outdoor Wachscreme, Lederfett, Reinigungsschaum und Pflegelotionen. Das Schuhdesinfektionsspray findet insbesondere beim Schuhpflegeservice der Premium-Hotellerie großen Anklang.
www.bama-tana.com

Bama hat eine große Auswahl an Sprays und Reinigern.

Bense & Eicke

Bense & Eicke wurde 1887 im niedersächsischen Einbeck von Kaufmann Bense und Apotheker Eicke als Gerberei gegründet. Hauptumsatzbringer waren Hilfsmittel für Gerbereien und Lederfabriken weltweit. Nach einem Großbrand wurde das Unternehmen 1905 im neuen Industriegebiet von Einbeck wieder aufgebaut. Neben Mitteln zur Pferdepflege, die unter dem Namen Parisol bis heute hergestellt werden, produzierte das Unternehmen damals schon erste Lederpflegeprodukte und spezielle Lederfarben.

1936 wurde die Firma Bense & Eicke von Walter Schmidt aus Hannover aufgekauft und gehörte bis 1958 dessen Firmenverbund an. Am 10. Januar 1958 erwarb Albert Reinecke, der heutige Kommanditist, die Firma Bense & Eicke. Zu dieser Zeit wurden unter anderem spezielle Lederbeschichtungsfarben, insbesondere für Fußbälle, hergestellt, die auch von Adidas und Puma bezogen wurden.

1986 zerstörte erneut ein Großbrand die komplette Produktionsstätte des Unternehmens. Im Einbecker Ortsteil Edemissen wurde die Produktion innerhalb von vier Wochen wieder aufgenommen. In den darauf folgenden Jahren wurden die Gebäude um zwei moderne Produktions- und Lagerstätten erweitert und den heutigen Bedürfnissen angepasst. 1989 wurde das Unternehmen in eine Kommanditgesellschaft umgewandelt. Der ausgebildete Chemiker Dietmar Reinecke, Sohn von Albert Reinecke, wurde als Gesellschafter in das Unternehmen aufgenommen. Heute arbeitet mit Geschäftsführer Christoph Reinecke bereits die dritte Generation im Unternehmen.

Bense & Eicke bietet unter dem Markennamen B&E Lederfette und -öle an, die hauptsächlich auf Bienenwachs, Vaseline, Lanolin, Parfüm, Jojobaöl und Klauenöl basieren. Die Produkte sind neben der Anwendung bei Lederbekleidung besonders gut zur Anwendung bei Sattelzeug und Pferdegeschirren geeignet, da Bense & Eicke auf diesem Gebiet eine besonders große Erfahrung besitzt. Unter dem Namen Walin wird Schuhcreme und unter dem Namen Tiger Lederschwärze angeboten. Auch die hervorragende und bereits ausgezeichnete Sattelseife soll hier nicht unerwähnt bleiben. Auf Silikon und Silikonöl wird wegen der Beeinträchtigung der Atmungsaktivität des Leders bei Bense & Eicke verzichtet.
www.bense-eicke.de

Die Sattelseife in der wiederverschließbaren Dose lässt sich gut auftragen.

Glycerine Leather & Saddle Soap
Velveton
Lammfell- & Lederwaschmittel
Bienenwachs-Leder-Balsam
Sattelseife
Lederöl schwarz
Bienenwachs-Lederöl
Prestolin-Leather-Oil
Lederöl hell
TIGER
Leder-Schwärze
500 ml
Lederspray

BNS

Die BNS Bergal, Nico & Solitaire Vertriebs GmbH wurde 1999 in Mainz zum Vertrieb von Schuhpflegemitteln, Einlegesohlen, Fußbetten, Schuhspannern und Schnürsenkeln an den Schuhfachhandel, an Kaufhäuser, an den Großhandel sowie an Orthopädie-Schuhmacher gegründet. Sie gehört jeweils zur Hälfte dem Schuhspannerhersteller Nico Norbert Schmid GmbH & Co. KG und der Werner & Mertz GmbH.

Der Hauptsitz der BNS befindet sich in Mainz, die Hauptproduktionsstandorte liegen in Deutschland, Österreich und Polen. Die BNS steht für Produkte und Leistungen von hoher Qualität und vermittelt den Käufern ein positives Gefühll. Sie hat sich nicht zuletzt deswegen nach nur zwölf Jahren seit Gründung zum Marktführer der Branche entwickelt. Die drei Namen gebenden Marken gibt es jedoch schon viel länger als die BNS, die beim Endkunden weitgehend unbekannt ist:

Die Firma Nico wurde 1959 gegründet und befasste sich ursprünglich mit der Herstellung damals sehr moderner Schuhspanner aus Kunststoff. Mittlerweile ist Nico mit Sitz in Fellbach bei Stuttgart Weltmarktführer für Schuhspanner aller Art.

Die Marke Bergal wurde zu Beginn des 20. Jahrhunderts von einem Herrn Bergmann gegründet, welcher der Marke einen Teil seines Namens gab. Von Anfang an stand das Geschäft mit Schnürsenkeln im Mittelpunkt. Nach dem Zweiten Weltkrieg ging das Unternehmen einen zweifachen Weg: In der Bundesrepublik wurde die Marke Bergal von den Eignern am Standort Wuppertal neu belebt, während die Produktionsanlagen am Standort Erfurt unter dem DDR-Regime verstaatlicht (Bergal Erfurter Flechtwerke) und unter Beibehaltung des Markennamens Bergal wei-

terbetrieben wurden. Auch andere Flechtartikel für die Volkswirtschaft der DDR wie zum Beispiel Dochte und Kabelisolierungen wurden hergestellt. In der Bundesrepublik erweiterte man das Angebot um Einlegesohlen. Nach der Wende 1989 wurde der Standort Erfurt wieder in die Unternehmensstruktur eingegliedert. Heute werden Bergal Einlegesohlen und Fußbetten in einem Joint Venture der BNS hergestellt. Die Schnürsenkel kommen nach wie vor aus Erfurt.

Solitaire, ursprünglich 1926 als Tochterfirma eines britischen Unternehmens in Berlin gegründet, wurde bereits ab 1927 im deutschen Schuhfachhandel und

Die Marke Gabor kommt komplett aus dem Hause BNS.

bei Schuhmachern verkauft. 1929 erwarb Werner & Mertz in Mainz alle Anteile an dem Unternehmen und der Marke. Bis Ende der Sechzigerjahre war Solitaire, damals noch Solitär geschrieben, vor allem die Marke der Schuhmacher und kleinen Schuhfachgeschäfte mit einer sehr breiten Distributionsbasis in Deutschland. Der rapide Konzentrationsprozess bei Schuhmachern Anfang der Siebzigerjahre und der zunehmende Konzentrationsprozess im Schuhfachhandel veränderten die Situation in der Branche nachhaltig, sodass Solitaire heute überwiegend im Schuhfachhandel und bei großen Schuhfilialen zu finden ist. Unter der Marke Solitaire werden heute ausschließlich Schuhpflegemittel vertrieben.

Im Jahre 1996 wurde die Marke Shoeboy's eingeführt. Zunächst gab es ausschließlich Tiegel mit einer Creme in sechs Farben. Das Sortiment wurde zwei Jahre später um wenige weitere Artikel ergänzt und mittlerweile zu einem Vollsortiment ausgebaut, das Schuhpflege, Einlegesohlen, Schnürsenkel und Schuhspanner gleichermaßen beinhaltet. Inzwischen wird Shoeboy's auch im Ausland stark nachgefragt.

Des Weiteren werden die Marken Búfalo und Morello von BNS hergestellt und vertrieben. Während Búfalo wie Shoeboy's ein Vollsortiment in Sachen Schuhfurnituren anbieten, kann man unter der Marke Morello nur Lederfarben und Spezialprodukte für Schuhmacher erwerben, die in der Anwendung etwas komplizierter, dafür aber sehr wirkungsvoll sind.

BNS stellt auch viele Eigenmarken für Schuhhandelsketten her und fertigt die Gabor Schuhpflegeprodukte in Lizenz.

Die deutschen Olympiamannschaften vertrauen ebenfalls auf BNS als Ausrüster. Bereits seit vielen Jahren reisen deutsche Sportler, ausgestattet mit Schuhspannern der Marke Nico, zu den Olympischen Spielen. Mittlerweile erhalten die Olympioniken zusätzlich die komplette Schuhpflegeausrüstung aus dem Hause BNS, ausgezeichnet als offizieller Schuhzubehörartikel-Ausstatter der deutschen Olympiamannschaften.

www.bns-mainz.com

Shoeboy's ist auch eine Marke von BNS.

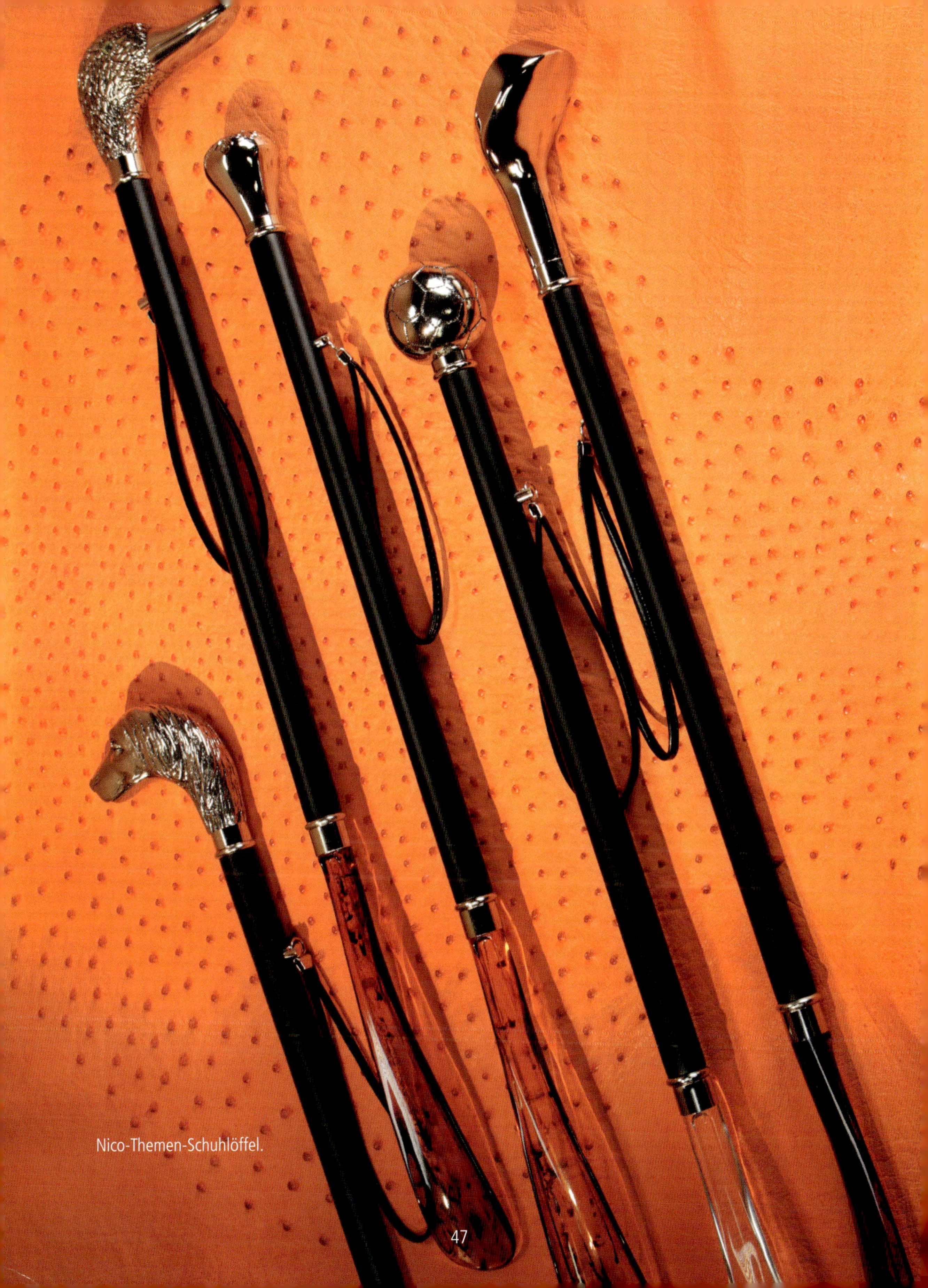

Nico-Themen-Schuhlöffel.

Burgol

Im Jahre 1921 begann die Familie Grütter im schweizerischen Burgdorf mit der Produktion von Schuhcreme. Der Name Burgol leitet sich vom Namen der Stadt Burgdorf ab. Zunächst wurde ausschließlich im Gebiet Emmental verkauft. Auch damals schon wurde die Schuhcreme in die charakteristischen Blechdosen abgefüllt. Schwiegersohn Alfred Jährmann übernahm die Firma 1945 und verlagerte die Produktion nach Aarwangen. Das Aarwanger Schloss bildet bis heute das Markenemblem, das alle Burgol-Dosen ziert. Die Mischungen wurden in größeren Kochpfannen geschmolzen und daraus abgefüllt. Langsam nahm die Zahl der Kunden zu, die, verteilt über den ganzen Kanton Bern und bis in die Fünfzigerjahre hinein, per Fahrrad beliefert wurden. In Zusammenarbeit mit einem Labor verfeinerte Alfred Jährmann die Mischungen und so entstanden Rezepturen, die bis heute verwendet werden. Mangels Nachfolger verkaufte Jährmann 1983 die Firma an die Siegenthaler AG, welche seither die Palmenwachsschuhcreme produziert und verkauft. Großer Wert wird auf die Herstellung in Handarbeit und die Verwendung natürlicher Rohstoffe wie Carnaubawachs, Bienenwachs, ätherischem Terpentinöl und natürlicher Farbstoffe gelegt. Burgol Schuhcreme wird in zwölf Farbtönen und als Sportwachs für Strapazierleder angeboten.
www.burgol.de

Centralin

1897 gründeten die Familien Kircher und Schmachtenberg die Firma Schmachtenberg & Kircher in Nordrhein-Westfalen als Handelsunternehmen für Schuhfurnituren. Im Jahre 1906 wurde dann die Centralin Gesellschaft gegründet, die seitdem im Besitz der Familie Kircher ist. Der Name Centralin leitet sich vom Zentrum einer Schießscheibe ab, welches damals mit „C" geschrieben wurde. Da insbesondere Jäger schon immer auf die Pflege ihrer Stiefel achteten, sollte ihnen so suggeriert werden, dass sie mit den Schuhpflegeprodukten von Centralin genau ins Schwarze treffen. Schon vor 1906 kamen Produkte zur Möbelpflege hinzu, sowie Kerzen, welche bis 1955 vertrieben wurden. Heute produziert und vertreibt Centralin als mittelständisches Unternehmen bewährte Produkte zur Möbel-, Boden- und Schuhpflege. Neben diesen breiten Sortimenten kommt Centralin in Deutschland eine marktführende Position bei Feuerzeuggas und -benzin zu. 2003 wurde das Aerosolwerk in Herne in das Unternehmen integriert, wodurch die Marktführerschaft weiter ausgebaut werden konnte. Durch die hohe Kompetenz der Schwesterfirma auf dem Gebiet der Produktion und Abfüllung von Aerosolsprays, Cremes und Flüssigkeiten auf den Gebieten Körperpflege, Haarsprays, Insektensprays und Raumduftsprays kamen viele neue Produkte hinzu, die zum Teil in Lohnabfüllung für Fremdmarken hergestellt werden. Centralin legt besonderen Wert auf ein gutes Preis-Leistungs-Verhältnis seiner Produkte und auf eine hohe Umweltverträglichkeit, weshalb gezielt auf biologisch abbaubare Inhaltsstoffe gesetzt wird. Aufgrund ihrer Lösemittelfreiheit war die Tubencreme das erste Produkt, das vom TÜV Rheinland das PROOF-Siegel erhielt. In der Ausgabe November 2010 der Zeitschrift Ökotest. in der 12 Tuben-Schuhcremes getestet werden. Centralin mit der Note gut Testsieger. Bei den Hartwachspasten wurde der zweite Platz belegt. Neben dem umfangreichen Sortiment an Schuhcreme in Tuben und Dosen, Aerosolsprays zum Imprägnieren, Lederfett, flüssiger Lederpflege und Tuben mit Schwammaufträgern wird ein umfangreiches Sortiment an Schuhpflegebürsten angeboten.

www.centralin.com

Collonil

Im Jahr 1909 gründete Karl Esslen in Berlin seinen Ein-Mann-Betrieb. Sein erstes Produkt war das zähe Lederöl Collan Olja des schwedischen Herstellers Olsen, für das Karl Esslen den Zuschlag als Deutschlandimporteur bekam. Schon bald brauchte er Verstärkung und stellte die Brüder Paul und Walter Salzenbrodt ein, die rasch zu Geschäftsführern des kleinen Unternehmens avancierten. Obwohl eine erste Großbestellung von einer Treibriemenfabrik kam, setzte sich das fadenziehende Öl aufgrund seiner guten Pflegeeigenschaften und seines Schutzes vor Feuchtigkeit schnell in der Schuhbranche durch. Der Erfolg was so groß, dass 1912 die Räumlichkeiten nicht mehr ausreichten. Durch Ausbruch des Ersten Weltkriegs wurden die unternehmerischen Ambitionen natürlich gebremst, und die Gebrüder Salzenbrodt wurden eingezogen. Karl Esslen, dessen Eltern die luxemburgische Staatsbürgerschaft annahmen, konnte weiterarbeiten und der erhöhte Bedarf wasserabweisender Mittel für Soldatenstiefel tat den Umsätzen gut. Selbst Graf Zeppelin benutzte zur Imprägnierung der Haltetaue seiner gleichnamigen Luftschiffe Collonil Lederöl und bestätigte dem Öl in einem Brief an Karl Esslen „die ihm nachgewiesenen Eigenschaften". Nach der Rückkehr der Salzenbrodts aus dem Krieg im Jahre 1918 firmierte das Unternehmen als Esslen & Co. GmbH, und die Gründer beschlossen, ihr bisheriges Einproduktunternehmen auszubauen und unter dem Namen Collonil hochwertige Schuhpflegemittel zu entwickeln.

Der Name Collonil leitet sich unter Bezugnahme auf das zähflüssige, klebrige Lederöl vom französischen „coller" zu deutsch „kleben" ab. Karl Esslen übernahm den Rohstoffeinkauf, da er als luxemburgischer Staatsbürger nicht den Beschränkungen des Versailler Vertrags unterlag und gute internationale Beziehungen besaß, Paul Salzenbrodt war für den technischen Bereich verantwortlich und sein Bruder Walter für den kaufmännischen. Erste Erfolge wurden vor allem in den Bereichen der Lack- und Raulederpflege erzielt. 1921 expandierte man erneut, und die Firma zog in den Berliner Vorort Mühlenbeck um. Durch das neu eingeführte „Glanz-Fett" gelang es erstmals, Schuhe wasserabweisend und glänzend zu machen. Das Produkt von damals gibt es in verbesserter Rezeptur noch heute unter dem Namen „Anti-Rain Wetterputz".

1929 starb Karl Esslen. Der Erfolg ging jedoch 1930 mit der Eröffnung eines Zweigwerks in Österreich ungebremst weiter. In den folgenden Jahren stieg Collonil auch in die Herstellung von Lederpflegemitteln für Lederbekleidung ein. 1935 verstarb Paul Salzenbrodt. Mit Ausbruch des Zweiten Weltkriegs geriet auch die Produktion bei Collonil ins Stocken. Nach Kriegsende folgte die Enteignung, und Walter Salzenbrodt setzte sich nach Westberlin ab, wo er 1948 einen Neuanfang wagte, an dem die Witwe Karl Esslens sich nicht mehr beteiligte. So entstand die Walter Salzenbrodt & Co. GmbH. Mit Beginn des Wirtschaftswunders interessierten sich die Menschen wieder für Mode und so stieg auch der Bedarf an Leder- und Schuhpflegemitteln. So wurden Collonil Raulederpflegemittel in

Farbnuancen angeboten. In den Fünfzigerjahren wurde nach Frankreich, Dänemark und Holland exportiert, und Collonil brachte als erstes Unternehmen weltweit eine Tube mit Schwammaufträger auf den Markt. Walter Salzenbrodts Sohn Rolf und dessen Cousin Hans übernahmen die Geschäftsleitung des 1952 in Salzenbrodt & Co. KG umfirmierten Unternehmens. Kurz darauf zog die Firma ein weiteres Mal um, nach Berlin-Wittenau, wo noch heute der Firmensitz liegt. 1962 gelangte eine Himalaya-Expedition mit Collonil „Sport Wax" auf den Nanga Parbat. Die Entwicklung der ersten Aerosol-Sprays fiel ebenfalls in diese Zeit. 1985 zog sich Rolf Salzenbrodt zurück und sein Sohn Michael nahm seinen Platz ein. 1986 starb Hans Salzenbrodt und Prokurist Gert Thuner rückte bis zu seiner Rente in die Geschäftsleitung auf. 1997 starb Michael Salzenbrodt, und das Unternehmen wurde 1998 unter dem neuen Geschäftsführer Frank Becker neu ausgerichtet. Australien, Taiwan und der arabische Raum wurden ebenso als neue Exportmärkte erschlossen wie ehemalige Ostblockstaaten. Insbesondere Russland mit seiner noch florierenden Pelzindustrie, für die Collonil ebenfalls Pflegemittel herstellt, hat sich zum größten Exportmarkt entwickelt. In der ersten Dekade des neuen Jahrtausends sind neue Produktlinien für Autoleder, eine Pflegelinie mit Nanotechnologie sowie die neue Premiumlinie Collonil 1909 eingeführt worden.

www.collonil.de

Colonia Schuh- und Lederpflege

Die Schwestern Nicola und Kim Himer entwickelten 2010 gemeinsam eine eigene Lederpflege-Serie, die seit 2011 unter dem Markennamen Colonia Schuh- & Lederpflege erhältlich ist. Colonia ist das lateinische Wort für „die Jüngere". Da Colonia Schuh- & Lederpflege bei der Gründung die jüngste Lederpflegemarke war und auch den Firmensitz in Köln hat, lag der Markenname Colonia Schuh- & Lederpflege nahe. Colonia Lederpflegeprodukte gibt es als Wachscreme, Emulsionscreme, Lederfett, Sohlenrandfarbe, Reinigungsmittel, Conditioner, Öl oder Aerosolspray, auch Bürsten und Schuhspanner sind bei Colonia erhältlich. Für echte Individualisten gibt es von Colonia handgefertigte Hornschuhlöffel, aus vom Kunden selbst ausgewählten Rohhörnern. Oder es wird speziell passend zum Schuhleder der Kunden eine Schuhcreme aus Bienenwachs, Karnaubawachs, edelsten Farbpigmenten und verschiedensten Ölen gekocht. Auch die Pflegemitteltiegel werden individualisiert und mit dem Kundennamen bedruckt. Handgefertigte Lederpflege-Reisesets aus verschiedensten Ledern werden nach den Vorstellungen der Kunden bei Colonia von Kim & Nicola Himer angefertigt.
www.colonia-shoecare.com

Bürsten und Spanner sind auch im Colonia Programm enthalten.

Sternekoch Johann Lafer zeigte sich begeistert, dass man auch Schuhcreme kochen kann.

Dunkelman & Son – Dasco

Freddie Dunkelman wurde im Londoner Stadtteil West Ham geboren, wuchs aber bis zu seinem 17. Lebensjahr in Kanada auf, wo er seine Leidenschaft für Eishockey entdeckte. Nach seiner Rückkehr nach England 1937 machte er sich als Eishockeyspieler einen Namen und war als solcher Mitglied der englischen Olympiamannschaft 1948. Bereits im Juni 1946 gründete er die Firma Dunkelman & Son, heute besser bekannt als Dasco. Er begann in einer kleinen Werkstatt in dem Londoner Stadtteil Battersea, und zwar mit einer Produktion von Eishockeyschlägern und Schlittschuhen. Obwohl das Geschäft mit der Eishockeyausrüstung gut lief und Dunkelman seine Waren nach Kanada und Europa exportierte, suchte er eine Möglichkeit, die Sommermonate zu überbrücken. 1950 traf Freddie Dunkelman zufällig Georg Hartmann, dessen Firma in Deutschland hölzerne Schuhspanner produzierte, und Dunkelman wurde zum Handelsvertreter für Großbritannien ernannt. Bereits ein Jahr später erwiesen sich die Schuhspanner als großer Erfolg und man begann mit der Herstellung von Schafthölzern für Reitstiefel und stieg auch in den Handel mit Schuhcreme ein. 1957 wurde ein Hersteller von Plastikschuhspannern aufgekauft. Als Eishockey immer unpopulärer wurde, stellte die Firma den Handel mit Sportartikeln ein, und Ende der Fünfzigerjahre hatte man sich völlig auf die Schuhpflege als Kerngeschäft des Unternehmens konzentriert. Zu diesem Zeitpunkt wurden bereits die gehobenen Fachgeschäfte in London mit Schuhspannern aus Holz und Kunststoff beliefert. In den Sechzigerjahren kamen Stiefelspanner hinzu. 1965 verlegte Freddie Dunkelman seinen Firmensitz an den heutigen Standort Desborough in Northamptonshire, wo er eine neue Fabrik samt Lagerhalle bauen ließ. Im Jahr 1967 wurde der Leistenhersteller Foster Brothers, ebenfalls aus Desborough, aufgekauft. Zu einem weltweiten Erfolg entwickelten sich die 1968 eingeführten Stiefelspanner für die damals äußerst modischen kniehohen Damenstiefel. Etwa zur gleichen Zeit ließ man sich den Markennamen Dasco schützen, der von da an auf allen Artikeln von Dunkelman auftauchte. In den Siebzigern wurden dann Holzsandalen und Clogs produziert, und gegen Ende der Siebziger kamen Einlegesohlen und Schnürsenkel hinzu. Später folgten Aerosolsprays und Schuhcreme mit integriertem Aufträger. Zu den neueren Produkten zählen Einlegesohlen auf Gel-Basis. 1997 zog sich Freddie Dunkelman aus der Geschäftsleitung zurück, verblieb aber bis 2007 in der Firma, 2010 verstarb er.

Das Unternehmen ist in Familienbesitz geblieben und wird nun von den Geschwistern Stephen und Jon Dunkelman und Jane Woodnutt sowie von dem Vorsitzenden der Geschäftsleitung, Philip Luckett, geführt. Heute ist Dunkelman & Son Großbritanniens führender Hersteller von Schuhfurnituren. Neben Schuh- und Stiefelspannern, Schuhcremes, Schnürsenkeln, Einlegesohlen und Schuhanziehern umfasst das Dasco-Sortiment auch selten zu findende Artikel wie Schuhweiter. Dasco Produkte sind heutzutage in 43 Ländern erhältlich und werden auch für Fremdfirmen hergestellt und abgefüllt. Zu dem illustren Kundenkreis gehören Firmen mit so klangvollen Namen wie Crockett & Jones, Church Shoes, John Lobb, Harrods, Russell & Bromley, Hugo Boss, Prada und einige mehr.

www.dunkelman.com

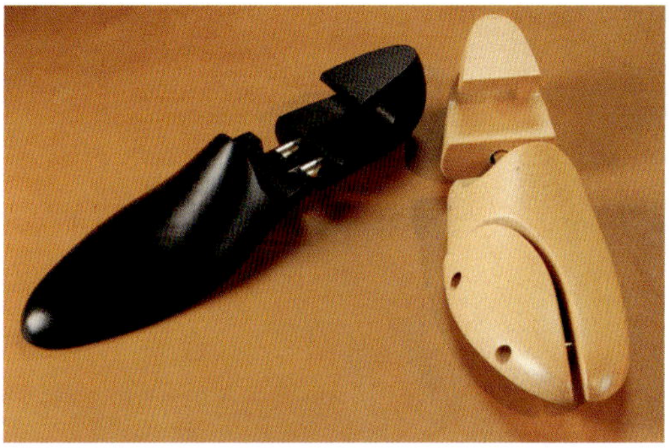

Dasco-Spanner lackiert aus Buche.

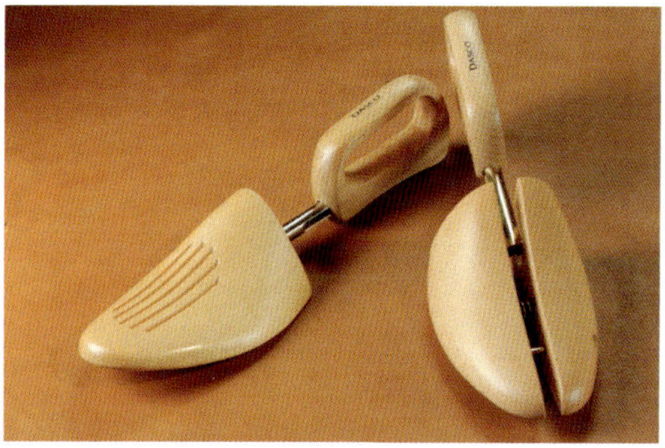

Dasco-Federspanner mit Griff zum einfachen Herausnehmen.

Eduard Meier

Peter Eduard Meier und seine Schwester Brigitte leiten heute in 13. Generation das von Hans Mayr gegründete und 1596 erstmals urkundlich erwähnte Schuhhandelshaus Eduard Meier in München. Hohe Persönlichkeiten, darunter die Könige von Sachsen und die Fürsten von Hohenzollern-Sigmaringen, gehörten zu den Kunden des Hauses. 1895 wurde Eduard Meier Königlich Bayerischer Hoflieferant. Brigitte und Peter Meier sowie ihr Team sind echte Schuhflüsterer. Sie führen heute bestimmt eines der besten Schuhhäuser Deutschlands. Peter Mayer entwickelte eine eigene Eduard Meier Schuhpflegeserie die höchsten Ansprüchen genügt. Auch bot er als einer der ersten schon in den 80ziger Jahren des letzten Jahrhunderts seiner Kundschaft Schuhpflegeseminare auf höchsten Niveau an.
Bis heute erfährt der Interessierte dort in einem mehrstündigen Seminar alles Wissenswerte zum Thema Schuhpflege. Neben dem umfangreichen Sortiment an rahmengenähten Konfektionsschuhen für Damen und Herren, und der Möglichkeit Maßkonfektionsschuhwerk zu bestellen, werden heute bei Eduard Meier auch hochwertige Kleidung und Ausrüstungsgegenstände aus Leder, Loden und Tweed für die Jagd und den Outdoor-Bereich angeboten. Seit einigen Jahrzenten existiert ein umfangreiches Angebot an sehr guten Schuhpflegemitteln . Es werden bei Eduard Meier hauseigene Hartwachspasten, Emulsionscremes, Lederreiniger und Ölpflegemittel angeboten. Beste Schuhspanner, Schuhanzieher sowie Glanz- und Polierbürsten finden sich ebenfalls im Angebot. Neben Schuhpflegeseminaren hat Ed.Meier auch eine Schuhpflegelehr-DVD und eine Schuhfibel im Programm.
www.edmeier.de

DVD
VON SCHUHEN
EDUARD MEIER
MÜNCHEN
Vom echten Glanz zur Herrlichkeit
Uber die Herstellung wirklich handgemachter Schuhe
Die Funktion des Peduform-Schuhs
Extras: Druckfähige Bilddokumente und PDF-Files
Ed. Meier
Haus für feine Schuhwaren
Hoflieferanten
Imprägnierer

Effax

Die Chemische Industriegesellschaft mbH Mannheim wurde am 18. Januar 1906 gegründet und produzierte von Anfang an unter dem Markennamen Effax Schuh und Lederpflege Lederpflegemittel. Ein zweites Standbein stellten Produkte für Pferdepflege, wie beispielsweise Heil- und Hufsalbe, unter dem Namen Effol dar. Ab dem 10. Juli 1909 firmierte das Unternehmen als Chemische Fabrik Effax August Spoerl & Co. GmbH, und im Jahre 1913 wurde der Firmensitz nach Bensheim verlegt. 1936 übernahm Herr Schweizer die Gruppe, daher lautete der Firmenname ab diesem Jahr Chemische Werke Schweizer & Co. GmbH. Seit 1997 gehört die Schweizer-Effax GmbH zur Eimermacher Gruppe mit Sitz in Nordwalde. Leder- und Pferdepflege bilden auch heute noch einen festen Bestandteil des Sortiments, das im Laufe der Jahrzehnte um Textil- und Hauspflege erweitert wurde.

Heute produzieren neunzehn Mitarbeiter ein umfangreiches Lederpflegesortiment, das höchsten Qualitätsstandards gerecht wird. So werden nur Rohstoffe verwendet, die in gleicher Qualität auch in der Humanmedizin angewandt werden. Die gesamte Produktion findet unter GMP-Standard (Good Manufacturing Practice) statt. Das sind EU-Richtlinien zur Qualitätssicherung in der Produktion von Arzneimitteln, Wirkstoffen, Lebensmitteln und Futtermitteln. Eine weitere Besonderheit aller Firmen der Eimermacher Gruppe ist, dass praktisch die ganze Wertschöpfung firmenintern stattfindet. So sind neben der Produktion auch Forschung und Entwicklung, Lagerhaltung, Marketing und Vertrieb intern und in Deutschland angesiedelt. Dies ist heute beileibe keine Selbstverständlichkeit mehr. Die kontinuierlichen ökologischen Bemühungen wurden mit dem Ökoprofit-Zertifikat gewürdigt. Diese Philosophie hat auch das Deutsche Olympiade-Komitee für den Reitsport überzeugt, das Effax als Lieferanten ausgewählt hat. Das Lederpflegeprogramm umfasst heute Lederreiniger, Lederseife, Lederbalsam und -öl sowie Spezialmittel zur Schimmelbekämpfung auf Leder und einen Leder-Grip-Stick, ein Mittel, das auf dem Sattel aufgetragen für einen besseren Halt des Reiters sorgt. Für Schuhe, Bekleidung und Motorradkombis stehen Lederimprägnierer und mehrere Lederfette zur Verfügung. Schwarzer Lederlack und Ledersoft wurden in erster Linie für Pferdegeschirre entwickelt, finden aber auch andere Einsatzgebiete.
www.schweizer-effax.com

Die Hey Pflegeserie ist eine Effax-Marke.

effax
Lederöl
Leather Oil • Huile pour cuir • Aceite de cuero
Olio per cuoio • Oleo para couros
effax
Glycerin-Seife
BERGSTEIGER
mit Vaseline
und Lanolin
LEDERFETT
effax
Leder-Fett
effax
imprägniert und pflegt
reproofes and cares
imperméabilise et soigne
WAX COTTON

Erdal

Am 23. Oktober 1867 gründeten die Brüder Friedrich Christoph Werner und Georg Werner die Wachswarenfabrik Gebrüder Werner. 1878 kam Georg Mertz dazu und der Firmenname wurde in Werner & Mertz geändert. 1887 verstarb Georg Mertz und sein Bruder, der Chemiker Philipp Adam Schneider, übernahm seine Geschäftsanteile und leitete das Unternehmen gemeinsam mit Friedrich Christoph Werner. Wie schon im Kapitel Geschichte der Schuh- und Lederpflege erwähnt, gilt die Firma Werner & Mertz mit ihrer Marke Erdal als Erfinder der modernen Schuhcreme. Philipp Adam Schneider war der Erste, der Wachse mit Lösemitteln kombinierte und so eine pastöse Creme herstellte, die alle erwünschten Eigenschaften zur Schuhpflege besaß. Die 1901 patentierte Wortmarke Erdal war so erfolgreich, dass sie 1903 um die Bildmarke des Froschkönigs ergänzt wurde. Die Idee dabei war, dass Schuhe die Welt quasi aus der Froschperspektive sehen, „wasserfest" sind und glänzen, und da es damals üblich war, sich mit adligen Attributen zu schmücken, verlieh man dem Frosch die Krone. Auf den ersten Dosen war außerdem „Im Privatgebrauch an Fürstenhöfen" zu lesen. Etwa zwei Jahrzehnte nach Erfindung der Schuhcreme gab es schon Hunderte von Kleinunternehmen und einige Großunternehmen, die Schuhcreme herstellten. Viele waren, wie die Firma Werner & Mertz, als Wachszieherei gegründet worden. Heute trägt die Marke Erdal nur noch zu einem kleinen Prozentsatz zum Konzernergebnis bei und Erdal-Produkte sind mittlerweile eher im Supermarkt vertreten als im Fachhandel.

www.werner-mertz.de

Famaco

Famaco wurde als Fama von Frédéric Pfirter 1931 in Paris gegründet. Im sechsten Stock eines Mietshauses stellte er erstmals seine Schuhcreme mit dem lateinischen Namen für „Gerücht" oder „guter Ruf" her. Das Logo des Gentlemans mit Zylinder übernahm Pfirter von einer Flasche Portwein, die er gemeinsam mit einem Freund leerte, als er über den Markenauftritt seiner Firma sinnierte. Über zwei Jahrzehnte später musste der Name allerdings geändert werden. Fama klang zu sehr nach „Lama", einer bereits eingetragenen Marke, weshalb die Firma in Famaco umbenannt wurde.

1974 übernahm der vierundzwanzigjährige Alain Pfirter die Firma seines Vaters. Durch Fleiß, persönlichen Einsatz, kurze Lieferfristen und guten Service führte er das Unternehmen zum Erfolg. Heute werden Hartwachspasten in den üblichen Farbtönen und Cremes in einer größeren Farbenvielfalt angeboten.
www.famaco-shoecare

Die Famacowachse eignen sich gut für das Antikfinish.

Gregor Chemie

Die Gregor Chemie GmbH wurde 2004 von Horst Gregor gegründet. Sie ging aus dem Kauf der insolventen Floral Chemie GmbH hervor, die in den Fünfzigerjahren gegründet wurde und übernahm von dieser einen großen Teil der Produktpalette. Dazu zählten auch die Produkte zur Schuh- und Lederpflege. Durch

die hohe Qualität erfüllen diese Produkte sämtliche Anforderungen der Technischen Lieferbedingungen der deutschen Bundeswehr. Die Gregor Chemie GmbH, wie schon die Vorgängerfirma, ist seit mehreren Jahrzehnten mit ihrer Lederpflege Hauptlieferant der Bundeswehr. Die Lederpflege-Produkte werden auch von weiteren NATO-Partnern verwendet. Darüber hinaus besitzt die Gregor Chemie GmbH einen großen Kundenkreis in der Forstwirtschaft, bei den Feuerwehren, dem THW sowie im Army- und Outdoor-Einzelhandel. Die Floral-Lederpflege-Produkte finden vor allem dort Abnehmer, wo strapaziertes Schuhwerk aus Leder in Kombination mit atmungsaktiven Membranen gepflegt werden soll. Während die in schwarz und braun erhältlichen Produkte vor allem zur Schuhpflege gedacht sind, soll laut Hersteller die farblose Lederpflege auch bei Lederbekleidung und Accessoires angewendet werden können.

Als Anekdote sei hier erwähnt, dass sich diese Schuhcreme, aufgetragen auf die legendären „Panzerplatten“, die fast 1 cm dicken Hartkekse, welche die eiserne Reserve der Bundeswehrverpflegung darstellt, zum Anzünden von Feuern aller Art bei Generationen von Soldaten auf Biwaks und Rekrutenprüfungen großer Beliebtheit erfreute und wahrscheinlich immer noch erfreut.

Die in der Sprühdose angebotene Lederimprägnierung kann für Raulederprodukte aller Art benutzt werden. Die Lederpflegemittel bestehen aus einer Mischung aus gelösten Wachsen, aromatenfreien Ölen mit Zusätzen von öllöslichen Farbstoffen und Hydrophobiermitteln (Silikonöle). Die Lederimprägnierung enthält eine Mischung aus aromatenfreien Ölen, Emulgatoren, ätherischen Ölen und Silikonöl in wässriger Lösung. Keines der Produkte enthält Chlorkohlenwasserstoffe, stark wirkende Säuren oder freie Alkalien. www.gregor-chemie.de

Gregor Chemie Abfüllanlage.

Gregor Chemie GmbH
Floral Lederpflege und Imprägniermittel
Gregor Chemie GmbH
Floral Lederpflege und Imprägniermittel
mit Silicon
für alle Lederarten
reinigt – pflegt – imprägniert
wirkt farbauffrischend
gibt dauerhaften Glanz
Gregor Chemie GmbH,
Gregor Chemie GmbH
Floral Lederpflege und Imprägniermittel
shoe polish / cirage
Gregor Chemie GmbH
FLORAL Lederpflege und Imprägniermittel
shoe polish / cirage

Grison – LJW

Das französische Unternehmen Grison bietet Schuhcreme an, die auf das Jahr 1847 zurückgeht und ihre Wurzeln in Paris hat. Insbesondere in den drei Dekaden der Zwanziger- bis Fünfzigerjahre war Grison wegen seiner guten Pflegeeigenschaften vor allem in Frankreich, England und den USA bekannt.

Heute gehört die Marke zu LJW, einem Handelsunternehmen für Schuhpflegeprodukte und Schuhfurnituren, das 1981 von Lionel John Williams, dem ehemaligen Vorstandsvorsitzenden von Reckitt & Colman Europa (heute Reckitt Benckiser) gegründet wurde und in Sainte Geneviève des Bois in der Nähe von Paris beheimatet ist. Nach einer strategischen Neuausrichtung konzentriert sich das Unternehmen auf seine Eigenmarken, die neben Grison die Marken Graisse Le Phoque, Crème Essentielle, Pedicare und Recolor umfassen. Grison deckt mit seinen Schuh- und Lederpflegeprodukten quasi alle Arten von Leder ab. Grison-Produkte sind aber nicht nur für die Schuhpflege gedacht, sondern auch für Ledermöbel und Lederkleidung bietet das Unternehmen Pflegeprodukte an.

Graisse Le Phoque geht auf einen russischen Unternehmer der Zwanzigerjahre zurück, der mit seinem Lederfett auf der Basis von Robbentran erfolgreich war. Bereits seit den Achtzigerjahren enthält die Rezeptur keine tierischen Produkte mehr und basiert ausschließlich auf Mineral- und Pflanzenölen.

Crème Essentielle wurde erstmals 1983 als Universalcreme für alle Farben zur Reinigung und Pflege aller Glattleder lanciert. Heute stellt sie eines der wichtigsten Produkte im Unternehmensportfolio dar.

Pedicare kam 1996 auf den Markt und bietet heute eine breite Produktpalette im Bereich der Fußpflege an, von Erfrischungscremes bis zu Anti-Schweiß-Präparaten. Recolor bietet über sechzig verschiedene Farben zur Farbauffrischung oder Umfärbung von Schuhen und anderen Lederprodukten an. Es sind sowohl Produkte für den Endverbraucher als auch für den Profi erhältlich. Anfang 2011 hat die deutsche Melvo GmbH aus Ludwigsburg LJW übernommen.

www.ljw.fr

Grison hat eine große Auswahl an Sprays.

Das Schuhpflegeprogramm von Grison lässt keine Wünsche offen.

Hölzer Sattelschrank-Systeme

Die Firma Metallbau Hölzer wurde von Erwin Hölzer 1984 als klassischer Betrieb für Metall- und Blechverarbeitung gegründet. Das Leistungsangebot reicht vom einfachen Zuschnitt der Bleche bis hin zum fertigen Produkt in den Bereichen Ladenbau und Displays, Anlagenverkleidungen und Warenträger. Als die Tochter Caroline Hölzer 1992 mit dem Reitsport begann, stellte sich rasch heraus, dass die umfangreichen Reitutensilien wie Sattel, Trensen, Stiefel bis hin zu Pflegemitteln ordentlich und vernünftig geschützt und vor unbefugtem Zugriff aufbewahrt werden müssen. Da keine zufriedenstellende Lösung existierte, entwickelte das Unternehmen selbst Sattelschränke zur stationären Aufbewahrung sowie rollbare Turnierschränke zur Mitnahme auf Wettkämpfe. Ein integrierter Safe hält Langfinger vom Zugriff auf Wertgegenstände ab. Die Produktpalette wird gerade um einen Schrank speziell für den Polosport erweitert. Alle Schränke werden je nach Kundenwunsch in verschiedenen Größen und Farben hergestellt. Oberflächenstrukturen und die zur Herstellung verwendeten Materialien können ebenfalls vom Kunden bestimmt werden. Alle Schränke werden in aufwendiger Handarbeit gefertigt, sind äußerst strapazierfähig und können im Fall von Beschädigungen selbstverständlich repariert werden.

www.metallbau-hoelzer.de

Jöckel Schuhfurnituren

Die Firma Jöckel Schuhfurnituren wurde 1997 von Torsten Jöckel gegründet. Durch Wolfgang Jöckels Tätigkeit als Betriebsleiter bei einem der größten Hersteller von Schuhspannern kann das Unternehmen insgesamt auf eine über 35-jährige Erfahrung in der Branche zurückgreifen. Neben dem Großhandel von Furnituren stellen selbstproduzierte Schuhanzieher aus Kunststoff das Hauptprodukt des Unternehmens dar. Die Schuhanzieher gibt es in vielen unterschiedlichen Formen und in über zwanzig Farben. Als kompetenter Fachhandelspartner versieht Jöckel in der eigenen Druckerei auf Kundenwunsch Schuhanzieher, aber auch Schuhspanner und andere Artikel mit Logo und Werbeaufdruck des Kunden. Auch Lasergravuren sind möglich.
www.schuhzubehoer.de

Ludwig Reiter

Die Schuhmanufaktur Ludwig Reiter wurde 1885 von Ludwig Reiter als Schuhmacherei gegründet. Sie wird heute in vierter Generation von den Brüdern Till, Uz und Lukas Reiter als Familienbetrieb mit Sitz in Wien geführt. Die 40 Mitarbeiter stellen etwa 30.000 Schuhe pro Jahr im Goodyear-Verfahren her. Neben den Konfektionsmodellen bietet Ludwig Reiter sogenannte Privatanfertigungen an, bei denen Modell, Lederart, Leisten und Sohlenausführung vom Kunden bestimmt werden. Es werden aber auch andere hochwertige Lederwaren und Accessoires hergestellt sowie diverse Theaterproduktionen ausgestattet. Nach mehreren Umzügen wurde schließlich im Jahr 2011 der Firmensitz, die gesamte Schuhproduktion sowie Lager und Verwaltung nach Schloss Süßenbrunn vor Wien verlagert, welches von Ludwig Reiter erworben und umfangreich renoviert wurde. Ein stilvolleres Ambiente zur handwerklichen Herstellung traditioneller Schuhe und Lederwaren ist wohl kaum vorstellbar. Ludwig Reiter betreibt sechzehn eigene Geschäfte in Österreich, Deutschland und der Schweiz sowie zwei Franchisegeschäfte. Seit einiger Zeit wird auch hochwertige Schuhcreme unter der Marke Ludwig Reiter vertrieben.
www.ludwig-reiter.com

Keller Bürsten

Die Bürstenfabrik Keller wurde im Jahre 1869 von Johann Baptist Keller gegründet und befindet sich heute in der fünften Generation in Familienbesitz. Zuerst war man nur auf die Fertigung von Bürstenhölzern spezialisiert, ab den 1920er Jahren wurden dann komplette Bürsten gefertigt, auch Schuhpflegebürsten wurden schon sehr früh in das Sortiment integriert. Besonderer Wert wird auf hohe Qualität und Langlebigkeit gelegt, produziert werden Gebrauchsgüter für die alltägliche Nutzung und keine Verbrauchsgüter. Eine Haltbarkeit von 30 und auch 50 Jahren ist keine Seltenheit. Es werden überwiegend natürliche Rohstoffe und umweltverträgliche Materialien eingesetzt. Das verwendete Holz ist FSC zertifiziert und stammt aus nachhaltigem Anbau. Das Sortiment ist in drei Produktgruppen aufgeteilt, Feinbürsten, Tierpflegebürsten und Haushaltsbürsten, zu denen auch die Schuhpflegebürsten zählen. Die Fertigungstiefe liegt, nach Materialanlieferung, bei 100%, das heißt alle Produktionsschritte werden im Haus vor Ort ausgeführt. Viele Marken lassen sich ihre Bürsten individuell von der Bürstenfabrik Keller produzieren.
www.keller-buersten.de

Schuhglanzbürste
Schuhglanzbürste

Kiwi

William Ramsay wurde am 6. Juni 1868 im schottischen Glasgow geboren. Als er zehn Jahre alt war, wanderte seine Familie nach Australien aus und ließ sich in der Nähe von Melbourne nieder. Sein Vater etablierte sich dort als Immobilien- und Grundstücksmakler. Nach seinem Schulabschluss stieg William in die Firma seines Vaters ein und lernte auf einer Reise nach Neuseeland Annie Elizabeth Meek kennen, die er 1901 heiratete. Sie zogen anschließend nach Carlton, einem Vorort von Melbourne. Zusammen mit seinem Partner Hamilton McKellar produzierte er dort Desinfektionsmittel und Polituren. 1904 zog das Ehepaar Ramsay samt Fabrikation in die Elizabeth Street nach Melbourne um, wo 1906 die Produktion einer neuen Schuhcreme unter dem Markennamen Kiwi begann. Den Namen und das Logo des Vogels Kiwi wählte er zu Ehren der neuseeländischen Herkunft seiner Frau.

Anfangs fuhr William Ramsay mit einer Pferdekutsche von Haus zu Haus und von Ort zu Ort, um seine Schuhcreme zu verkaufen. Innerhalb kürzester Zeit feierte er große Erfolge in Australien. 1912, nachdem McKellar das Unternehmen verlassen hatte, eröffnete Ramsays Vater eine Zweigstelle der Kiwi Polish Company in London. Kurze Zeit später reiste William Ramsay selbst nach London, um die Verkäufe in Europa anzukurbeln. 1914 verstarb er an Krebs. Der Erste Weltkrieg verhalf der Marke zu ihrem ersten großen Durchbruch. 1917 orderte die britische Armee mit einer einzigen Bestellung 10.000 Gros (1 Gros = zwölf Dutzend = 144), also 1.440.000 Dosen. Nach Ende des Krieges 1918 war Kiwi auf dem besten Weg, eine globale Marke zu werden. 1924 wurde Kiwi Polish bereits in 50 Ländern verkauft und während des Zweiten Weltkriegs fand man in den Armeen der Alliierten Großabnehmer. 1967 wurde Kiwi International gegründet, um alle weltweiten Aktivitäten zu bündeln. 1984 wurde Kiwi vom amerikanischen Großkonzern Sara Lee aufgekauft, der seine gesamte Schuhpflegesparte im April 2011 an das ebenfalls US-amerikanische Unternehmen S.C. Johnson weiterverkaufte. Heute werden Kiwi Produkte in 200 Ländern vertrieben und pro Sekunde werden allein in Deutschland sieben Kiwi Artikel verkauft. Bei dieser Marktdurchdringung ist es kein Wunder, dass Kiwi Weltmarktführer ist.
www.kiwicare.com

KIWI
Colour Shine
KIWI
Colour Shine
KIWI
whitener

KIWI
AQUASTOP

LEATHER NOURISHING
ARE KIT
S-BRUSHES
F SHOE POLISH
KIWI
132
GRANAT
50ml
BORDEAUX
BORGOGNA
KIWI
SINCE 1906
FEINE
PFLEGECREME
CIRAGE CRÈME
SCHOENCRÈME
KIWI
SINCE 1906
UNIVERSAL
PFLEGE
UPER SOIN
ULTI-MATIÈRES
KIWI
SINCE 1906
deo
fresh
Active
48h
KIWI
SOIN DU CUIR
CRÈME ANTI-TACHES
INCOLORE

La Cordonnerie Anglaise

La Cordonnerie Anglaise (dt. Die englische Schuhmacherei) ist eine französische Firma mit Sitz in Limoges in Westfrankreich. Seit 1895 werden Schuhleisten und -spanner aus Holz hergestellt und seit einigen Jahrzehnten auch welche aus Kunststoff. Mitte der 1980er Jahre wurde mit einer Schuhpflegeserie begonnen, die heute ein vollständiges Sortiment an Pflegeprodukten darstellt und zu dem besten gehört was überhaupt erhältlich ist. Neben Hartwachspasten, Emulsionscremes, Lederreiniger, Imprägnierer, Schuhpflegeprodukten für Reptilleder, Lederfett und Lederauffrischer verdient vor allem eine Emulsionsschuhcreme Erwähnung, die für Cordovan geeignet ist. Die große Domäne von La Cordonnerie Anglaise ist jedoch der High-End-Bereich der Schuhpflegeutensilien. Egal, ob es sich um Bürsten, Schuhpflegetruhen oder Lederschürzen handelt, die schönsten, exklusivsten und natürlich auch die teuersten kommen meistens aus der „englischen Schuhmacherei".
www.lca-international.co

Polierhandschuh aus Lammfell.

Die Auswahl an Bürsten ist hervorragend.

Verschiedene Schuhlöffel für alle Gelegenheiten hat La Cordonnerie auch im Sortiment.

Lederzentrum

Das Lederzentrum in Rosdorf bei Göttingen gibt es seit 1995. Damals führten nur zwei Personen Lederreparaturen aus; heute beschäftigt das Unternehmen 25 Mitarbeiter, macht 2,8 Mio. Euro Umsatz und verkauft seine Produkte in die ganze Welt. 35% des Umsatzes werden mit Exportgeschäften gemacht. Das Sortiment besteht aus Lederreinigungs-, Lederreparatur- und Pflegeprodukten. Die Produkte werden sowohl an die Fertigungsindustrie (Taschen, Autos, Möbel und Bekleidung) verkauft als auch an Museen, welche außerdem von den Fachleuten des Lederzentrums beraten werden, wie wertvolle Lederobjekte zu pflegen sind. Großkunden wie Bree, Volkswagen, Mercedes-Benz und Bretz werden vom Lederzentrum beliefert sowie natürlich Tausende von Privatkunden. Mit Ausnahme von Sattler- und Polsterarbeiten werden viele Reparaturarbeiten selbst durchgeführt, sofern die Werkstatt nicht mit einem der vielen Schulungskurse belegt ist, die Woche für Woche durchgeführt werden und in denen sich die Teilnehmer in der Lederreparatur und der Anwendung der Pflegemittel schulen lassen. Das Lederzentrum bietet die Eigenmarken Colourlock und Leder Fein an, füllt aber auch Eigenmarken namhafter Hersteller aus der Automobilbranche und anderer Industriezweige ab. Unter dem Namen Elephant Leather Preserver wird ein Lederfett angeboten, das auf rein synthetischen Fetten basiert und besonders für die langfristige Konservierung von Möbel- und Autoleder geeignet ist, da es sich nicht selbst zersetzt. Bei den Inhaltsstoffen wird neben der Unschädlichkeit für die Gesundheit des Anwenders vor allem auf höchstmögliche Effektivität bezüglich der Lederpflege geachtet. Das heißt, das Produkt und die Inhaltsstoffe müssen die bestmöglichen Ergebnisse für das Leder erzielen. Spraydosen und Lösungsmittel kommen dort zum Einsatz, wo sie unbedingt nötig sind. Auf höchstmögliche Servicequalität und Nachbetreuung wird größter Wert gelegt.
www.lederzentrum.de

Colourlock hat ein perfektes Lederpflegeprogramm vom fettlösenden Mittel bis zum Reparaturset.

Lexol

Die Firma Lexol stammte ursprünglich aus New Jersey und war für ihr gutes Lederpflegemittel bekannt. 1977 wurde sie von Summit Industries aus Atlanta in Georgia, USA aufgekauft, von der Lexol bis heute produziert und vertrieben wird. Das ursprüngliche Lederpflegemittel „Leather conditioner", das immer noch produziert wird, wurde 1984 um einen Lederreiniger und ein Lederpflegemittel für helle Leder, genannt „Leather dressing" welches eine Nachdunklung verhindert, ergänzt. Besonders für die Lederpflege in Automobilen bietet Lexol seit 2009 ein 3-in-1 Lederpflegemittel für die schnelle Pflege zwischendurch, das gleichzeitig reinigt, pflegt und schützt.

Lexol eignet sich bestens zur Sattelpflege.

Grundsätzlich sind aber alle Lederpflegemittel für die Pflege von Lederwaren, Schuhen, Sätteln und Automobilleder aus Glattleder geeignet, sie werden in unterschiedlichen Flaschengrößen, in Sprühflaschen und auch als Tücher angeboten. Letztere sind vor allem auf Reisen sehr anwenderfreundlich. www.lexol.com

LEXOL pH
Original Formula
Leather Cleaner
pH BALANCED
Cleans Leather Safely
500 mL (16.9 FL OZ)
LEXOL
Original Formula
PRESERVATIVE
Prevents Cracking
500mL (16.9 FL OZ)
LEXOL NF
Neatsfoot
Leather Dressing
NON-DARKENING
Neatsfoot for today's Leather
500 mL (16.9 FL OZ)

Pedag

Pedag-Schaum reinigt und pflegt.

Firmengründer Hartmut Schelchen startete 1955 mit dem Verkauf von Einlegesohlen, Fußbettungen und Schuhpflegezubehör. In der Garage wurde Lederfarbe aus großen Fässern in kleine Glasflaschen zum Verkauf abgefüllt. Ab 1965 produzierte Hartmut Schelchen in einem ehemaligen Kuhstall in Berlin-Charlottenburg selbst Einlegesohlen, da ihm die meist importierte Ware von zu schlechter Qualität war. In den Siebzigerjahren folgte dann der Vertrieb der Marke Eri. 1975 wurde aus HS Schuhbedarf die Marke Pedag International, abgeleitet vom Lateinischen „pedes" (dt. Füße). Viele Jahre später beschloss er schließlich, im Segment der Schuhpflege selbst Fuß zu fassen und somit ein Vollsortiment anbieten zu können.

2003 wurde die erste Schuhpflege von pedag INTERNATIONAL in Deutschland und in weiteren Ländern in den Handel gebracht. Heute ist die Schelchen GmbH pedag INTERNATIONAL ein Unternehmen mit Sitz im Umland von Berlin und beschäftigt mehr als 160 Mitarbeitern. Das Unternehmen bietet seine Produkte aus den Bereichen Fußbettungen und Sohlen, Schuhpflege, Schuhformer, Senkel & Schuh-Accessoires weltweit an. In dem umfangreichen Schuhpflegesortiment findet sich alles zur Pflege von Glatt- und Rauleder. Bei den Hauptbestandteilen setzt pedag bevorzugt auf natürliche Inhaltsstoffe wie Bienenwachs, Lanolin, Shea Butter und Carnaubawachs.

www.pedag.de

pedag INTERNATIONAL
PROTECT
WACHS IMPRÄGNIERER
CARE
Rauleder Spray
Frischt Farbe auf, pflegt & imprägniert
CARE
Pflege Schau
Reinigt & pflegt alle Materialien
CARE & CLEAN
Lack & Exotik Schaum
3-fach Pflege für Exotik-Look & Lackleder
CARE
Leder & Lack Lotion
Sanfte Reinigung, Pflege und Schutz
CARE
CARE
Magic White
Blanc intense
Shoe Deo
Innovative Frische für Schuhe
HYGIENE
Shoe Deo
Shoe Deo
Hygiene
Leder Seife
Reinigt & pflegt rückfettend
CLEAN
Leather Soap
Cleans & moisturises
Savon pour cuirs
Nettoie et entretient tout en regraissant
Schnell Glanz
SHINE
Sofortglanz für alle Glattleder
Farblos-Colorless Neutre-Kleurloos
Instant shine for all smooth leathers
Eclat instantané pour cuir lisse
Alle gladleder glanst direct
Reinigen/Clean
Pflege/Care

Poliboy Brandt & Walther

Am 1.1.1930 wurde die Brandt & Walther GmbH in Bremen von Adolf Brandt und Otto Walther als Unternehmen für Getreidehandel und Importe gegründet. 1935 wurde eine chemische Abteilung angegliedert und man begann mit der Produktion von Desinfektions- und Schädlingsbekämpfungsmitteln. In den darauffolgenden Jahren kamen Reinigungs- und Putzmittel hinzu, die unter dem Namen Polirol (abgeleitet von Polieren und Öl) vertrieben wurden. 1951 wurde die Marke aufgrund der älteren Rechte einer anderen Marke in Poliboy umbenannt. 1952 zog das Unternehmen nach Lilienthal bei Bremen um und der schrittweise deutschlandweite Ausbau der Distribution folgte. Die Inbetriebnahme des eigenen Forschungs- und Entwicklungslabors 1967 signalisierte den Beginn der Eigenentwicklung neuer Produkte und der kontinuierlichen Verbesserung bereits eingeführter Produkte. Heute ist die Firma Poliboy Brandt & Walther GmbH mit ihren 65 Mitarbeitern immer noch ein familiengeführter, mittelständischer Betrieb. Das Sortiment, das übrigens komplett in Deutschland hergestellt wird, umfasst neben den Lederpflegeprodukten auch Produkte zur Möbel- und Bodenpflege sowie Silberpflegemittel und mehrere Spezialreinigungsmittel. Vertrieben werden die Marken Poliboy, Putzboy und Schraders. Im Bereich der Möbel- und Silberpflege ist Poliboy Marktführer in Deutschland, und die Produkte werden weltweit in 13 Länder exportiert.

Die Lederpflegemittel umfassen eine Leder-Intensivpflege, einen Lederreiniger und Lederpflege Feuchttücher zur schnellen und einfachen Pflege. Neben der Qualität der Rohstoffe, wie Bienenwachs, Carnaubawachs und Lanolin, weitgehend natürlichen Ursprungs, wird bei Poliboy besonderer Wert auf die biologische Abbaubarkeit der Endprodukte und einen hohen Anteil natürlicher Wirkstoffe gelegt, was sich auch in der neuen Bio-Produktlinie zeigt. Auf organische Lösemittel und hautresorptive Stoffe, die leicht über die Haut aufgenommen werden, wird bewusst verzichtet.

www.poliboy.de

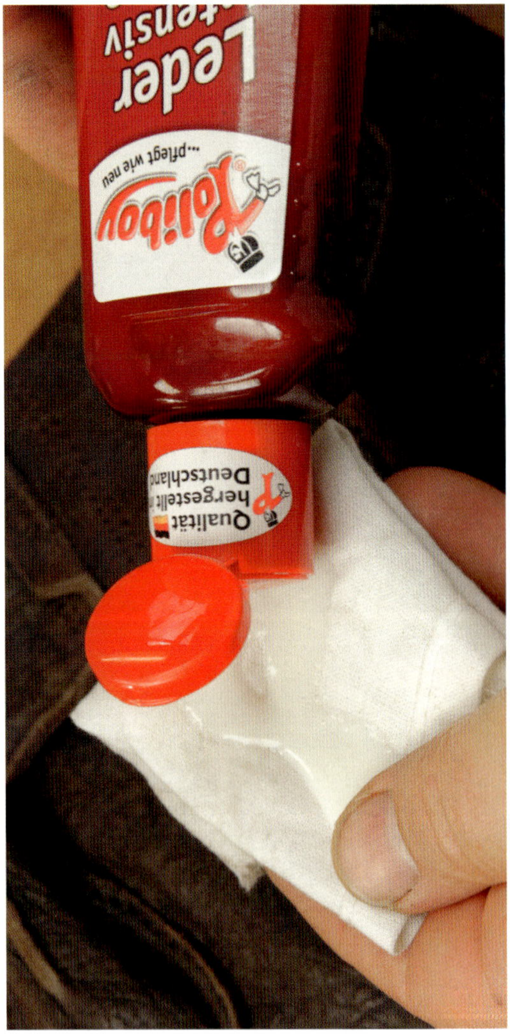

Poliboy-Pflege ist auch für Handtaschen geeignet.

Qualität hergestellt in Deutschland
Poliboy
...pflegt wie neu
Leder Reiniger
für alle Lederarten
mit natürlichem Orangenöl
·reinigt schnell und gründlich
·frischt die Farben auf
Qualität hergestellt in Deutschland
Poliboy
...pflegt wie neu
Leder Intensiv Pflege
für alle Glattleder
mit edlem Bienenwachs
·pflegt & frischt die Farben auf
·schützt vor Nässe & Flecken
Qualität hergestellt in Deutschland
Poliboy
...pflegt wie neu
Leder Intensiv
ÖFFNEN

Royal Shoe Care

Royal Shoe Care ist 2006 von Maßschuhmacherin Kim Himer gegründet worden. Royal Shoe Care bietet Schuhpflegeboxen und -truhen für den Heimbereich sowie einen beweglichen Schuhpflegewagen und einen Schuhputzsessel für den gewerblichen Bereich an. Alle Produkte sind im High-End-Bereich angesiedelt und werden ausschließlich in Deutschland gebaut. Die Royal-Shoe-Care-Box ist eine kleine Truhe in Massivbauweise mit drei gezapften Schubladen, die über einen Selbsteinzugsmechanismus verfügen und in denen die wichtigsten Schuhpflegeutensilien leicht verstaut werden können. Durch ihre integrierten Griffe, kann sie problemlos transportiert werden.

Die Royal-Shoe-Care-Truhe ist ein veritables Möbelstück, das in punkto Schuhpflege keine Wünsche offen lässt. Im oberen Bereich befinden sich unter der seitlich ausziehbaren Schmutzschublade mehrere kleine Schubladen für die Pflegemittel der häufigsten Lederarten und -farben. In der Mitte finden sich die Fächer für Hartwachspasten und Emulsionscremes in allen erdenklichen Farben und darunter große Vorratsfächer für Bürsten, Schuhanzieher und Ersatzschnürsenkel. Die Arbeitsfläche ist mit Leder bezogen. Selbstverständlich sind auch hier alle Schubladen gezapft und mit einem Selbsteinzugsmechanismus ausgestattet. Sowohl für die Box als auch für die Truhe stehen so exklusive Hölzer wie Makassar, Zebrano, Nussbaum, Nussbaumwurzel, Palisander oder Mooreiche zur Verfügung. Auf individuellen Kundenwunsch können auch noch andere Holzarten angeboten werden. Tragegriffe und Beschläge sind, wie bei den anderen Schuhpflegemöbeln entweder aus Edelstahl oder Messing.

Die Royal-Shoe-Care-Station ist ein Schuhpflege-Rollwagen, der speziell für den Gebrauch in Hotels mit Schuhpflegeservice entwickelt wurde. Die Arbeitsplatte in angenehmer Arbeitshöhe besteht aus Glas und lässt sich nach getaner Arbeit leicht reinigen. Neben Schmutzschublade und zehn kleinen Schubladen für die farbsortierte Aufbewahrung der Schuhpflegemittel, finden sich im unteren Bereich vier abschließbare Vorratsfächer. Um die Handhabung der Royal-Shoe-Care-Station zu erleichtern, ist sie aus Gewichtsgründen in Leichtbauweise mit Wabenkonstruktion gefertigt und mit großen kugelgelagerten Rollen mit Feststellbremse ausgestattet.

Der Royal-Shoe-Care-Chair wurde ebenfalls für Hotels entwickelt, aber auch für professionelle Schuhputzer, die ihren Kunden einen besonders eleganten und bequemen Sitzplatz während der

Royal Shoe Care Chair mit Zigarrenhumidor und gekühltem Champagner.

Schuhpflege bieten möchten. Neben diversen Schubladen für Schuhpflegeartikel und zwei ausziehbaren Ablagebrettern ist dieser wurzelholzfurnierte Schuhputzthron mit lederbezogener Sitzfläche mit zwei Besonderheiten der Extraklasse ausgestattet. Denn in der einen Armlehne ist ein Kühlfach für Champagner und in der anderen ein Zigarrenhumidor untergebracht. So umsorgt wird es keinem Kunden langweilig. Aber nicht nur Premiumhotels, die ihrer Lobby einen besonderen Blickfang gönnen wollen oder besonders ambitionierte Schuhputzer zählen zum Kundenkreis, es gab auch schon Privatpersonen, die sich den Royal-Shoe-Care-Chair gegönnt haben. Neben diesen außergewöhnlichen Schuhpflegemöbeln wird von Royal-Shoe-Care ein umfangreiches Profi Seminar- und Schulungsprogramm zum Thema Schuhpflege angeboten. Die mindestens 6 bis 16 Stunden dauernden Seminare richten sich an den Schuheinzelhandel sowie an Hotelpersonal gleichermaßen.
www.royalshoecare.de

Seitlicher Auszug zum Abstellen von Pflegeutensilien.

Saphir

Zu Beginn des 20. Jahrhunderts kamen einfache Lederpflege- und Fettungsmittel unter dem Markennamen „Saphir" auf den Markt, insbesondere für den militärischen Bereich wie Stiefel, Koppeln und Sattelzeug. Durch die intensive Zusammenarbeit mit den Herstellern hochwertiger Lederwaren wie Sattler und Feintäschner sowie später auch Schuhmachern, wurde ein hochwertiges Pflegeprogramm entwickelt. 1925 gewann Saphir auf der Weltausstellung in Paris die Goldmedaille für herausragende Qualität der Produkte im Lederpflegebereich. Bis heute wurden die Originalrezepturen nur verändert, wenn gesetzliche Vorschriften dies erforderten. Heute ist Saphir eine Marke der in Westfrankreich bei Cognac gelegenen Firma Avel, die 1977 von Alexandre Moura gegründet wurde und seit 2004 von seinem Sohn Marc geleitet wird. Die Produkte von Avel werden in über dreißig Länder exportiert. Avel stellt für viele andere namhafte Firmen Schuh- und Lederpflegeprodukte her.

Die Produkte der Marke Saphir teilen sich in zwei Pflegelinien auf. Die Standardserie Saphir bietet gute Pflegeprodukte und Accessoires für die Reinigung und Pflege von Lederwaren und Schuhwerk.

Ebenso die Saphir Medaille d'Or, sie zielt vor allem auf die Pflege von Qualitätsschuhwerk. Für Lederbekleidung, ledergebundene Bücher und andere Lederwaren sind die Produkte dieser Top-Pflegelinie zum Teil ebenfalls geeignet. Ausschließlich die besten Ingredienzien wie Carnaubawachs, Nerzöl und Balsamterpentinöl kommen bei Saphir Medaille d'Or zum Einsatz. Saphir bietet auch eine Emulsionscreme für Cordovan, Lackleder, Reptilleder und einen universellen Leder-Renovator sowie ein hochwertiges Lederfett an. Zudem gibt es eine große Auswahl an Schuhpflegeaccessoires.

www.avel.com

Seeadler

Seeadler ist spezialisiert auf Premium Schuhstrecker im englischen Stil. Der Kunde kann im Internetshop des Unternehmens oder im gehobenen Schuhfachhandel aus mehreren Damen- und Herrenmodellen seinen Favoriten auswählen. Mit Ausnahme der leichten Reiseschuhspanner aus Kunststoff sind die zum Einsatz kommenden Materialien ausschließlich das angenehm duftende Holz der kanadischen Zeder, welches extrem resistent gegen Pilzbefall ist und auch beim Bau von Blockhäusern zum Einsatz kommt, da es angeblich bis zu tausend Jahre überdauert, sowie das geruchsneutrale Holz des asiatischen Gugertree. Die Schuhstrecker der Victoria Edition aus schwarz gebeiztem Holz des Gugertree und silberfarbenen Teleskopfedern sowie Appliken, wirken besonders elegant. Neben den Materialien stehen vor allem die detailbesessene Verarbeitung und die Funktionalität im Vordergrund, was sich in besonderem Maße in einer fünfjährigen Garantiezeit für die Schuhstrecker zeigt – heutzutage eine echte Seltenheit. Aber nicht nur die Produktqualität und die Produktauswahl, die im Übrigen erfreulich überschaubar ist, da ausschließlich sinnvolle Vollholzspanner angeboten werden, sorgen für eine stetig wachsende Stammkundschaft, sondern auch das erfreulich gute Preis-Leistungs-Verhältnis.
www.seeadler.de

Seeadler Reisespanner aus Kunststoff.

Swims

Swims ist eine Marke des norwegischen Designers John Ringdal. Neben Loafern, Jacken und Regenschirmen stellen modische Galoschen das Hauptprodukt von Swims dar. Als Norweger, der unter widrigen Wetterverhältnissen aufgewachsen ist und von seinem Großvater ein Paar Galoschen geerbt hatte, war John Ringdal der Gebrauch derselben wohlvertraut, und auch während eines verregneten Aufenthaltes in Paris wollte und konnte er nicht auf sie verzichten. Er musste jedoch feststellen, dass ihn seine altertümlich anmutenden Galoschen zum Ziel von Witzeleien seiner Kommilitonen machten. In dem von Regen und Schnee gebeutelten New York, wo er später eine Zeit lang lebte, ruinierte ihm das Wetter mehrere Paar

gute Schuhe, auf die er in der modebewussten Stadt nicht verzichten konnte. Nachdem er mehrere Jahre erfolglos nach dem passenden Produkt zum Schutz seiner Schuhe gesucht hatte, entschied er sich dazu, selbst eine moderne Galosche zu entwickeln. Heute bietet Swims eine Vielzahl an unterschiedlichen Galoschen an, die nicht nur den klassischen Geschmack bedienen, sondern in Ausführung und Farbe auch der Mode Rechnung tragen. Insbesondere Frauen werden nicht nur an der Farbauswahl ihre Freude haben, auch die angebotenen Varianten sind außergewöhnlich. So gibt es beispielsweise Galoschen für High Heels. Die sehr gute Produktqualität und die modische Umsetzung verhelfen der Swims Galosche zu einem Alleinstellungsmerkmal, womit sie so für viele mode- und stilbewusste Damen und Herren das Produkt der Wahl darstellt.
www.swims-shop.de

Swizöl

Die Wurzeln von Swizöl reichen bis in die 1930er Jahre zurück als die Familie Anwander eine Drogerie in Zürch betrieb. In der Drogerie und in der Küche der Anwanders produzierte Hans Anwander die ersten Wachse und Lacke, zuerst noch zur Möbelpflege. Nachdem er keine geeigneten Mittel für die Pflege seines Automobils finden konnte, begann er solche Pflegemittel selbst herzustellen.

Bis heute werden alle Swizöl-Pflegemittel von Hand hergestellt und abgefüllt. Hersteller ist die Firma Swissvax die von Claudius Anwander, dem Enkel von Hans Anwander, und Mitinhaber Georg Weidmann geführt wird. Swizöl stellt heute dem Automobil- und Oldtimerenthusiasten ein ganzheitliches Pflegeprogramm zur Verfügung, das keine Wünsche offen lässt, egal ob es sich um Lack-, Leder- oder Felgenpflege handelt. Für jeden Reinigungs- oder Pflegefall gibt es das geeignete Mittel, hergestellt aus den bestmöglichen Inhaltsstoffen. Da bei Swizöl alles für ein optimales Pflegeergebnis getan wird, ist es kein Wunder, dass fast alle Hersteller von Luxusautomobilen und zahlreiche Oldtimerclubs auf die Produkte von Swissvax schwören und sie bei Insidern als eine der besten Pflegelinien der Welt anerkannt sind. Natürlich haben diese Produkte ihren Preis, den sie aber nach Meinung der Kunden absolut wert sind. Selbst ein individuell gefertigtes Lackpflegewachs, welches exakt auf nur ein einziges Fahrzeug in einem bestimmten Farbton abgestimmt ist, kann sich der Kunde anfertigen lassen. Was die Lederpflege angeht ist das Sortiment ebenso komplett und herausragend, arbeitet Swissvax doch eng mit dem Lederzentrum in Deutschland zusammen.

www.swizol.de

Tapir

1983 gründete Bodo Rengshausen-Fischbach die Tapir Wachswaren GmbH. Als Ethnologiestudent war er offen und interessiert an historischer Lederpflege. Schon damals wurde der Tapir zum Firmensymbol. Der Firmengründer restaurierte alte Autos und musste feststellen, dass keine Pflegemittel für die brüchigen und kaputten Ledersitze existierten, die seinen Ansprüchen genügten. Im Rahmen seiner Studien stieß der Experimentierfreudige auf alte Rezepte, die er als Produktgrundlage nutzte. In einer alten Waschküche im Haus gab es erste Produktversuche mit erlesenen und seltenen Wachsen wodurch die ersten Pflegemittel entstanden. Auf der Grundlage dieser Rezepturen wurden dann zeitgemäße Schuh- und Lederpflegemittel entwickelt.

In der kleinen Manufaktur in Dassel/Amelsen zwischen Göttingen und Hannover finden nur hochwertige nachwachsende Rohstoffe wie beispielsweise natürliche Wachse, Öle und Lösemittel Verwendung und die Produkte tragen eine Volldeklaration aller Inhaltsstoffe. Zur Einfärbung werden Erd- und Mineralfarbpigmente verwendet. Bei der Entwicklung wurde auf Tierversuche verzichtet. Die guten Pflegeeigenschaften resultieren aus der langen Erprobung und den bewährten eigenen Rezepturen. Petrochemische Öle und Wachse, Anilinfarben, chemische Lösemittel und sonstige Rohstoffe petrochemischen Ursprungs sind nicht nachwachsend und werden nicht eingesetzt. Heute sind neben dem Gründer auch die beiden wichtigsten Mitarbeiter am Unternehmen beteiligt. Bei Tapir finden sich Produkte für die Pflege von Glattleder-, Wander- und Raulederschuhen und Ledersohlen sowie Lederöl und Sattelseife.
www.tapir.de

Swing-Time – Galerie für Art Déco Originale

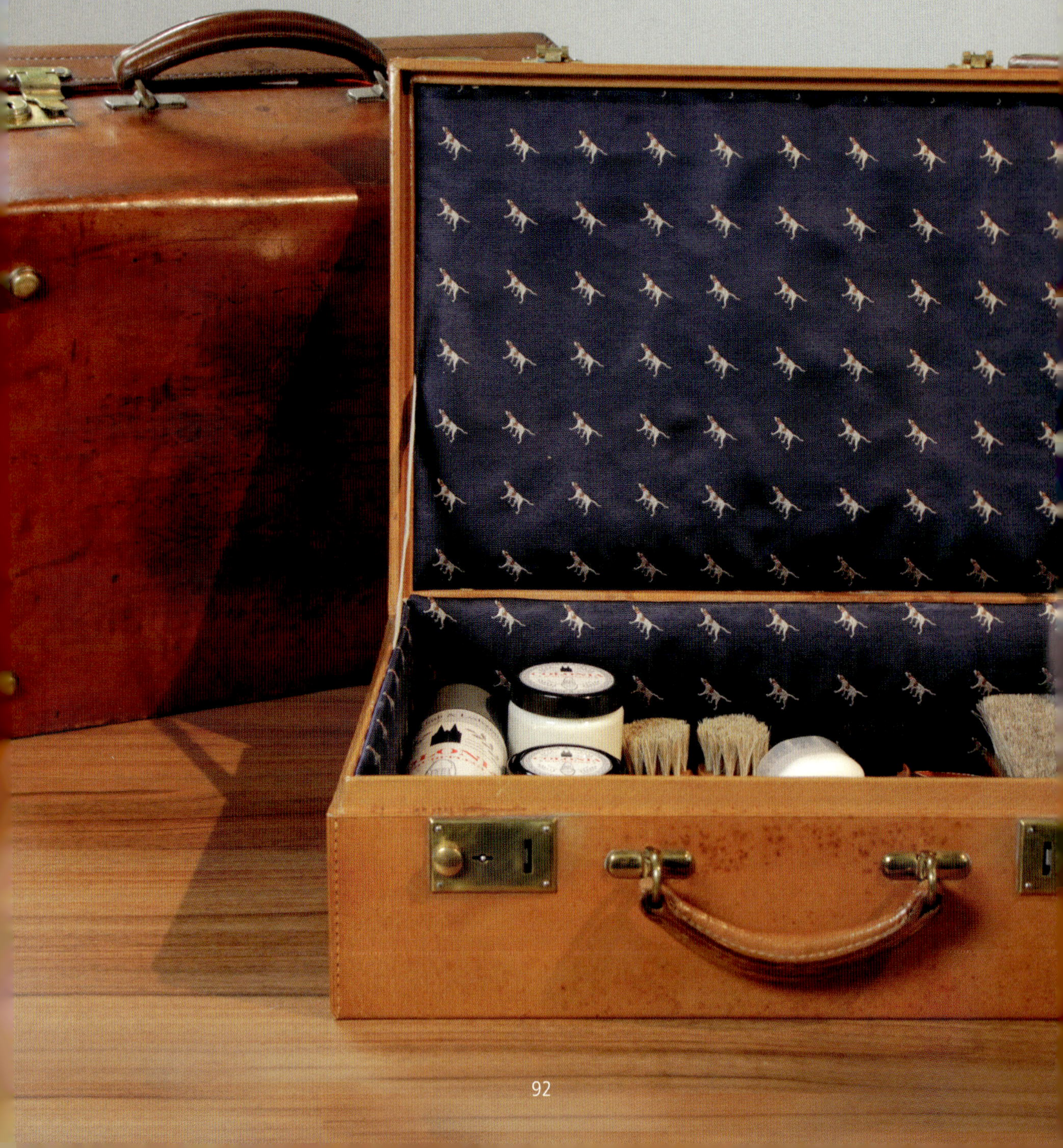

In den Galerien namens Swing Time von Evelyn Ott und Michael Neumann in den Innenstädten von Köln und München findet der Art Déco Interessierte Kunst und Antiquitäten der 1920er bis 1940er Jahre sowie wertige Clubsessel der eigenen Herstellungslinie Zaesar.

Begonnen hat alles 1988 mit dem Handel und der Restaurierung von hochwertigem altem Reisegepäck aus England. Diese restaurierten und originalen Gepäckstücke stellen heute noch einen Kernbereich der Angebotspalette dar. Durch die inzwischen über zwei Dekaden gesammelte Erfahrung in der Restauration von „Vintage Leather", werden Arbeiten wie die Auffrischung von Patinas und Beschlagerneuerungen auf das Gewissenhafteste und in enger Abstimmung mit dem Kunden durchgeführt. Derartig aufbereitete Koffer und Taschen werden, obwohl voll einsatzbereit, von den heutigen Eigentümern eher zu Dekorationszwecken oder zur Aufbewahrung diverser Gegenstände im Haus eingesetzt, zum Beispiel als extravaganter Aufbewahrungsort für Schuh- und Lederpflegemittel. Wer an derartigen originalen Schmuckstücken in bester Qualität interessiert ist, wird bei Swing-Time immer fündig.

www.swing-time.com

Tierowa

Tierowa ist seit über 100 Jahren ein Familienunternehmen. Heute leitet Ralf Mayer mit seiner Familie die Geschicke des Unternehmens. Angefangen hat alles um 1861 mit seinem Ur-Urgroßvater, der die Firma gründete. Ralf Mayers Urgroßvater, der Sattlermeister Gastel, der in Stuttgart eine Sattlerei betrieb war um 1900 bereits königlich württembergischer Hoflieferant. Um dieselbe Zeit entwickelte sich der Betrieb von einer traditionellen Sattlerei immer mehr in eine Sportsattlerei. Großvater Reinhold Mayer heiratete Hedwig Gastel, die Tochter des Sattlermeisters und machte 1921 aus der Sportsattlerei des Schwiegervaters ein Sportgeschäft, das er nach den Anfangsbuchstaben des Vor- und Geburtsnamens seiner Frau „Hedga" nannte. Da fast alle damaligen Sportgeräte, wie Bälle, Skistiefel oder Bergschuhe aus Leder bestanden, dauerte es nicht lange bis, eher beiläufig, mit der „Tierowa intensive Lederpflege" das erste noch heute erhältliche Lederpflegeprodukt des Hauses entstand. Generationen von Bergsteigern schwören auf dieses hervorragende Lederfett. Man darf nicht vergessen, dass es zur damaligen Zeit bis nach dem Zweiten Weltkrieg nicht unüblich war, noch zu Hause selbst Leder zu gerben und somit sowohl der Bedarf an Lederpflegemitteln als auch dem Wissen um dieselben viel größer war als heute. Aus dieser Zeit stammen noch Kundenverbindungen, die bis heute in mittlerweile dritter Generation anhalten. Großvater Reinhold Mayer belieferte schon die Großväter heutiger Kunden und aus der Zeit seines Sohnes Heinz, dem Vater des heutigen Inhabers, stammen natürlich noch mehr Kunden. Ralf Mayer erkennt heute manche Kunden schon am Klang ihrer Stimme am Telefon. Als gelernter Agraringenieur war er schon immer sehr naturverbunden und begeistert sich für handwerklich solide hergestellte Lederwaren und Gebrauchsartikel. Diese Begeisterung und Wertschätzung für Leder liegt auch den Tierowa Pflegeprodukten zugrunde. Im Fokus steht immer das was für das Leder am besten ist. So wurde das Sortiment in den letzten zwanzig Jahren kontinuierlich um Lederreiniger, Intensivimprägnierer und Politur erweitert, womit das kleine Familienunternehmen heute qualitativ sehr hochwertige und seit Jahrzehnten bewährte Lederpflegeprodukte für seine Kunden bereithält.

Tierowa wurde erfolgreich eingesetzt bei Himalaja- und Alpenexpeditionen sowie am Nordpol, in Alaska und Südamerika. Der Name „Tierowa" leitet sich ab von dem Begriff „Tierische Rohwaren". Für deren Pflege sind die Tierowa Produkte nämlich bestimmt.

Der Firmensitz liegt heute im niedersächsischen Wiefelstede in der Nähe von Oldenburg.

www.tierowa.de

TIEROWA
Lederreiniger
für
Glatt- und
Lackleder
Leather cleaner
for smooth and
patent leathers

Tingley

Die Tingley Rubber Corporation wurde 1896 von Charles ʹO. Tingley gegründet. Er startete mit dem Verkauf von Verschlussstopfen für Fahrradreifen. Sie wurden von ihm stilecht auf dem Fahrrad vertrieben von seiner Heimat New Jersey aus über Buffalo, New York, Boston, Massachusetts und Washington, D.C. 1910 nahm Charles Tingley William McCollum als Geschäftspartner in die Firma auf. Dieser begann schnell mit der Erweiterung des Produktangebots und führte die Firma mit einem Bekenntnis zu Qualität und Wertigkeit der Produkte. Zusammen mit seinen zwei Söhnen legte er so den Grundstein für das heutige Unternehmen während Tingley den ersten ungefütterten Gummiüberschuh entwarf und zur Marktreife entwickelte, indem er das breite Wissen des Unternehmens im Bereich der Gummiverarbeitung zur Anwendung brachte. Diese Erfindung war der erste Schritt in Richtung wasserdichtem schützendem Schuhwerk und Schutzkleidung. Heute wird das Familienunternehmen von der vierten Generation geleitet und bietet in mehreren Produktlinien ein komplettes Sortiment an Galoschen, Gummistiefeln mit und ohne Stahlkappen sowie Regenkleidung für verschiedene Branchen wie Petrochemie, Holzwirtschaft oder Nahrungsmittelindustrie und natürlich für Büroangestellte an. Durch viele Innovationen und kontinuierliche Verbesserungen stellen die Produkte von Tingley auch heute noch den aktuellen Stand der Technik dar.

www.tingleyrubber.com

Tonino

Gegründet wurde das Unternehmen 1973 in Köln als Lederwarengeschäft mit dem Schwerpunkt Schuhe von Antonio Visco. 1996 übernahm der gelernte Kaufmann Ciro Visco, der Sohn des Gründers, das elterliche Geschäft. 2005 startete er mit dem Onlinevertrieb von Lederpflegeprodukten und seit 2008 existiert unter dem Namen „Tonino" eine eigene Linie mit Leder- und Schuhpflegeprodukten. Bei Tonino wird Wert gelegt auf natürliche Inhaltsstoffe. Auf Silikon und FCKW wird deshalb bewusst verzichtet.
www.Tonino1973.de

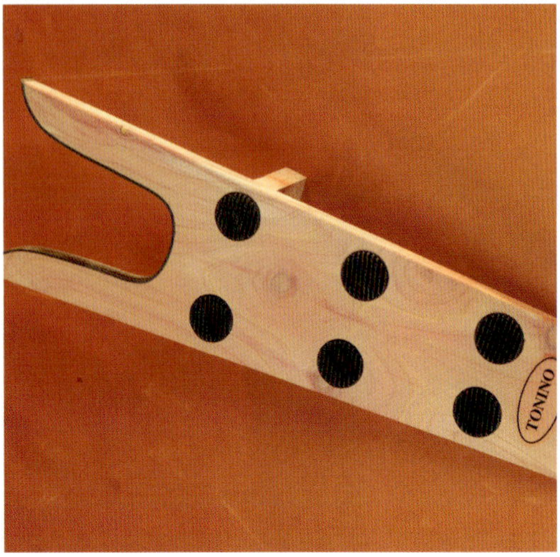

Stiefelauszieher aus Zedernholz von Tonino.

Tonino ist eine junge Marke, hat aber ein großes Programm an Bürsten und Spannern von bester Qualität.

gilt als Daniel Düsentrieb der Pflege- und Reinigungsmittelbranche. Er machte sich 1975 mit Reinigungsmitteln für AMC-Töpfe (Edelstahl-Kochgeschirr) selbstständig, nachdem er zuvor bei Procter & Gamble Meister Proper entwickelt hatte. Ein früher Meilenstein des Unternehmens war die Entwicklung des weltweit ersten Felgenreinigers für Leichtmetallfelgen. Ein Autoverkäufer, bei dem Dr. Wack einen Gebrauchtwagen erstand, war nicht in der Lage, die stark verschmutzten Felgen des Wagens perfekt zu reinigen. Kurzerhand machte sich Dr. Wack selbst ans Werk und das Ergebnis war besagter Felgenreiniger. Über die Fahrzeug- und Motorradpflege, die bei Wack seit jeher einer der wichtigsten Unternehmensbereiche ist, gelangte man vor etwa 25 Jahren zwangsläufig zur Lederpflege. Das Produkt S100 Lederpflege Glatt & Glanz wurde extra für die Pflege stark beanspruchter Motorradkombis und Lederstiefel entwickelt. Ende der 1990er-Jahre kam die A1 Lederpflege für Cabrios hinzu, für die der Firmenkunde Porsche den Anstoß gegeben hatte. Dieses Produkt auf Jojobaöl-Basis besitzt einen natürlichen Lichtschutzfaktor von drei bis vier und ist deshalb in besonderem Maße für den UV-Lichtschutz der Lederausstattungen von Cabriolets geeignet. Im Laufe der Zeit wurde das Pflegeprogramm um ein Imprägnierspray, das sowohl für Leder als auch für Textilien geeignet ist, erweitert und das neueste Produkt S100 Lederpflege Rau & Matt ist seit 2011 auf dem Markt. Es pflegt und schützt Rauleder, matte Glattleder sowie Leder-Textil-Kombinationen. Ein Funktionswaschmittel für Leder & Textilien ist auch radzeitschrift. Biker schwören auf Dr.-Wack-Produkte, und das nicht nur bei der Lederpflege.
www.wackchem.com

Biker schwören auf Dr. Wack-Produkte.

Waldhausen

Die Waldhausen GmbH & Co. KG wurde 1836 als Sattlerwarengeschäft in Köln von Anton Waldhausen gegründet. Im Jahre 1895 galt Waldhausen als größter Einzelhändler für Sattler- und Lederwaren und wurde so zum Hoflieferanten von Kaiser Wilhelm II. ernannt. Bereits 1911 wurden die mehrfach preisgekrönten Sättel und andere Produkte ins europäische Ausland exportiert. Trotz der festen Überzeugung Kaiser Wilhelms II., der sagte: „Ich glaube an das Pferd. Das Automobil ist nur eine vorübergehende Erscheinung.", bedrohte ab 1917 die immer größere Verbreitung des Automobils und ab Anfang der Zwanzigerjahre die Inflation die Existenz des Unternehmens. Während des Zweiten Weltkrieges, im Jahr 1944, wurde das Unternehmen vollständig zerstört.

Ab 1945 begann Albrecht Assenmacher sen. mit dem Wiederaufbau der Produktion. Fahrgeschirre, Musterkoffer und Reitausrüstung wurden von dem neuen Sortiment abgedeckt. 1969 startete Waldhausen mit der Produktion und dem Vertrieb der Sättel der bekannten Marke Moll. 1972 wurde Waldhausen offizieller Ausrüster des Deutschen Olympiade Komitees für Reiterei und ist es bis heute geblieben. Eine weitere Ausweitung des Sortiments stellt die Marke ELT Paris dar, eine führende Marke für Reitsportbekleidung, die 1989 erworben wurde. Im Jahr 2000 wurde die neue Unternehmenszentrale in Köln eingeweiht, eines der modernsten Zentren für Reitsportlogistik mit einem Sortiment, das heute über 12.000 Artikel umfasst, die weltweit in 60 Länder exportiert werden. Waldhausen hat sowohl für Jaqueline Kennedy als auch für Luciano Pavarotti Sättel hergestellt. Seit über 30 Jahren bietet das Unternehmen nun Lederpflegemittel für den Reitsport an. Seit 1979 wird Fafits nach Originalrezeptur von Waldhausen produziert, eine Stiefelhaftpaste aus Naturstoffen, die durch verbesserte Anhaftung der Stiefel an die Sättel für mehr Schenkelstabilität und Halt beim Springreiten sorgt. Das gesamte Waldhausen-Pflegesortiment umfasst Lederreiniger, Lederfett, Lederöl, Bienenwachs-Lederpflegeöl und natürlich Sattelseife sowie Pflegeboxen und Taschen.
www.waldhausen.com

Stufe 2
Nach AWA Lederreiniger benutzen
2
Waldhausen
Leder-
pflege
Glycerinseife Pflegespray
Waldhausen
Lederöl
hell
Imprägnierend
Waterproofing
Effet imprégnant
500 ml Art. 160301-6
Waldhausen
Fafits
100 ml
Art. 160700
Waldhausen
Bienenwachs-
Leder-Balsam
250 ml
Art. 372900
Lederfett
gelb
Imprägnierend · Waterproofing
Effet imprégnant
Waldhausen
attel- &
seife mit Schwamm
Art. 372100

Woly by Melvo

Melvo produziert und vertreibt Schuhpflegemittel und Schuhfurnituren der Marken **Salamander, Woly und Woly Sport**. Die Gründung geht auf das Jahr 1988 zurück, als die Melvo Vertriebsgesellschaft mbH als Tochter der Salamander AG entstanden ist. 1991 übernahm Melvo die Schweizer Marke Woly und expandierte kontinuierlich in Europa und Asien. 2002 wandelte sich das Handelsunternehmen in ein produzierendes Unternehmen, da die Salamander AG die Pflegemittelproduktion an Melvo übertrug. 2004 wurde die Melvo GmbH aus dem Salamanderkonzern herausgelöst und existiert seither als eigenständiges Unternehmen. 2009 wurde ein Tochterunternehmen in Russland gegründet und ein Joint Venture in Indien eingegangen. Im Jahr 2011 übernimmt Melvo die französische LJW mit ihren Marken.

Die Produktlinien Salamander und Woly sind quasi Vollsortimente für alle Lederarten und Schuhpflegefälle inklusive Rau- und Lackleder. Furnituren wie Schuhstrecker, Schnürsenkel, Einlegesohlen und Schuhanzieher werden ebenso unter beiden Marken vertrieben. Salamander bietet einige Produkte für Schuhmacher an, während Woly vor allem durch eine nahezu unüberschaubare farbliche Vielfalt an Emulsionscremes hervorsticht. Da hier selbst Metallic-Farbtöne erhältlich sind, erfreuen sich diese Cremes vor allem bei Damen großer Beliebtheit. Mit Woly Natura wird eine Schuhpflegeserie angeboten, die komplett auf natürlichen Inhaltsstoffen basiert.

Unter der Marke Woly Sport werden Pflegemittel für Sportschuhe angeboten, aber auch Imprägniersprays und Spezialwaschmittel für Textilien.

Das hauseigene Labor ist verantwortlich für die Rezepturen und deren Verbesserungen und sorgt somit für eine permanente Qualitätssicherung und Produktweiterentwicklung. Die Produktion findet am Unternehmenssitz in Ludwigsburg statt.

www.melvo.de

Woly bietet verschiedene Düfte für die Schuhhygiene an.

Pflegemittel – Inhaltsstoffe

Hauptbestandteile früherer und größtenteils auch heutiger Schuhcremes sind Wachse, die für die pflegende und konservierende Wirkung verantwortlich sind. Hinzu kommen Lösungsmittel wie beispielsweise Terpentinöl, die je nach Menge für eine eher pastenartige oder salbenartige Konsistenz verantwortlich sind. Als Wachse kommen unter anderem Carnaubawachs, Montanwachs, Schellackwachs, Candelillawachs und Bienenwachs zum Einsatz sowie immer mehr natürliche Lösungsmittel wie Balsamterpentinöl und Orangenterpene.

WACHSE

Bienenwachs ist ein Weichwachs und dient in der Schuhcreme vor allem als Verbindungswachs zwischen den verwendeten Hartwachsen. Durch seinen niedrigen Schmelzpunkt von etwa 64 Grad ist es elastisch und sorgt dafür, dass die aufgetragenen Pflegemittel nicht brüchig werden. Außerdem hat es eine imprägnierende Wirkung. Bienenwachs gibt es sowohl gelblich als auch von den farbgebenden Pollen gereinigt in natürlichem Weiß. In hoher Dosierung verwendet, gibt es den Pflegemitteln einen angenehmen Geruch, sofern keine chemischen Ersatzstoffe verwendet werden.

Candelillawachs stammt aus Mexiko und den südlichen Vereinigten Staaten. Es wird von den Blättern des Candelillabusches ausgeschieden. Es ist hart, spröde und von heller bis gelblicher Farbe. Das Schmelzintervall liegt bei 67 - 79 Grad Candelillawachs in der Schuhcreme sorgt für hohen Glanz

Carnaubawachs ist das härteste natürliche Wachs und stammt von der brasilianischen Carnaubapalme. Das sehr hohe Schmelzintervall liegt bei 80 - 88 Grad Carnaubawachs gibt von allen Wachsen den stärksten Glanz und wirkt aufgrund seiner Härte konservierend. Es ist sehr teuer und nicht nur in der Leder- und Schuhpflege heiß begehrt, sondern auch in der Lackpflege von Automobilen.

Palmenwachs oder **Palmwachs** ist ein Palmölderivat und überaus kostengünstig. Es kann Aromen gut aufnehmen und lange halten. Palmenwachs kommt hauptsächlich aus Indonesien und Malaysia. Das Problem bei der Verwendung von Palmenwachs ist seine Herkunft. Denn in Südostasien werden große Teile des Regenwaldes für Ölpalmen-Plantagen gerodet, weshalb einige Hersteller trotz des günstigen Preises auf die Verwendung von Palmenwachs verzichten.

Montanwachs ist ein aus Braunkohle gewonnenes Mineralwachs. 90% der weltweiten Produktion stammt aus deutschem Braunkohlebergbau. Montanwachs ist sehr weich und kommt vor allem bei günstigen Pflegemitteln zum Einsatz.

Schellackwachs ist ein sehr hartes und glanzgebendes Wachs aus Südostasien und Indien.

Japanwachs wird ein Gemisch aus verschiedenen Pflanzenfetten, wie dem Fett des japanischen Wachsbaumes, genannt und ist kein Wachs im eigentlichen Sinn. Das Schmelzintervall liegt bei 52 - 54 Grad.

LÖSEMITTEL

Balsamterpentinöl, auch **Terpentinöl** genannt, erhält man durch Destillation des natürlichen Balsams Terpentin, das hauptsächlich aus Kiefern gewonnen wird. Es ist nicht zu verwechseln mit dem billigen künstlichen Terpentinersatz. Die Verwendung des teuren Balsamterpentinöls macht oft den Unterschied zwischen einer guten und einer hervorragenden Schuhcreme aus. Balsamterpentinöl kann aus einer Vielzahl von Ländern stammen und ist ein natürliches Lösemittel für Wachse.

Orangenterpene werden aus Orangenschalen gewonnen und sind natürliche Lösemittel. Sie geben Lederpflegemitteln einen angenehmen Geruch nach Orangen und Zitrusfrüchten und besitzen eine stark reinigende Wirkung. Orangenterpene kommen aus den USA und Südamerika.

Testbenzin, auch **Waschbenzin** oder **Terpentinersatz** genannt, ist ein sehr preisgünstiges Leichtbenzin, das als Ersatz für das hochwertige Balsamterpentinöl benutzt wird.

Wasser findet als Lösemittelersatz in Emulsioncremes Verwendung. Entweder in Mischcremes, die immer noch Lösemittel enthalten und nur zum Teil durch Wasser ersetzt wurden oder in Wassercremes, die komplett lösemittelfrei sind. Da vor allem bei reinen Wachscremes keine hochwertigen Hartwachse mehr verwendet werden können und die reinigende Wirkung der Lösemittel fehlt, sind solche Cremes immer suboptimal in ihrer Pflegeleistung.

ZUSATZSTOFFE

Stearin wird als pflanzliches Stearin aus Palmöl und Kokosfett oder als tierisches Stearin aus Tierfett gewonnen. Stearin ist im Gegensatz zu Paraffin biologisch abbaubar, aber auch teurer. Es kommt vor allem aus dem südostasiatischen Raum.

Paraffin ist ein Nebenprodukt der Erdölgewinnung. Es wird wie Stearin auch vor allem bei günstigen Pflegemitteln als Konsistenzgeber zugesetzt.

Lanolin oder **Wollwachs** wird beim Waschen von Schaffellen gewonnen und ist ein wachsartiges Gemisch. Wegen seiner guten Wasseraufnahmefähigkeit wird es vor allem als Emulgator in Misch- und Wassercremes eingesetzt, aber auch seine pflegenden und imprägnierenden Eigenschaften sind gern gesehene Merkmale.

Jojobaöl ist kein Öl sondern ein Wachs. Es wird aus den Früchten des Jojobastrauchs gewonnen, der vor allem in den Wüstengebieten Mexikos und der südlichen USA beheimatet ist. Es besitzt große Tiefenwirkung, schützt Leder vor Austrocknung und hält es so geschmeidig. Außerdem besitzt Jojobaöl gute emulgierende Eigenschaften.

UMWELT- UND GESUNDHEITSVERTRÄGLICHKEIT VON PFLEGEMITTELN

Allergikern sei ein Blick in die Ausgabe 11/2010 der Zeitschrift Ökotest geraten, hier werden 15 schwarze wasserhaltige Emulsionscremes und vier schwarze Hartwachspasten verschiedener Preiskategorien auf die Umwelt- und Gesundheitsverträglichkeit ihrer Inhaltsstoffe getestet. Leider fällt der Test insgesamt sehr schlecht aus. 17 Cremes enthielten krebserregende polyzyklische aromatische Kohlenwasserstoffe. Darunter auch Naphtalin, welches in einer sehr teuren Hartwachspaste nachgewiesen wurde. In vielen Emulsionen wurden gesundheitsschädigende Konservierungsmittel nachgewiesen. Bei den wasserhaltigen Emulsionen schnitt die Schuhcreme von Centralin am besten ab, bei den Hartwachspasten Kiwi. Obwohl der Test gerade für Allergiker sicherlich gute Anhaltspunkte bietet, ist jedoch zu beachten, dass er eine Momentaufnahme aus dem Jahr 2010 darstellt und ausschließlich für die getesteten schwarzen Schuhcremes gilt. In anderen Farben können wieder andere Chemikalien und Zusammensetzungen enthalten sein. Er sagt auch nur in zweiter Linie etwas über die Gebrauchseigenschaften als Schuhcreme wie Glanz und Pflege aus, da diese nur mit einer Gewichtung von 30% in das Testergebnis einflossen. So ist die Belastung von Umwelt und Gesundheit durch den Verbrauch einer einzigen Tankfüllung eines Kleinwagens weitaus größer als durch eine lebenslange Verwendung von Hartwachspasten, bei denen Lösemittel wie Testbenzin eingesetzt wurden. Bei einem durchschnittlichen Doseninhalt von 50 g und einem Lösemittelanteil von ca. 65% ergibt sich eine Menge von 32,5 g an Lösemitteln bei einer Menge an Schuhcreme, die ausreicht, fast hundert Paar Schuhe zu pflegen. Setzt man dem die Tankgröße eines Kleinwagens von 40 Litern entgegen, so ergeben sich grob gerechnet 1230 50 g-Dosen an Schuhcreme, eine Menge die für ca. 120.000 Paar Schuhe ausreichen würde. Viel Spaß beim Putzen!

Typen von Pflegemitteln

Schuhcreme hat die Aufgabe, das Leder zu pflegen, zu schützen und ihm Glanz zu verleihen. Grundsätzlich werden zwei Typen unterschieden: die sogenannten Hartwachspasten, die aus Wachsen, Lösemitteln und farbgebenden Zusätzen bestehen und Emulsionscremes, bei denen zusätzlich Wasser verwendet wird.

Hartwachspasten
werden immer in Blechdosen abgefüllt, da sie kein Wasser enthalten, wodurch die Dosen rosten könnten. Grundsätzlich sind sie für alle Glattlederschuhe geeignet und bieten Schutz und verleihen Glanz. Der Anteil an schützenden und pflegenden Hartwachsen ist hier am höchsten und aufgrund ihrer Konsistenz können sie äußerst sparsam verwendet werden, was den höheren Preis mehr als wettmacht.

Emulsionscremes
heißen so, weil in ihnen immer Wasser enthalten ist und sie so eine Emulsion aus Fetten und Wasser bilden. Deshalb müssen sie in rostfreien Verpackungen, wie Glastiegeln und Plastiktuben, aufbewahrt werden. Inzwischen werden manche Emulsionscremes in Plastikdosen angeboten, um den Anschein von Hartwachspasten zu erwecken – wovon man sich nicht irreführen lassen sollte. Emulsionscremes können ebenfalls für alle Glattleder verwendet werden. Zwei

Arten von Emulsionscremes werden unterschieden:
Mischemulsionen,
die sowohl Wasser als auch Lösemittel enthalten und
Wasseremulsionen,
die nur Wasser und kein Lösemittel enthalten. Durch die im Vergleich zu Dosencremes flüssigere salbenartige Konsistenz dringen sie tiefer in das Leder ein und sind daher gut zur Farbauffrischung und Tiefenpflege des Leders geeignet.
Obwohl für hochwertige Glattlederschuhe Hartwachspasten die erste Wahl sind, sollte etwa jedes fünfte Mal zur Tiefenpflege und Farbauffrischung eine Mischemulsionscreme verwendet werden.
Wasser stellt bei der Herstellung ein billiges Auffüllmittel dar und besitzt keinerlei pflegende oder reinigende Wirkung. Allerdings müssen bei der Verwendung von Wasser zusätzliche, eigentlich überflüssige, Chemikalien sprich Emulgatoren hinzugefügt werden. Auf Wasseremulsionscreme sollte daher ganz verzichtet werden.

Flüssige Pflegemittel
sind in der Regel farblos oder milchig und daher sowohl für Lederkleidung, -accessoires, -schuhe und Möbelleder geeignet. Sie bestehen aus Wachsen, Ölen und Lösemittel.

Selbstglanzmittel
basieren auf Silikon beziehungsweise auf Silikonöl. Durch das Zukleistern mit Silikon verliert das Leder seine Atmungsaktivität. Außerdem hat Silikon keinerlei pflegende Wirkung auf Leder, es sollte daher vor allem bei hochwertigen Schuhen auf Selbstglanzmittel völlig verzichtet werden. Längerfristig angewandt schaden sie dem Schuh und verkürzen seine Lebensdauer.

Lederöl
ist eine Mischung aus mehreren Ölen, der teilweise Parfüm und manchmal Essig, aufgrund seiner Reinigungswirkung, beigemischt wurde. Es ist für alle Lederwaren, insbesondere für weiches Leder, gut geeignet und sollte immer sehr sparsam verwendet werden.

Ledersohlenöl
ist extra zur Anwendung auf vegetabil gegerbtem Leder abgestimmt. Daher sollte es auch nur auf Sohlen angewendet werden. Lösemittelfreie Ledersohlenöle können ganzflächig angewendet werden, sind Lösemittel enthalten, darf das Öl nicht an die Sohlennähte gelangen, da diese angegriffen und die Verklebung der Sohlen am Rand angelöst werden könnte.

Lacklederpflegemittel
haben eine reinigende und glanzgebende Wirkung. Es gibt sie in flüssiger Form, als Schaum und als Spray. Sie enthalten spezielle Weichmacher, die für eine beständige Elastizität des Leders sorgen.

Reinigungs- und Imprägniermittel

Leder- und Sattelseife
dient zur Reinigung aller Arten von Lederwaren, auch für Möbelleder ist sie geeignet. Sie darf jedoch wegen ihrer stark rückfettenden Wirkung nicht bei Rauleder und Pferdeleder (Cordovan) verwendet werden, da dieses Leder davon speckig beziehungsweise stumpf wird.

Flüssige Lederreiniger
gibt es für Glatt-, Rau- und Lackleder und sie sind ähnlich wie **Lederwaschmittel** und **Lederreinigungsschaum** leicht in Anwendung und Handhabung.

Imprägnierende Aerosolsprays
basieren meist auf Fluorkarbonharz in Verbindung mit Treibgasen wie Butan oder Propan. Die günstigeren Sprays basieren auf Silikon, sie sind aber nicht so effektiv in der Wirkung. Die Wirkstoffe werden zwar großflächig und fein verteilt, allerdings geht die Hälfte immer daneben. Die Eindringtiefe ist ebenfalls sehr viel geringer als beispielsweise bei einem Flüssigimprägniermittel, das per Hand in das Leder einmassiert wird. Bedenkt man, dass etwa die Hälfte des Inhalts aus Treibgasen besteht und daher eine Spraydose nur für wenige Anwendungen ausreicht, wird leicht verständlich, dass die Wirkung dieser Sprays durch andere Pflegemittel besser, umweltfreundlicher und viel preisgünstiger erreicht wird. Allenfalls für regelmäßige schnelle Nachimprägnierungen sind sie geeignet, aber sie sind eben dementsprechend teuer. Wer nicht auf die feine Sprühwirkung verzichten möchte, kann auf umweltschonende **Pumpzerstäuber** zurückgreifen, die meist kleiner, aber aufgrund der fehlenden Treibgase sogar ergiebiger sind.

Flüssige Imprägniermittel
sind in Glasflaschen und Plastikflaschen mit Schwammaufträger erhältlich – farblos wie auch farbgebend.

Lederfett
sollte aufgrund seiner stark rückfettenden Eigenschaften nur auf Strapazierschuhwerk wie Wanderschuhen, Arbeitsschuhen und Jagdstiefeln angewendet werden. Es sollte immer sehr sparsam und nicht zu oft verwendet werden, da sonst die Gefahr einer Überfettung droht. Eine Überfettung beeinträchtigt die Atmungsaktivität, und das Leder kann aufquellen, was in extremen Kältesituationen besonders unangenehm ist, da der Fettmantel auf den Schuhen gefrieren und so der Fußschweiß als Wasserdampf nicht mehr entweichen kann.
Ansonsten sollte Lederfett bei Möbeln, Lederschutzkleidung und Automobilleder ebenfalls nur sehr sparsam angewendet werden; und vor der nächsten Benutzung sollte immer überschüssiges Fett mit einem Tuch abgenommen werden. Sonst kann es leicht passieren, dass sich das Lederfett auf die Kleidung überträgt.

Kombi-Pflegemittel,
die aus einem Großteil Wachs und einem kleineren Teil Fett bestehen, sind oft für die Pflege von Strapazierschuhwerk am besten geeignet, weil sie durch den geringeren Fettanteil für Ungeübte leichter zu handhaben sind.

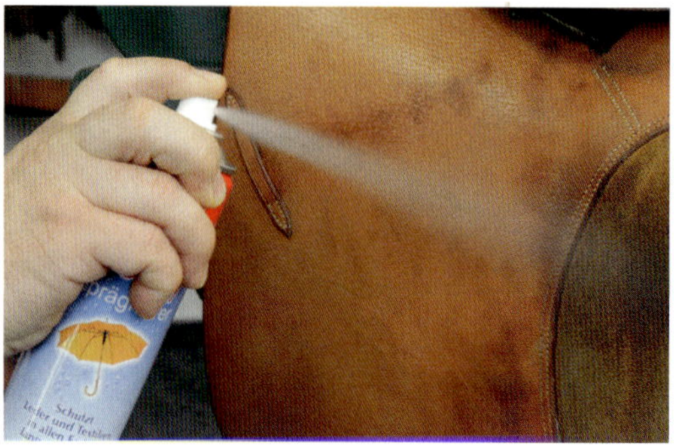

Imprägnierspray für Glatt- und Rauleder.

Reinigen eines antiken Westernsattels aus dem Museum von Waldhausen in Köln.

Schuhcreme-Rezepte zum Selbermachen

Eine Schuhcreme selbst herzustellen ist interessant, lehrreich und macht Spaß. Außerdem ist es in der Theorie nicht sehr schwierig, doch der Teufel steckt hier im Detail. Angegebene Mengen und Temperaturen sind streng zu beachten, daher empfiehlt sich die Anschaffung einer exakten Küchenwaage und eines Küchenthermometers (am besten bis 150 Grad Celsius). Erwarten Sie keine Wunder, auch bei sorgfältiger Zubereitung wird das Ergebnis nicht so gut sein, wie man es von handelsüblicher Schuhcreme gewohnt ist, vor allem nicht beim ersten Versuch. Schließlich haben Generationen von Chemikern mit großen Forschungsbudgets und den Möglichkeiten ganzer Chemiefabriken an den Rezepturen gearbeitet.

Der grundsätzliche Vorgang setzt sich aus folgenden Phasen zusammen:

1. Schmelzen der Wachse
2. Verdünnung mit Lösemitteln
3. Abfüllung
4. Nachbehandlung

Die nachfolgend vorgestellten Rezepte sind nach der Verdünnung direkt abfüllbar. Indirekt abfüllbare Cremes, die vor dem Abfüllen noch einer gesonderten Kühlung unterzogen werden müssen, werden ebenso wenig berücksichtigt wie verschiedene Methoden der Nachbehandlung. Sie alle sind in einem kleinen Rahmen schlichtweg impraktikabel.

Carnaubawachs, weißes Bienenwachs und Farbpigmente.

Carnaubawachs wird in das warme Öl gegeben.

Die fertige Crememixtur wird in die Dose gefüllt.

Farbpigmente werden in der Dose verrührt.

Die zwei folgenden historischen Rezepte stammen von einem Chemiker aus den Dreißigerjahren, die Rezepturen wurden nicht vom Autor überprüft - insbesondere nicht dahingehend, ob es zwischenzeitlich einfacher zu handhabende Farbstoffe gibt. Werden die Temperaturen nicht eingehalten, kann es dazu führen, dass Wachse überhitzen oder das Balsamterpentinöl schnell verdampft und die Mengenrelation nicht mehr stimmt.

Historische schwarze Dosencreme

30 g Carnaubawachs
25 g Rohmontanwachs
3 g Weichozokerit 58- 60 Grad
66 g Paraffin 48- 50 Grad
12 g Nigrosinoleat 1:2 (Base)
360 g Balsamterpentinöl
Gießtemperatur 42- 44 Grad

Zunächst beginnt man mit dem Schmelzen des Carnaubawachses im Wasserbad, da es eine relativ hohe Temperatur zum Schmelzen benötigt. Anschließend die Hitze leicht reduzieren, das Rohmontanwachs zugeben und schmelzen, und schließlich das Weichozokerit bei 58- 60 Grad und dann das Paraffin bei 48-50 Grad schmelzen. Sind alle Wache geschmolzen, diese gut verrühren und anschließend das Nigrosinoleat (zur Farbgebung) unterrühren. Schließlich das Balsamterpentinöl in die Mitte des Topfes, nicht über den Rand, dazugeben, gut verrühren und in Dosen abgießen.

Historische weiße Dosencreme

15 g Paraffin, gebleicht
5 g Carnaubawachs, gebleicht
6 g Montanwachs, gebleicht
74 g Balsamterpentinöl

Wieder zunächst das Carnaubawachs im Wasserbad schmelzen, dann das Montanwachs hinzufügen und schmelzen und anschließend das Paraffin dazugeben, schmelzen und alles gut miteinander verrühren. Schließlich das Balsamterpentinöl unterrühren und in Dosen gießen.

Neues Rezept, vom Autor getestet und für gut befunden

5 g Bienenwachs, gebleicht
5 g Carnaubawachs
5 ml Rizinusöl
30 ml Orangenterpene
5 g Pigmentpulver (zum Färben)
(z. B. Erd- und Theaterfarben.
Titanoxid für „weiß")

Im Wasserbad zuerst das Carnaubawachs schmelzen, dann die Hitze langsam reduzieren und Bienenwachs dazugeben und schmelzen. Gut verrühren. Pigmentpulver hinzufügen und erneut gut verrühren. Abschließend Orangenterpene gut unterrühren. Alles in eine 50 g-Dose geben und abkühlen lassen. Bis zur Aushärtung ab und zu umrühren, damit sich die Pigmente nicht am Boden absetzen.

Neues Rezept

2 g Carnaubawachs
5 g Bienenwachs, gelb
3 g Hartparaffin
0,5 g Stearin
39,5 g Balsamterpentinöl

Wachse in der Reihenfolge Carnaubawachs, Stearin, Bienenwachs, Paraffin im Wasserbad schmelzen, gut verrühren und etwas abkühlen lassen. Dann das Balsamterpentinöl einrühren. Die Creme in eine 50 g-Dose füllen und abkühlen lassen.

Die historische Stiefelwichse aus Lyon

Die Lyoner Stiefelwichse war im 19. Jahrhundert sehr beliebt, weil sie angeblich im Glanz unübertroffen war und sich außerdem sehr kostengünstig und einfach herstellen ließ. Selbstverständlich übertrifft heute selbst die billigste Supermarktschuhcreme den Glanz- und Pflegeeffekt dieses historischen Rezepts bei Weitem. Das Originalrezept liest sich folgendermaßen:

Teile	Zutaten
20	Seife
10	Galläpfel
1000	Wasser
60	Kartoffelsirup
10	Stärkemehl
10	Eisenvitriol
30	Knochenkohle (Spodium)

Alle Zutaten, außer Kartoffelsirup und Knochenkohle, eine Stunde lang kochen und anschließend durch ein Leintuch abseihen. Sorgfältig mit Kartoffelsirup und Knochenkohle verrühren – fertig.

Aufgeräumt mit Irrtümern aus Omas Nähkästchen

● Niveacreme

gehört auf unsere Haut und nicht auf Leder. Niveacreme garantiert die Fleckenbildung im Leder.

● Buttermilch

kann man trinken und pflegt so vielleicht die Darmflora, aber mit Sicherheit kein Leder – sie kultiviert höchstens die Schimmelbildung im Leder.

● Sonnenschutzcreme

schützt uns vor Sonnenbrand und gehört in jede Reiseapotheke, aber nicht auf Automobilleder. UV-Schutz für Leder funktioniert anders.

● Butter

gehört aufs Brot oder in Horst Lichters Kartoffelbrei, auf Leder erzeugt sie nur ranzige Flecken.

● Olivenöl

enthält sicherlich viele ungesättigte Fettsäuren und ist sehr schmackhaft und gesund, aber Leder überfettet bei der Nutzung von Speiseöl.

● Bananenschalen

gehören ungenutzt in die Biotonne. Als Cremeersatz sind sie nicht geeignet, es drohen Flecken und Schimmel auf dem Leder.

● Urin als Lederdehner

Generationen von Soldaten sollen es praktiziert haben, doch schlichtes warmes Wasser wäre besser gewesen. Die Harnsäure lässt das Leder nur härter werden. Lederdehner sind nicht nur besser geeignet, sondern auch hygienischer.

● Kohlestaub zum Schwärzen

ist eine Riesensauerei, trocknet das Leder nur aus und zerkratzt die Oberfläche des Leders.

● Autopolitur

ist nicht für Lackleder geeignet, es hat zwar eine reinigende Wirkung, trocknet jedoch das Leder aus.

● Weißwein

Rotweinflecken mit Weißwein zu neutralisieren ist Unfug! Auf den Schreck der Rotweinflecken sollte man den Weißwein lieber trinken.

Leder benötigt eine fachkundige und sachgerechte Pflege sowie Nährstoffe, die speziell auf die Gerbstoffe, Öle und anderen chemischen Zusätze im Leder abgestimmt sind. **Die oben genannten Volksirrtümer gehören hoffentlich ab sofort bei unseren Lesern ins Reich der schlechten Scherze.**

Schuhpflege

EINLEITUNG

Schuhpflege gerät heute schon mal zur Anti-Stress-Therapie. Wurden noch bis in die Dreißigerjahre Schuhe in der betuchten Gesellschaft von Dienstboten gepflegt, lässt uns in der heutigen Zeit nicht nur reine Notwehr gegen Schlamm und Staub zu Bürste und Creme greifen. Die Auswahl unter den Pflegemitteln ist heute größer denn je, der Einsatz von Rosshaarbürsten und Pflegepasten gilt schon lange nicht mehr als Frondienst. Einigen Karrierefrauen und Managern gilt das Pflegen eher als Entspannungsübung à la Tai Chi oder Pilates. Die Wirkung und Belohnung ist nicht nur die Entspannung des Nervenkostüms, sondern auch ein gepflegtes Erscheinungsbild.
Achtung! Mogeln hilft nicht, denn wer sich Mühen ersparen will und zu Blitz- und Schnellglanzmitteln greift, die leider auch im Sortiment namhafter Hersteller zu finden sind, läuft Gefahr, seinen Schuh quasi zu ersticken. Diese Blitz- und Schnellglanzmittel kleistern die Oberfläche zu, um einen Glanzeffekt zu erzeugen. Diese Glanzoberfläche ist leider trügerisch, denn sie bricht beim Abrollen des Schuhes und erinnert so mehr an eine gebrochene Glasscheibe als an die Oberfläche eines gepflegten Schuhs. Schuhpflegende lassen sich in drei Typen einteilen:

1. DIE IGNORANTEN

Unkenntnis oder Bequemlichkeit sind wohl der Grund dafür, warum Schuhpflege für sie nicht von Interesse ist. Sie haben oft eine Vorliebe für Billigschuhwerk, und als Pflegemittel kommt für sie höchstens Schnellpolitur à la Glitzi infrage.

2. DIE PRAGMATIKER

Die reine Ökonomie veranlasst sie zur Pflege, da sie wissen, dass Schuheputzen der Langlebigkeit des Schuhwerks dient. Ohne große Emotionen setzen sie auf Markenprodukte und absolvieren das auferlegte Pflegeprogramm mit der Präzision eines Schweizer Uhrwerks.

3. DIE ÄSTHETEN

Wohl die kleinste, jedoch auch die wissbegierigste und akribischste Gruppe – sie ist immer auf der Suche nach den besten Pflegemitteln und Utensilien. Perfekt ausgerüstet gehen sie ans Werk und investieren nicht nur Geld, sondern auch Zeit in die beste Behandlung ihrer Lederschätze. Dies führt zu einer langen Haltbarkeit und garantiert einen gepflegten, stilvollen Auftritt. Die als Belohnung der investierten Zeit, dem Geld und Schweiß länger halten und einen stilvollen, gepflegten Auftritt garantieren. Schuhe haben bei ihnen Kultstatus und die Pflege wird quasi zur Wissenschaft erklärt. So kann es schon mal passieren, dass der Ästhet als echter Pflegespezialist so manchen Schuhmacher an Wissen und Können übertrifft.

Rennfahrerlegende Jochen Mass bei der Pflege seiner Kalbsleder-Rennfahrerschuhe. Er gehört zu der Gruppe der Pragmatiker. Es wird gereinigt und gepflegt, aber ohne daraus eine Wissenschaft zu machen.

In der Hoffnung, ein paar Ignoranten zu bekehren, den Pragmatikern gute Zusatztipps zu geben und die Ästheten zu bestätigen, zeigen wir nun sehr detailliert, wie man Schritt für Schritt die Pflege optimiert, um so am Ende im Schuhpflege-Olymp des respektablen Glanzes anzukommen.

Als Erstes sollten Sie nur gutes Schuhwerk kaufen, denn alles Polieren und Bürsten nützt nichts, wenn es die Qualität des Leders nicht hergibt! Doch erst mit den richtigen Pflegemitteln erreicht man den eleganten Glanz, der dem Gegenüber signalisiert, dass er es mit einer ordentlichen oder gar vornehmen Person zu tun hat. Schuheputzen ist auch ökologisch sinnvoll. Es erhöht nicht nur die Attraktivität des Schuhwerks, sondern erzeugt auch eine engere Verbindung zum Schuh und veranlasst so den Träger und Pfleger genauer hinzusehen. Dieser genauere Blick schult, die Reparaturbedürftigkeit eines Schuhs früh genug zu erkennen, was so auch schon hilft, dem Trend der Schuh-Schnellentsorgung etwas entgegenzusetzen. Denn mehrere hundert Millionen Schuhe landen jährlich in der Tonne, weil unsere Wegwerfgesellschaft oft nicht mehr den Blick für die Pflege und Reparaturmöglichkeit von Schuhen hat. So nützt ein längeres Schuhleben letztendlich dem Kampf gegen die Müllberge unserer Wohlstandsgesellschaft. Schuheputzen an sich ist also ökologisch unbedenklich, jedoch sollte auf die Ingredienzien der Pflegemittel geachtet werden, wobei Bio-Pflegemittel nicht immer erste Wahl sein müssen.

Möchte man ein gutes Ergebnis bei der Schuhpflege erzielen, bedarf es schon etwas Zeit. Pflegemuffeln hilft es, ein paar Rituale einzuführen und einige Dinge zu beachten.

Hier einige Tipps:

1. DER ORT DER PFLEGE SOLLTE GUT BELEUCHTET SEIN.
2. KLEIDUNG SOLLTE MIT EINER SCHÜRZE GESCHÜTZT WERDEN, HÄNDE MIT EINWEGHANDSCHUHEN.
3. AUSREICHEND ZEIT EINPLANEN.
4. ALLE NÖTIGEN PFLEGEUTENSILIEN GRIFFBEREIT HALTEN.
5. ALTE ZEITUNGEN ALS ARBEITSUNTERLAGE VERWENDEN.
6. ZU PFLEGENDES SCHUHWERK IN REIH UND GLIED STELLEN.
7. EINEN PFLEGETAG EINFÜHREN, Z.B. SAMSTAG ODER SONNTAG.
8. DIE LIEBLINGS-CD EINLEGEN, MIT MUSIK GEHT'S EINFACH LAUNIGER.
9. FREUNDE EINLADEN UND GEMEINSAM PFLEGEN.

Dies sind nur ein paar Möglichkeiten von vielen. Am Ende entscheidet jeder nach seinem Gusto. Auf Dauer ist wie beim Sport das gute Ergebnis die Motivation. Egal, ob Sie Ästhet oder Pragmatiker sind, für schöne Patina schwärmen oder die Schuhe nur länger leben sollen, mit dem richtigen Know-how wird selbst bei sparsamstem Pflegeeinsatz das Schuhwerk erfolgreich gegen schnelles Altern geschützt.

Symbol Obermaterial

Symbol Laufsohle

Symbol Futter und Decksohle

Symbol Leder

Symbol Beschichtetes Leder

Symbol Sonstige Materialien

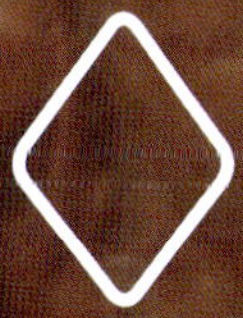

Die europäische Schuhkennzeichnungs-richtlinie

Diese gilt seit 1997 auch in Deutschland. Die Richtlinie sieht eine Einteilung in vier Materialgruppen für die Schuhbestandteile Obermaterial, Laufsohle sowie Futter und Decksohle vor, die alle mit eigenen Symbolen versehen sind:

OBERMATERIAL
LAUFSOHLE
FUTTER UND DECKSOHLE

LEDER

In der Faserstruktur unveränderte gegerbte Häute und Felle gelten als Leder. Fein vermahlene und mit Klebstoff vermischte Lederbahnen gelten nicht als Leder.

BESCHICHTETES LEDER

Beschichtetes Leder muss eine Farb- oder Folienschicht von mindestens 0,15 mm aufweisen, die ein Drittel der Gesamtstärke nicht überschreiten darf. Ansonsten gilt es als unbeschichtet (bei Unterschreitung), beziehungsweise wird zu den Kunstledern gezählt (bei Überschreitung).

SONSTIGE MATERIALIEN

Alle Materialien, die nicht in eine der anderen Gruppen fallen.
Angaben, was sich hinter sonstigen Materialien verbirgt, sind leider nicht vorgeschrieben. Ebenso wenig gibt es Angaben zu eventuell bei der Herstellung verwendeten oder noch im Produkt enthaltenen Chemikalien.

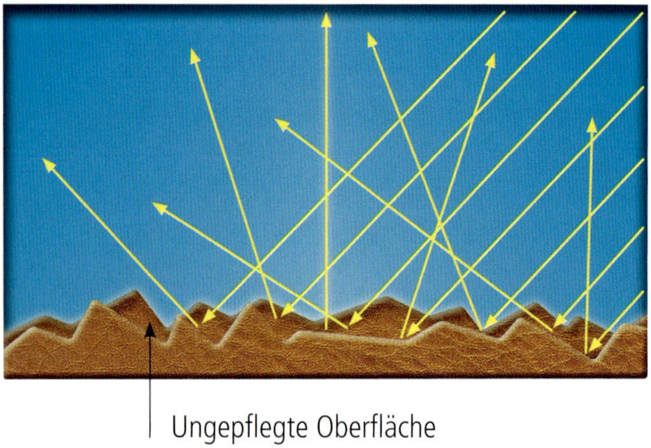

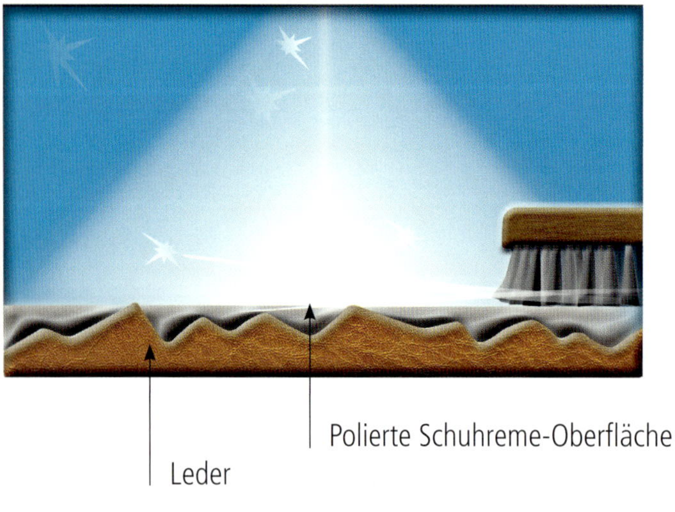

Warum Leder glänzt

Wenn Licht auf eine glatte Oberfläche trifft, entsteht durch Lichtreflexion Glanz. Alle Lichtstrahlen werden gemäß dem physikalischen Gesetz Einfallswinkel ist gleich Ausfallswinkel in demselben Winkel, aber der entgegengesetzten Richtung reflektiert. Diese Reflexion der Lichtstrahlen nehmen wir im Auge als Glanz wahr. Je glatter die Oberfläche, desto stärker der Glanzeffekt. Eine raue Oberfläche, auch die von ungepflegtem Leder, sieht unter dem Mikroskop wie eine Gebirgslandschaft aus. Wenn Licht auf sie trifft, wird es durch die vielen unterschiedlichen „Berge" und „Täler" in alle möglichen Richtungen reflektiert, weshalb die Oberfläche vom Auge als stumpf wahrgenommen wird. Werden nun die „Täler" mit Pflegemittel gefüllt, entsteht eine relativ glatte Oberfläche, aber eben keine ganz glatte. Daher ergibt sich eine Oberfläche mit mattem Glanz. Wird die Oberfläche nun poliert, schleift man sie dadurch glatt und der gewünschte Hochglanzeffekt entsteht. Eventuell im Pflegemittel enthaltene Wachse verschmelzen durch die Reibungswärme zu einer spiegelglatten Oberfläche, was den Effekt nochmals verstärkt.

Hier kann man gut erkennen, wie der Unterschied zu gepflegtem und ungepflegtem Cordovanschuh aussieht und dass es sehr sinnvoll ist, Schuhe mit einem Schuhspanner in Form zu halten.

Bürsten und Hilfsmittel

Alle Bürsten und Hilfsmittel sollten immer von guter Qualität sein. Diese Dinge müssen funktionell und lange haltbar sein. So können bei sachgemäßem Gebrauch hochwertige Bürsten problemlos über 50 Jahre halten und Schuhanzieher nahezu unendlich lang. Grundsätzlich sind eine angenehme Handlage und, vor allem bei Bürsten, die Materialien und die Verarbeitung entscheidend. Es empfiehlt sich daher, bei der Anschaffung nicht zu sparen. Neue Bürsten haaren bei den ersten Anwendungen, das ist normal und kein Zeichen schlechter Qualität.

Schmutzbürsten

Eine Schmutzbürste ist vor allem für Strapazierschuhwerk unerlässlich. Sie sind normalerweise nicht ganz so dicht bestückt. Ein Besatz aus starken robusten Naturfasern wie Tampicofibre, auch Mexicofibre genannt, aus den Blattfasern der Agave oder Schweineborsten ist optimal. Kunstfasern haben schärfere Kanten und sind daher auf besonders feinem und weichem Oberleder weniger geeignet.

Auftragbürsten

Die einfachste und beste Methode Schuhcreme aufzutragen ist die mithilfe von Auftragbürsten. Jede Farbe sollte ihre eigene Bürste haben. Für Leder mit reliefartiger Oberfläche wie Scotchgrain und auch für den Schaftwinkel (Nahtbereich zwischen Schaft und Sohle) sind sie bestens geeignet. Es gibt zwei Arten von Auftragbürsten, Stielbürsten und Tiegelbürsten. Wie der Name schon sagt, besitzen die Stielbürsten einen Stiel, während bei den Tiegelbürsten senkrecht über den Borsten ein verlängerter Griff angebracht ist, der so problemlos bis auf den Boden der Tiegel reicht. Mit einer Stielbürste können Emulsionscremes also nicht vollständig aufgebraucht werden. Hochwertige Auftragbürsten sind mit Rosshaar bestückt. Besondere Rahmenbürsten sind überflüssig, da die normalen Auftragbürsten für alle schlecht erreichbaren Stellen in der Regel klein genug sind. Sind die Bürsten einmal mit alter Schuhcreme verklebt, so können sie problemlos mit warmer Seifenlauge oder etwas Spülmittel gereinigt werden.

Polierbürsten

Polierbürsten gibt es in vielen Größen und Formen, und letztendlich ist hier die Vorliebe des Benutzers ausschlaggebend. Wichtig ist jedoch, dass die Größe der Polierbürste nicht zu klein gewählt wird, damit lange gleichmäßige Bewegungen möglich sind. Dadurch ergibt sich das beste Ergebnis, denn durch den längeren Kontakt des Leders mit der Bürste entsteht eine größere Reibungswärme, wodurch die Wachse der Schuhcreme schmelzen und Glanz entsteht. Die besten Polierbürsten sind mit Rosshaar aus dem Schweif bestückt.
Die seidenweichen, hoch dichten Yak- und Ziegenhaarbürsten sind vor allem für die Feinpolitur geeignet. Für helle und dunkle Farbtöne sollte je eine Bürste vorhanden sein.

Raulederbürsten

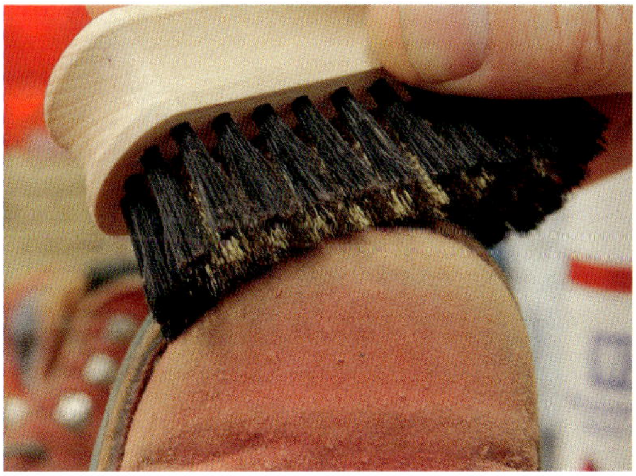

Bei Raulederbürsten unterscheidet man Messingbürsten für Veloursleder und Kautschuk- oder Gummibürsten für Nubuk. Messingbürsten sind für Nubukleder zu aggressiv, da Nubuk nicht so stark angeschliffen ist wie Velours. Messingbürsten gibt es als reine Messingbürsten zur Aufrauung und in Kombination mit einem Borstenrand mit gleichzeitig reinigender „Kehrwirkung". Der Messingbesatz besteht aus gewelltem Messingdraht, er gibt die beste Elastizität und Haftung. Qualitätsmessingbürsten haben abgerundete Drahtenden, die das Leder nicht durch Schnitte verletzen wie dies bei minderwertiger Ware geschehen kann.
Bürsten für Nubuk sind mit Kautschuk-, Gummi- oder Wildschweinborstenbesatz ausgestattet. Diese Materialien sind zur Aufrauung und Reinigung von Nubuk völlig ausreichend. Bürsten mit Kautschukbesatz haben allerdings einen etwas höheren Verschleiß. Als Alternativlösung kommen die kleinen Stielbürsten mit Gumminoppen auf der einen und Messingdraht auf der anderen Seite infrage. Sie sind zwar für Velours und Nubuk gleichermaßen geeignet, doch aufgrund ihrer geringen Größe in der Anwendung nicht zufriedenstellend.

Lederradierer

Lederradierer gibt es sowohl als reine Raulederradierer als auch als Universalradierer für Glatt- und Rauleder. Die Anwendung ist die gleiche wie bei einem herkömmlichen Radiergummi. Die Wirkung ist in der

Einstreichbürsten-Reinigung

So mancher wird wohl solch verkrustete Auftragsbürsten in den Müll schmeißen. Doch das muss nicht sein, da man sie einfach reinigen kann. Achtung nicht zu lange im Wasser lassen, das Holz arbeitet sonst zu sehr und die Borsten fallen aus.

Sehr heißes Wasser mit Spülmittel in ein Gefäß geben.

... dann die dunkleren Bürsten reinigen.

Zuerst helle Bürsten reinigen ...

Bürsten mit einem Küchentuch trocknen.

Nun sind die Bürsten wieder einsatzbereit.

Regel sehr gut und sofort ersichtlich, die behandelte Stelle muss aber neu gepflegt beziehungsweise imprägniert werden.

Lappen, Tücher, Schwämme

Als alternative Schuhcremeaufträger zu Auftragbürsten eignen sich Lederlappen, Stofftücher und Auftragschwämme. Was davon benutzt wird, hängt wiederum von der persönlichen Vorliebe ab. Stofftücher sollten vor der ersten Verwendung gewaschen werden, um unnötiges Fusseln zu vermeiden. Am besten geeignet sind Tücher aus Mikrofaser oder Baumwolle. Schwämme eignen sich besonders bei Schuhen aus geflochtenem Leder oder bei der Verwendung von Sattelseife. Die Lederlappen bestehen aus sämisch gegerbtem Chamoisleder und sind quasi Fensterleder.

Nylonstrümpfe

Wer ultimativen Glanz beim Polieren erreichen möchte, wickelt seine Polierbürste in ein Tuch ein, zieht einen Damennylonstrumpf darüber und verknotet ihn gut. Es gibt keine Bürste, gleich welchem Besatz, die im Ergebnis mit dem Glanz um die Wette strahlen kann, der sich durch ein so präpariertes Polierwerkzeug ergibt. Durch das Nylon entsteht die größtmögliche Reibungshitze, die Wachse schmelzen, verbinden sich und ergeben einen Spiegelglanz, der fast an Lackleder heranreicht, vor allem, wenn es sich um Schuhe aus Cordovan handelt.

Polierhandschuh

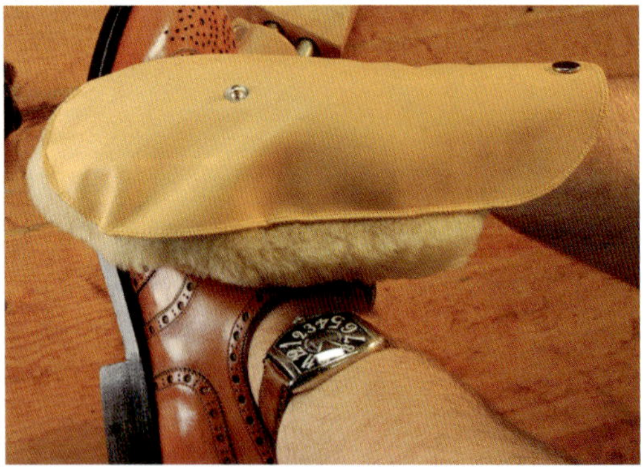

Polierhandschuhe stellen eine Alternative zur Polierbürste dar. Neben persönlichen Vorlieben sind sie vor allem bei geflochtenen Schuhen oder zweifarbigen

Spectatormodellen und auch bei Schuhen sinnvoll, die aus einem Leder-Stoff-Materialmix bestehen. Durch den fast direkten Kontakt der Finger mit dem Schuh kann exakter poliert werden, als es mit der Polierbürste möglich wäre. Der zweite Vorteil ist der geringere Kraftaufwand, was sich vor allem dann bemerkbar macht, wenn mehrere Paar Schuhe hintereinander poliert werden. Der Glanzeffekt wird etwas geringer, besonders im Gegensatz zu einer Bürste mit Nylonstrumpf, da mit dem Polierhandschuh nicht ganz soviel Reibungswärme erzeugt wird.

Ob ein Handschuh aus Stoff, Mikrofaser oder ein besonders edler aus Leder mit Lammfellbesatz gewählt wird, ist Geschmackssache. Letztere eignen sich aufgrund der dichten Fellstruktur besonders gut zum Feinpolieren, für Auffrischungspolituren und bei besonders empfindlichen Oberledern sowie Lackschuhen. Es wird für helle, mittlere und dunkle Farben je ein Handschuh benötigt.

Schuhpflege

Schuhanzieher

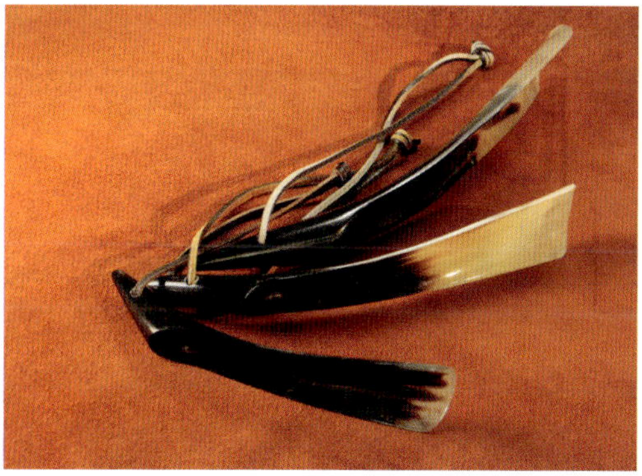

Schuhanzieher sind wohl das Schuhpflegemittel, bei dem besonders auf die Optik geachtet wird. Richtig, Schuhanzieher sind ein Schuhpflegemittel, denn wenn dauerhaft auf sie verzichtet wird, stellt sich über kurz oder lang zwangsläufig eine Ziehharmonikaferse ein. Ist dies bereits geschehen, so ist der Schuh ein Totalschaden, denn er ist irreparabel beschädigt.

Funktional sind eigentlich alle Schuhanzieher, unabhängig von Material oder Form, selbst ein Suppenlöffel wäre geeignet. Wer sich nicht gut bücken kann, verwendet einen sehr langen, mit dem man sich die Schuhe im Stehen anziehen kann, und wer mit guten Schuhen auf Reisen geht, nimmt einen kleinen, leichten Reiseschuhanzieher mit. Da aber der Schuhanzieher meist für alle sichtbar an der Garderobe aufbewahrt und auch Gästen angeboten wird, ist Vielen das Erscheinungsbild sehr wichtig. Die wohl Schönsten bestehen aus dem Horn der Zeburinder und werden in Großbritannien in aufwendiger Handarbeit gefertigt.

Schuhstrecker

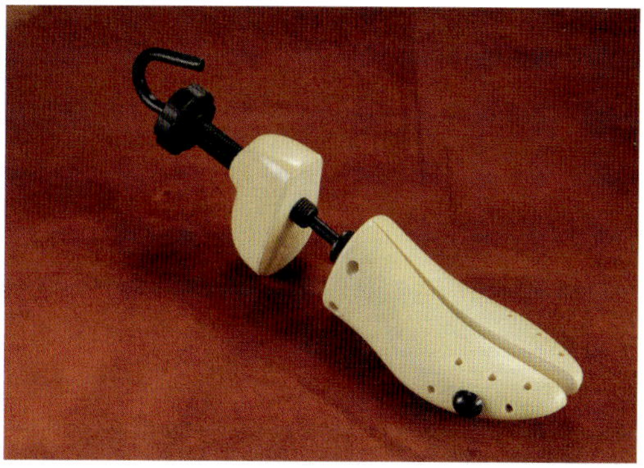

Schuhstrecker, die auch Spannleisten oder Schuhspanner genannt werden, lassen sich grundsätzlich in zwei Kategorien einteilen. Einerseits gibt es die maßgefertigten Schuhstrecker, die das Ebenbild des Fußes des Maßschuhträgers sind und daher optimal in den jeweiligen Maßschuh passen, und andererseits gibt es die Serienschuhstrecker, die in verschiedenen Durchschnittsgrößen, den sogenannten Konfektionsgrößen, angeboten werden.

In beiden Fällen haben sie die Funktion, den Fuß zu simulieren und so den Schuh in Form zu halten, Gehfalten zu reduzieren sowie die Bodenkonstruktion zu entlasten. Sie müssen sofort nach dem Ausziehen des Schuhs in den noch tragewarmen Schuh eingesetzt werden. Durch die Körperwärme und den Fußschweiß hat sich das Leder beim Tragen ausgedehnt. Beim Trocknen und Abkühlen zieht es sich wieder zusammen und schmiegt sich an den Strecker. Um diesen Prozess optimal ablaufen zu lassen, sollten die Schuhe vor dem nächsten Tragen mindestens 24 Stunden, besser noch 48 Stunden, auf dem Strecker ruhen.

Hochwertige Schuhstrecker sind aus Holz gefertigt und nehmen, wenn sie unlackiert sind, gleichzeitig Fußschweiß oder Feuchtigkeit aus dem Leder auf und unterstützen so das Trocknen. Zur besseren Luftzirkulation ist das Vorderteil des Streckers oft mit Löchern oder Ritzen durchbrochen. Lackierte Strecker sehen zwar manchmal schöner aus als unlackierte, können aber keine Feuchtigkeit aufnehmen, der Schuh trocknet langsamer, und bei sehr feuchten Schuhen kann sich zwischen Leder und Schuhstrecker ein Wasserfilm bilden. Dies ist einerseits unhygienisch und tut andererseits dem Leder nicht gut. Das verwendete Holz unlackierter Strecker stammt entweder von der Buche oder von der Rotzeder, die beide aufgrund der enthaltenen ätherischen Öle einen besonders wohlriechenden Duft verbreiten. Dieser Duft verfliegt zwar nach einiger Zeit, die Anti-Bakterien-Wirkung bleibt jedoch erhalten.

Für die Formgebung eignen sich Vollholzstrecker am besten, die nicht nur den Vorderteil des Schuhs sondern auch die Ferse ausfüllen. Sie sind in der Regel durch zwei Teleskopfedern miteinander verbunden, und das Vorderteil ist oft ebenfalls durch Teleskopfedern zweigeteilt, wodurch der vordere Bereich des Schuhs optimal ausgefüllt wird. Federstrecker müssen immer die korrekte Schuhgröße aufweisen, da der Schuh sonst überstreckt oder gar nicht ausgefüllt wird. Bei Schuhen, die auf Schuhstrecker aufgeleistet

Schaumstoffspanner für Pumps von Nico.

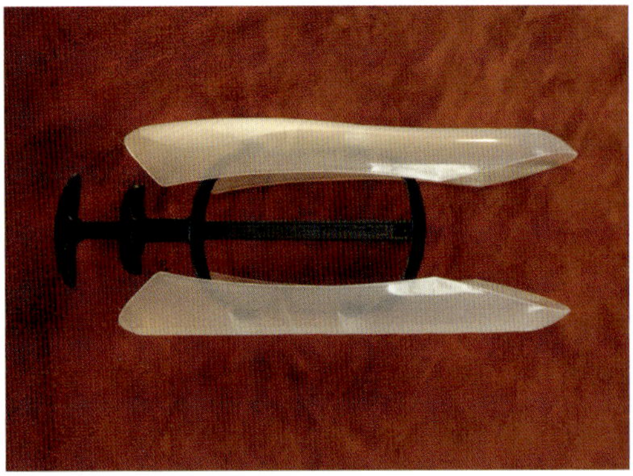

Stiefelschaftspanner schützen vor Ziehharmonikafalten.

Seaadler Kunststoff- und lackierte leichte Holzspanner.

Schuhspannerfertigung von La Cordonnerie Anglaise in Limoges.

werden und bei denen das Vorderteil nicht unterteilt ist, muss der Sitz des Streckers durch seitliches, nicht zu hartes Aufschlagen auf die Großzehenseite korrigiert werden, damit er schlüssig am Leder anliegt.

Schraubstrecker können mittels eines Metallgewindes exakt auf die richtige Länge und Spannung gebracht werden. Sie füllen aber leider die Ferse nicht richtig aus. Scharnier- oder Klappstrecker sind Vollholzstrecker und besitzen in der Mitte ein Scharnier, wodurch das Fersenteil in den Schuh geklappt wird, nachdem der vordere Teil in den Schuh gesteckt wurde. Sie füllen den Schuh voll aus, sind aber in Länge oder Druck nicht variabel, weshalb die exakte Größe hier besonders wichtig ist. Diese Art von Schuhstreckern eignet sich besonders für Maßschuhe, wenn sie nach der Form des Maßleistens gefertigt wurden.

Bei dreiteiligen Holzstreckern wird zuerst das Vorderteil in den Schuh gesteckt, dann das Fersenteil und zuletzt folgt das mittlere, keilförmige Teil, das dazwischen gesteckt wird. Je tiefer man es zwischen die beiden anderen Teile drückt, desto größer wird die Spannung und der Schuh wird auf der ganzen Länge perfekt in Form gehalten.

Auf Spiralfederstrecker sollte am besten ganz verzichtet werden, da die Ferse überhaupt nicht ausgefüllt wird und die Spannung je nach Schuh meist entweder zu groß oder zu gering ist.

Überhaupt sollte die Spannung am besten so sein, dass der Strecker zwar fest sitzt, aber den Schuh nicht überdehnt. Nimmt die Sohle eine konkave Form an, was passiert, wenn die Schuhspitze nach unten zeigt, ist die Spannung zu groß.

Vor allem bei Damenschuhen findet man Kunststoff-Velours-Strecker, bei Pumps als reine Vorderblattstrecker. Da bei Damenpumps oft Lackleder verwendet wird und das Leder daher nicht atmungsaktiv ist, bergen Kunststoffstrecker hier keinen Nachteil und sind erheblich leichter als Holzstrecker, was vor allem auf Reisen sehr angenehm ist.

Stiefelschaftspanner im Einsatz.

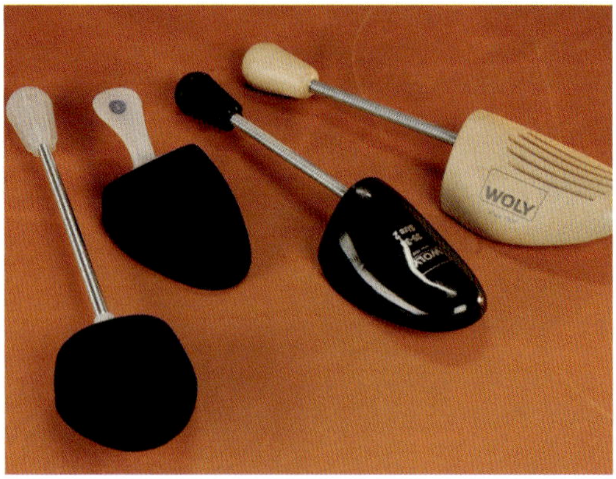

Achtung: Spiralspanner können Schuhe überstrecken.

Vollholzschuhstrecker gibt es in Buche, Zedernholz oder Pappel lackiert sowie in unzähligen unlackierten Varianten.

Schuhhygienesystem und Trockner von Therm-ic

Feuchte Schuhe hat niemand gern. Wenn Schuhe nicht nur trocken, sondern auch hygienisch sauber und dabei wieder frisch duften sollen, dann ist dies das ideale Einsatzgebiet für ein Schuhhygienesystem der Firma Therm-ic. Das innovative Produkt trocknet rasch und leise, sorgt mit UV-Licht für ein sauberes Innenleben von Schuhen und Handschuhen und vertreibt mit speziellen Duftblättchen unangenehme Gerüche.
Die Geschwindigkeit der Trocknung lässt sich ebenso einstellen wie der Temperaturgrad. Ein weiterer Clou: Die Zeitschaltuhr. So lässt sich einfach programmieren, wann das Gerät seine Arbeit beenden soll.
www.thermic.com

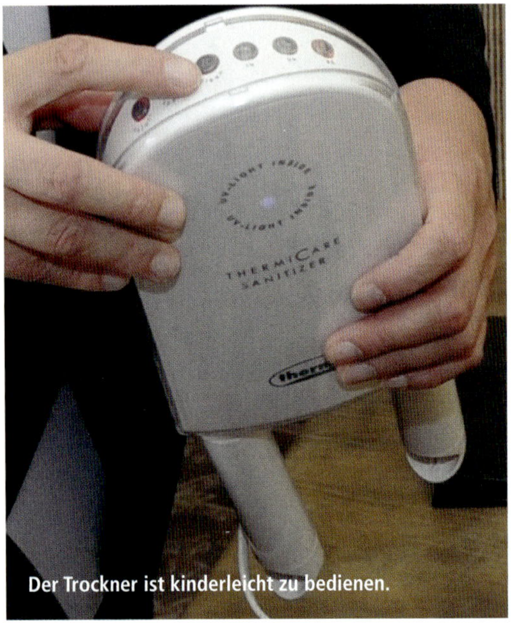

Der Trockner ist kinderleicht zu bedienen.

Die Tastatur des Therm-ic-Trockners ist sehr übersichtlich.

Man kann ihn getrost im Schuh seine Arbeit verrichten lassen. Er schaltet von alleine ab.

Galoschen

Der Ausdruck Galoschen geht auf das lateinische „solea gallica", zu deutsch „gallische Sandale", zurück. Heute versteht man unter Galoschen ein Paar Überziehschuhe aus Gummi. Sie sind vor allem in Nordamerika weit verbreitet und haben den Zweck, das eigentliche Schuhwerk vor Nässe, Schnee und Schmutz zu schützen. Besonders Menschen, die im Alltag hochwertige Lederschuhe tragen und sie gezwungenermaßen öfters Schmutz und Dreck aussetzen müssen, wissen Galoschen zu schätzen. Großer Beliebtheit erfreuen sie sich daher bei Architekten und Tierärzten, die regelmäßig auf Baustellen beziehungsweise in Ställen arbeiten müssen. Galoschen sind leicht, faltbar, einfach in der Handhabung, preiswert und verleihen durch ihre profilartige Sohle guten Halt auf beinahe jedem Untergrund. Wer je ein Paar im Auto, auf der Arbeit und Zuhause hatte, wird nicht mehr darauf verzichten wollen und den Schuhen wird kein Wetter mehr etwas anhaben können. Außerdem haben die luftdichten Gummigaloschen einen zusätzlichen wärmenden Effekt, der vor allem bei kaltem Wetter von ihren Trägern sehr geschätzt wird. Galoschen gibt es für alle Arten von Schuhen und Stiefeln, selbst für Damenpumps. Sie sind ein echtes Schuhpflegemittel.

Swims liefert ein Reinigungspad mit.

Galoschen brauchen auch Pflege.
Mit der Gummistiefelpflege reinigt man nicht nur, sondern sie pflegt die Galoschen auch, denn so wird das Gummi nicht so schnell spröde.

Shoebone / St. Hugh's bone

Ein Shoebone ist ein Knochen aus dem Vorderlauf einer Hirschkuh, im angelsächsischen Sprachraum wird er oft als St. Hugh's bone bezeichnet oder auch Deer bone genannt. Er wird dazu benutzt, aus fleischseitig verarbeiteten Ledern, wie beispielsweise Cordovan, Kratzer zu beseitigen (siehe Seite 140, Pflege von Cordovanschuhen). Dieser Knochen enthält angeblich genügend eigenes Knochenöl, wodurch eine zu starke Reibung oder ein weiteres Verletzen des Leders ausgeschlossen ist. Ob dazu unbedingt ein Knochen nötig ist und es nicht auch ein anderer abgerundeter glatter Gegenstand tut, sei dahingestellt.

Die Legende beschreibt die Herkunft von Knochen als Schuhmacherwerkzeug folgendermaßen:

Hugh, Sohn des Aviragus, König des heutigen Wales, wurde im 3. Jahrhundert nach Christus geboren. Er heiratete die christliche Prinzessin Winifred of Flintshire und konvertierte bald zum Christentum, woraufhin er von seinem Vater verstoßen wurde und fortan in Armut lebte. Tagsüber verbreitete er den christlichen Glauben und abends in seiner Freizeit arbeitete er als Schuhmacher. Beide wurden wegen Demagogie um 300 n. Chr. zum Tode verurteilt. Seine Freunde hielten bevor er gehängt wurde, permanent Wache vor dem Gefängnis und trösteten ihn. Da er kein Geld hatte, das er ihnen hinterlassen konnte, soll er ihnen seine Knochen vererbt haben, um daraus Werkzeuge zum Schuhemachen herzustellen. Der Legende nach ist dies auch so geschehen, weshalb sich in Großbritannien die Bezeichnung St. Hugh's bones für sämtliche Schuhmacherwerkzeuge für lange Zeit durchgesetzt hatte. Die Legende von St. Hugh wurde 1597 von dem britischen Romanautor Thomas Deloney in dem Drama „The gentle Craft" verarbeitet.

Der Shoebone wird zum Reparieren von Kratzern bei Glattleder eingesetzt.

Ed. Meier
Haus für feine Schuhwaren
Hoflieferanten
Gegründet 1596
Leder-reiniger
München Residenzstr. 22
TONINO
LEDERREINIGER
TIEROWA
Lederreiniger
für Glatt- und Lackleder
Leather cleaner
for smooth and patent leathers
TONINO
LEDERÖL
HORWEEN LEATHER CO.
HORWEEN
GENUINE SHELL
CORDOVAN
CHICAGO, ILL.
DASCO
HIGH GLOSS
SHOE POLISH
DARK BROWN
e 50ml
Bees'Wax Shoe Polish
LA CORDONNERIE
ANGLAISE
PARIS
COLONIA
Premium Shoe & Leather Care
KIWI
SHOE POLISH
LIGHT TAN
GENUINE
HORWEEN
1905
SHELL CORDOVAN

Hand-Schuhputzmaschinen

Nichts ist überflüssiger als eine Hand-Schuhputzmaschine, egal ob batterie- oder steckdosenbetrieben. In Zeiten von Energieknappheit ist klar, dass dies kranke Auswüchse unserer Technologiehörigkeit sind. Wir versuchten trotzdem unser Glück – mit dem Ergebnis, dass das antike Peugeotgerät aus den 60ern besser funktioniert als die modernen.

Es werden Cremes mitgeliefert, die so stark nach Benzin stinken, dass das beste Leder wohl schneller kapituliert als gedacht.

Qixer Shine hat die Creme im Pad dabei, wenn man Glück hat. 3 Pads von 4 sind ausgetrocknet geliefert worden.

Die Politur gelingt dank starkem Motor, geht aber von Hand besser. ist trotzdem nicht so gut wie eine Handpolitur.

Schon bei leichtem Druck bleibt der Qixer Shine stehen, da kann man gleich von Hand polieren.

Die Antike Peugeot Handschuhpoliermaschine von 1960 hat ausreichend Power zum Cremen.

Schuhputzstandmaschinen

Sie stehen oft in Hotels, gerne auch im Toilettenbereich. Haben Sie sich schon einmal Gedanken gemacht, was von Ihrem Vorgänger alles in die Bürste gerieben wurde (Straßendreck, Hundekot oder gar Urin)? Wer will das schon auf seinem Oberleder haben, ganz zu schweigen von der Pflege, die sowieso nicht stattfindet. Mehr wollen wir hierzu nicht schreiben.

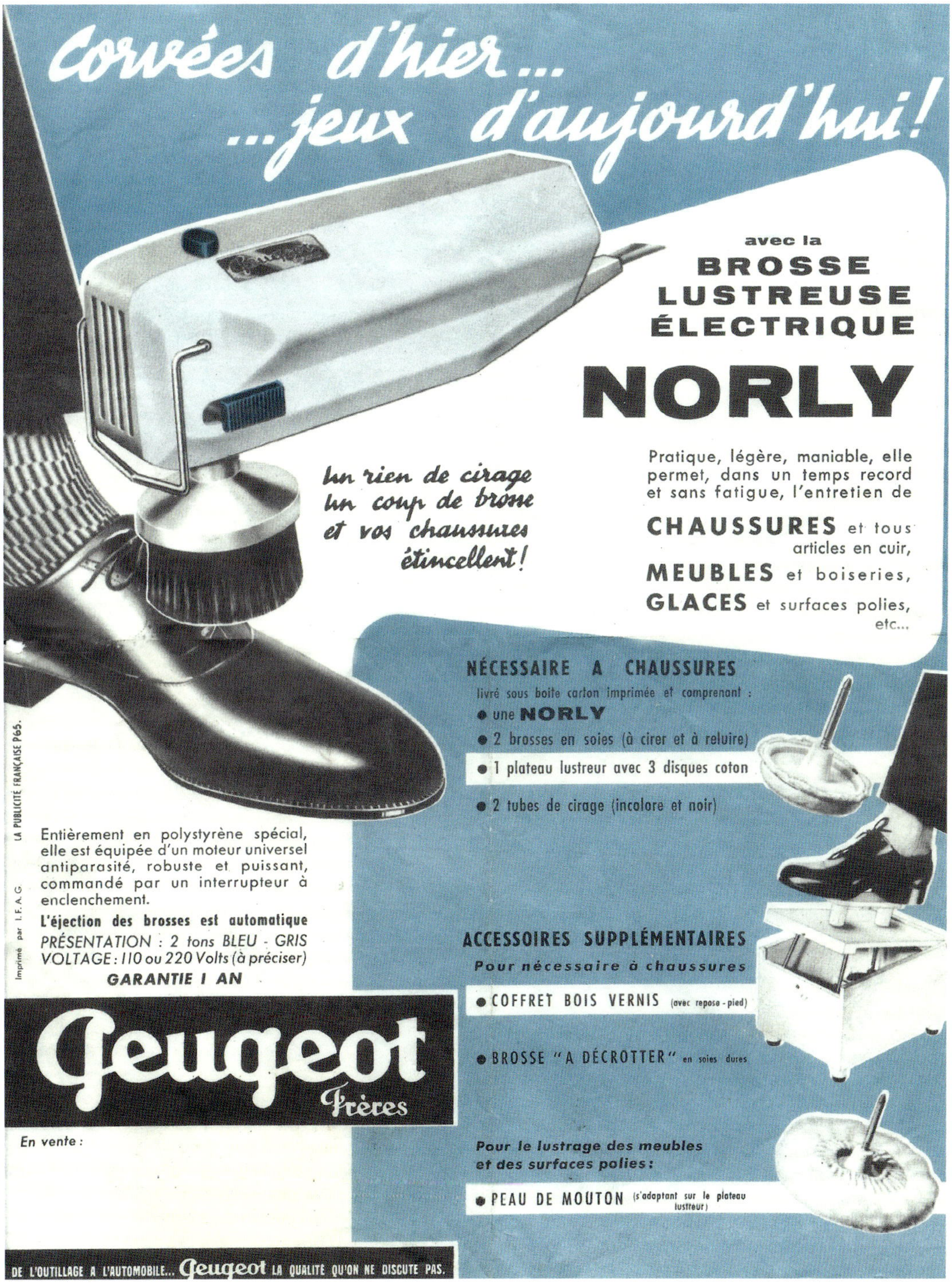

Peugeot Original Betriebsanleitung von 1960

Praktische Anwendung

EINLEITUNG SCHUHPFLEGE

„Alte Freundschaften und gute Schuhe brauchen am meisten Pflege" sagt ein Sprichwort. In diesem Sinne geht es nun frisch ans Werk.

Glattlederschuhe

Für eine gründliche Pflege sollten immer zuerst die Schnürsenkel entfernt werden. Ob man den Schuhstrecker beim Pflegen im Schuh belässt oder nicht, ist eine Frage der persönlichen Vorliebe.

Zuerst werden die Schuhe mit einer Schmutzbürste oder einem feuchten Tuch gesäubert.
Nur bei sehr starker Verschmutzung nimmt man mit der feuchten Schmutzbürste etwas Leder- oder Sattelseife auf und bürstet den kompletten Schuh inklusive der Sohle mit der Seifenlauge nass ab. Es ist wichtig, dass der ganze Schuh mit Wasser in Berührung kommt, da sich sonst beim Trocknen Wasserränder bilden. Vorsicht ist bei sehr feinen Oberledern geboten, hier sollte zu einem Schwamm gegriffen werden. Anschließend wird der Schuh unter fließendem Wasser abgespült. Die Schuhpflegeästheten tragen auf das feuchte Oberleder eine Mischemulsionscreme auf, die durch das Abtrocknen in das Leder einzieht und so für Tiefenpflege und Farbauffrischung sorgt. Auch hier ist wichtig, dass wiederum der komplette Schuh mit der Emulsionscreme behandelt wird. Diese ganze Prozedur ist aber nur bei stärkster Verschmutzung oder allerhöchsten Ansprüchen notwendig. Nach dieser nassen Säuberung wird der Schuh mit Zeitungspapier ausgestopft und bei Zimmertemperatur über Nacht getrocknet. Das Zeitungspapier kann mehrfach gewechselt werden, sobald es feucht geworden ist, dies beschleunigt den Trocknungsvorgang. Schuhe mit Ledersohle werden zum Trocknen immer auf die Seite gelegt, damit auch die Sohle an der Luft trocknen kann.
Hat eine Trockenreinigung ausgereicht, kann es gleich weitergehen. Jetzt wird Hartwachspaste oder Emulsionscreme mit einer Auftragbürste dünn aufgetragen. Lieber die Schuhcreme mehrmals dünn auftragen und überpolieren, als einmal dick auftragen – das Ergebnis spricht für sich. Mit der Auftragbürste kann die Schuhcreme gut in das Leder einmassiert werden und man erreicht so auch schlecht zugängliche Stellen wie die Löcher der eventuell vorhandenen Lyralochung (bei Budapestern) oder den Rahmenschaftrand.
Für Glanz ist eine Dosencreme zu bevorzugen, sie enthält kein Wasser und besitzt einen höheren Anteil an schützenden Wachsen. Wünscht man allerdings eine Farbauffrischung mit Tiefenpflege, wählt man eine hochwertige Mischemulsionscreme, die auch Lösemittel enthält, sie zieht aufgrund ihrer flüssigeren Konsistenz tiefer in das Leder ein. Die Einwirktiefe ist jedoch auch abhängig von der Einwirkzeit, daher sollte bei einer Emulsionscreme mindestens 15 Minuten und bei einer Hartwachspaste etwa eine Stunde gewartet werden, bis mit dem Polieren begonnen wird. Diese Wartezeit ist wichtig, damit die Öle in das Leder einziehen, die Lösungsmittel verdunsten und die Wachse aushärten können. Vor dem Polieren massiert man nochmals die restliche Schuhcreme in das Leder ein und nimmt die überschüssige Creme mit einem Tuch auf. Jetzt wird auspoliert, entweder mit einem Mikrofaser-Poliertuch, einer Rosshaarpolierbürste oder aber am besten mit einer „nylonbestrumpften" Polierbürste. Befeuchtet man die Bürste mit etwas Speichel, ergibt sich ein intensiverer Glanz,

quasi eine Wasserglanzpolitur im Schnellverfahren. Durch die im Speichel enthaltenen Enzyme wird der Glanz sogar noch etwas besser als mit Wasser. So ergibt sich der größte Glanz und damit einhergehend auch der beste Schutz. Die Fanatiker unter den Schuhpflegeästheten putzen die Schuhe gleich mehrmals hintereinander, um den höchsten Spiegelglanz zu erreichen oder sie pflegen zuerst mit Emulsionscreme und anschließend noch einmal mit der Hartwachspaste. Nach der Glanzpolitur kann noch mit einer Feinpolierbürste aus Ross-, Ziegen-, oder Yakhaar für den allerletzten Schliff nachpoliert werden.

Schuhe aus Cordovan

Da fleischseitig verarbeitete Leder keine eigene glatte Oberfläche besitzen, muss diese (mit Wachscreme) künstlich erzeugt werden. Deshalb kann sie nach Verletzungen auch wiederhergestellt werden. Auf die Kratzer wird eine, für Cordovan geeignete, Emulsionscreme aufgetragen, die dann mit dem Shoebone in länglichen Bewegungen mit recht starkem Druck in das Leder hineingerieben wird. Anschließend wird mit leichterem Druck in kreisenden Bewegungen die so behandelte Stelle mit Emulsionscreme geglättet und die einheitliche Oberfläche wiederhergestellt. Danach wird Hartwachspaste aufgetragen und überpoliert. Wer sich bei der Glanzpflege seiner Cordovanschuhe besonders auszeichnen möchte, nimmt die zeitintensive Mühe auf sich und bearbeitet den ganzen Schuh mit dem Knochen oder wendet die Wasserglanzpolitur an.

Vorsicht: Keine Sattelseife verwenden, sie ist aufgrund ihrer Rückfettung für Cordovan nicht geeignet.

Das beste Pferdeleder kommt aus Chicago, USA von Horween. Keiner bekommt den Tiefenglanz so schön hin wie die Amerikaner, die schon seit 1905 Cordovanleder herstellen. Gegründet wurde Horween von dem ukrainischen Auswanderer Isadore Horween.

Wasserglanzpolitur

Als Alternative zur klassischen Hochglanzpolitur bietet sich für die Schuhpflegeästheten die Wasserglanzpolitur an. Hierfür wird zuerst Hartwachspaste aufgetragen, die man etwa eine Stunde lang einziehen lässt. Dann nimmt man mit einem Tuch überschüssige Paste ab und wickelt ein Poliertuch fest um zwei Finger. Dabei ist wichtig, dass die Fläche an den Fingerspitzen, mit der poliert wird, so glatt wie möglich ist, nur so ergibt sich der notwendige Wasserfilm zwischen Tuch und Schuh. Jetzt nimmt man etwas Hartwachspaste auf und benetzt den Schuh mit ein paar Tropfen Wasser – am besten mithilfe eines Tuches. Nun wird mit sanftem Druck poliert. Ist das Wasser wegpoliert, wird wieder etwas Hartwachspaste aufgenommen und der Schuh erneut mit ein paar Tropfen Wasser benetzt.

Durch den Wasserfilm und die Reibungswärme wird die Schuhcreme optimal verteilt und geglättet. Die bereits gepflegte Oberfläche wird durch den Wasserfilm nicht angegriffen und jede noch so kleine Ritze und Gehfalte wird mit Schuhcreme versorgt. Als Folge entsteht eine spiegelglatte Oberfläche. Die gesamte Prozedur dauert etwa zehn Minuten pro Schuh. Jetzt lässt man den Schuh einige Stunden aushärten und verleiht ihm dann seine Endpolitur, am besten wieder mit der nylonbestrumpften Polierbürste. Die Wasserglanzpolitur ergibt den höchsten Glanz und ist sehr haltbar. Sie kann durch Überpolieren mit der Feinpolierbürste und etwas Spucke schnell wieder aufgefrischt werden.

Achtung: Die Wasserglanzpolitur funktioniert ausschließlich mit Hartwachspaste aus der Dose, nur sie erzeugt die notwendige wasserdichte Oberfläche!

Alte Wachse werden durch Reinigung entfernt.

Manchmal tritt Gerbfett an die Oberfläche. Dies ist kein Mangel und kann einfach weggewischt werden

Nach dem Reinigen mit einer Cordovancreme eincremen.

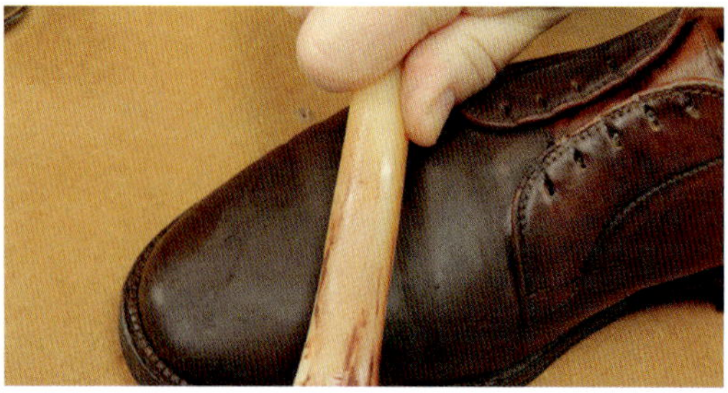

Kratzer werden beliebig oft mit dem Shoebone behandelt.

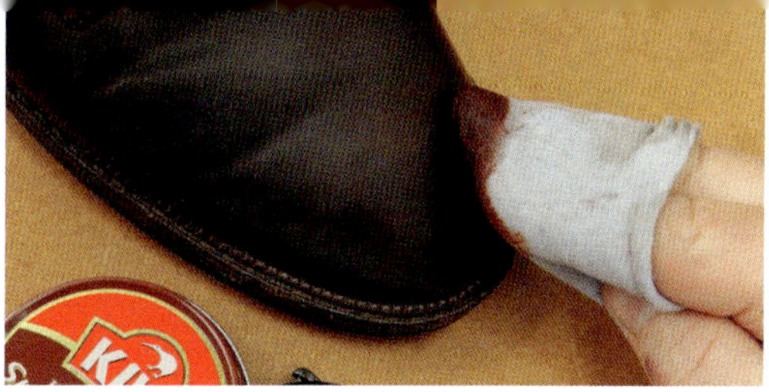

Das Kiwi-Wachs mit einem Lappen einmassieren.

Wachspflege gezielt auf das Tuch bringen und das Tuch in Wasser tupfen

Wachs und Wasser werden Schicht für Schicht einmassiert.

Die Haare der Polierbürste mit einem Tuch abdecken.

Einen Nylonstrumpf über die Bürste legen.

Die Reibungshitze des Nylonstrumpfes gibt einen phänomenalen Glanz.

Auch den Shoebone kann man reinigen.

Alte Cremereste werden mit dem Reinigungsmittel entfernt.

Durch das Lederöl erhält man die Rückfett-wirkung des Shoebones.

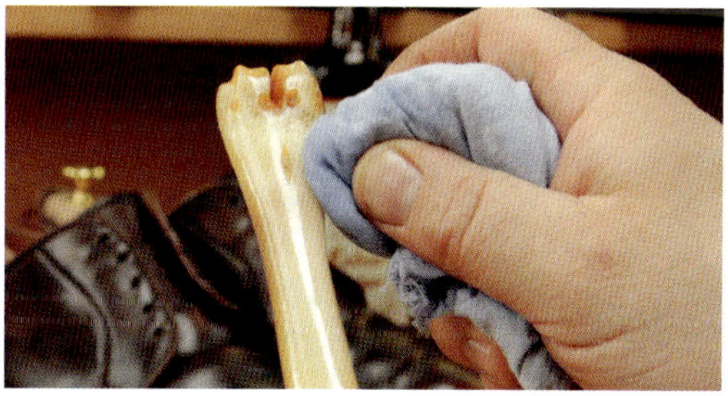

So kann man den Shoebone für verschiedene Farben benutzen.

Erweiterte Pflege

Etwa bei jeder fünften Schuhpflege sollte mit einer Mischemulsionscreme (mit Lösemitteln) zur Tiefenpflege und Farbauffrischung gepflegt werden. Für Cordovanschuhe nimmt man eine Emulsionscreme, die extra auf die Pflege von Pferdeleder abgestimmt ist – wie sie beispielsweise von La Cordonnerie Anglaise erhältlich ist.

Bei Schuhen mit Ledersohle kann die Sohle alle vier bis fünf Wochen mit Sohlenöl behandelt werden. Am besten geschieht dies mit einem Pinsel. Durch das Sohlenöl verringert sich die Wasseraufnahme bei Regen. Als Folge wird das Leder schön fest, der Abrieb wird verringert und die Lebensdauer steigt. Außerdem sorgt es für anhaltende Elastizität. Keinesfalls sollte Sohlenleder mit normalem Lederöl in Kontakt kommen, das Leder würde schwammig und die Verklebungen an den Nähten würden sich durch die enthaltenen Lösemittel auflösen. Daher ausschließlich lösemittelfreies Ledersohlenöl verwenden! Bevor die frisch eingeölten Schuhe getragen werden können, sollten sie mindestens zwei Tage bei Zimmertemperatur trocknen, sonst besteht die Gefahr, mit den durch das Öl rutschig gewordenen Sohlen auszugleiten oder in geschlossenen Räumen hässliche Flecken auf Teppichböden zu hinterlassen.

Wer an seinen Schuhen die hochwertigen eichenlohgrubengegerbten Ledersohlen der Gerberei Johannes Rendenbach trägt, kann auf Sohlenöl komplett verzichten. Laut Johannes Rendenbach jr., dem Inhaber der Gerberei, ist eichenloh-grubengegerbtes Sohlenleder bereits vom Hersteller so wasserresistent und widerstandsfähig zugerichtet, dass eine Behandlung mit Sohlenöl die Eigenschaften dieses Leders nur verschlechtern würde.

Wenn die Sohlenränder und die Absatzfront eine Farbauffrischung benötigen, verwendet man Sohlenrandfarbe. Notfalls kann auch Schuhcreme verwendet werden, der Effekt ist allerdings schlechter und hält nicht so lange an.

Vor dem Schuhputzen sollten die Schnürsenkel entfernt werden. Erstens, um sie nicht mit Creme oder Wachs voll zu schmieren, und zweitens, um den Schnürbereich der Schuhe optimal zu pflegen.

Mit einer Rosshaarreinigungsbürste wird vorgereinigt.

Der Sohlenrand wird mit Sohlenfarbe gefärbt.

Hier sieht man den Unterschied von gefärbt und ungefärbt.

Mit der Auftragbürste wird Creme aufgetragen.

Spucke bringt ein besseres Glanzergebnis.

Mit der Polierbürste auspolieren.

Ledersohlen mit Sohlenöl behandelt.

Schuhe aus geflochtenem Leder

werden grundsätzlich genauso gepflegt wie andere Glattlederschuhe, jedoch sollte man aufgrund der flexiblen Oberfläche anstelle einer harten Schmutzbürste ein weiches Tuch verwenden. Die Schuhcreme wird am besten mit dem Finger aufgetragen, so gelangt die Creme in jede noch so kleine Ritze. Anschließend wird mit einer weichen Ziegen- oder Yakhaarbürste auspoliert.

Reinigungsschaum aufsprühen.

Schuh mit weichem Tuch reinigen.

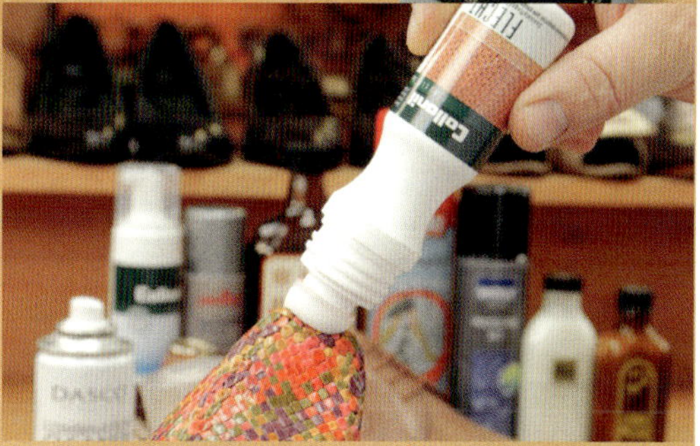

Das Collonil-Flechtpflegemittel frischt die Farben auf.

Woly-Protektor schützt vor Verschmutzung.

Bama-Waterstop pflegt und schützt.

Solitär reinigt auch die Zwischenräume des Flechtleders.

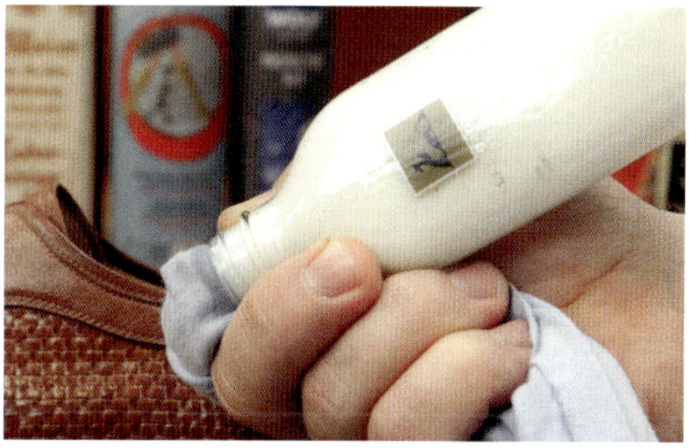

Ein Tuch mit La-Cordonnerie-Anglaise-Pflegemilch.

Die Pflegemilch hält das Flechtleder geschmeidig.

Lacklederschuhe

werden mit einem feuchten Tuch oder einer sehr weichen Bürste von Schmutz gereinigt. Ansonsten besteht die Gefahr, dass die empfindliche Lackschicht beschädigt wird. Anschließend werden sie ausschließlich mit Lacklederpflegemitteln behandelt und dann mit einem weichen Tuch oder einem Polierhandschuh poliert.

Shoeboy's Lackpflegeschaum auftragen.

Den Lacklederpflegeschaum einmassieren.

Die Woly-Lackcreme ist sehr ergiebig.

Der Bama-Auftragschwamm ist praktisch.

Auch Pedag-Lackcreme erzielt beste Ergebnisse.

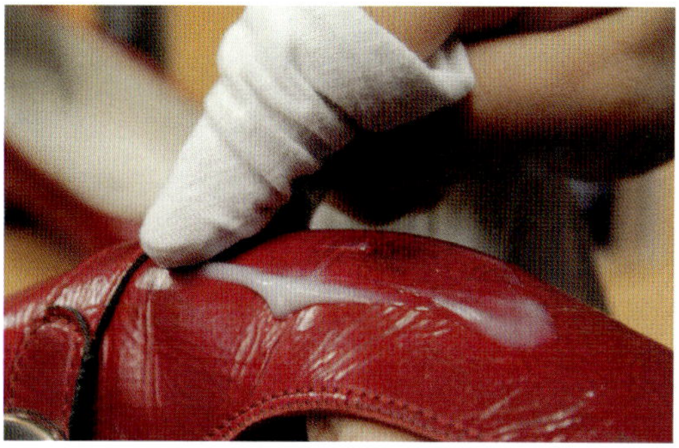

Die Pedag-Creme reinigt und pflegt.

Den Lackpflegeschaum einziehen lassen.

Abgenutztes Lackleder an der Schuhspitze …

… deckt man mit Nagellack gut ab.

Patina erzeugen

Wer nicht jahrelang warten möchte und lieber gleich eine schöne Patina auf seinen Schuhen haben möchte, kann diese erzeugen, indem er abwechselnd eine Schuhcreme entsprechend der tatsächlichen Lederfarbe aufträgt und anschließend eine dunklere oder hellere. Bei hellen Schuhen wird eine dunklere Zweitfarbe aufgetragen und bei dunklen Schuhen eine hellere. Dies kann entweder abwechselnd von einer Schuhpflege zur nächsten passieren oder auch auf einmal, wobei dann zuerst die hellere Schuhcreme und anschließend die dunklere aufgetragen wird. Von der Zweitfarbe sollte grundsätzlich weniger aufgetragen werden als von der Erstfarbe.

Finish-Möglichkeiten

Oberlederfarbe	Zusatzcremefarbe
Bordeaux/Oxblood	Schwarz
Dunkelbraun	Schwarz
Cognac	Dunkelbraun
Hellbraun	Schwarz

Den Lappen mit Nylonstrumpf überziehen und polieren.

Beim Antikfinish zuerst die helle Farbe auftragen.

Dunkleres Wachs mit der Auftragbürste aufnehmen.

Das dunklere Wachs auf den Schuh auftragen.

Das Wachs gut einmassieren.

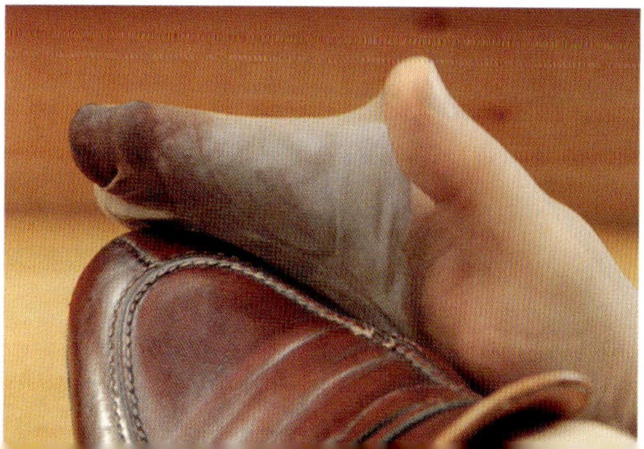

Raulederschuhe

Wichtig ist bei Raulederschuhen, dass sie ganz zu Anfang, wenn die Schuhe noch neu sind, eine gute intensive Grundimprägnierung erhalten. Wird diese dann durch spätere Imprägnierungen aufgefrischt, ergibt sich der beste Schutzeffekt.

Reinigung

Sind durch Regen oder Schnee Wasserflecken oder Salzränder entstanden, können diese nicht einfach mit Wasser abgewaschen oder ausgebürstet werden. Der ganze Schuh muss komplett in warmem Wasser eingeweicht werden, am besten in einer großen Schüssel oder einem Eimer. Dem warmen Wasser kann noch etwas Sattelseife zugegeben werden. Jetzt wird der Schuh mit einer Schmutzbürste gut ausgebürstet und die sogenannten Salz- oder Schneeränder, die aus Salz und ausgewaschenen, an der Oberfläche sichtbar gewordenen Gerbstoffen bestehen, können entfernt werden. Anschließend mehrere Minuten unter kaltem fließenden Wasser abwaschen und abtropfen lassen. Dazu wird der Schuh mit der Sohle nach oben über den Wassereimer oder ein anderes Gefäß gelegt. Nach etwa einer Stunde Trockenzeit den Schuhstrecker einführen und mit der Wildlederbürste gleichmäßig bürsten. Danach kann der Schuh in normaler Lage bei Zimmertemperatur getrocknet werden, was 12 - 24 Stunden dauert. Sollte der Schuh in getrocknetem Zustand noch nicht den optischen Anforderungen des Trägers entsprechen, kann er durch Behandlung mit dem Raulederradierer und der Raulederbürste nochmals aufgeraut werden.

Druckstellen mit dem Veloursradierer behandeln.

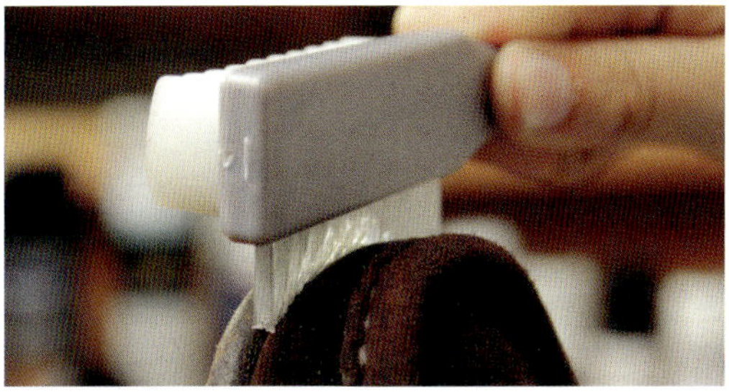

Zwischenräume am Oberleder und Rahmen reinigen.

Raulederbürsten mit Kunststoffborsten schonen das Leder.

Nubukbürsten nehmen Schmutz auf und glätten.

Wasseremulsionstönungen schonen die Umwelt.

Veloursbürsten mit Stielgriff kann man gut führen.

Reinigungsschaum auf einen Schwamm auftragen.

Vorsichtig arbeiten bei groben Messingbürsten.

Mit dem Schwamm vorsichtig das Leder reinigen.

Kunststoff-Allround-Veloursbürste.

Tapir Imprägnierspray gibt es nur farblos zum Handpumpen.

Pflege

Raulederschuhe,

die staubig, schmutzig oder speckig geworden sind, werden mit einer Messingbürste (bei Velours) oder einer Kautschukbürste (bei Nubuk) gebürstet, bis die Oberfläche wieder sauber ist. Hartnäckige Flecken werden mit dem Veloursradierer entfernt. Durch seine sandige Konsistenz wird an der behandelten Stelle das Leder meist etwas angeschliffen, wodurch hellere Stellen entstehen. Dann muss der Schuh mit einem farbgebenden Imprägniermittel behandelt werden. Wenn es keine hellen Stellen gibt, reicht ein farbloses Imprägniermittel, entweder als Spray oder besser als Flüssigimprägniermittel. Anschließend werden die Schuhe erneut gebürstet. Beim Bürsten ist immer darauf zu achten, dass nur in eine Richtung gebürstet wird, entweder mit dem Strich oder gegen den Strich, nur so ergibt sich eine gleichmäßige Optik. Die Behandlung der Ledersohle oder der Sohlenränder erfolgt wie zuvor bei Glattlederschuhen beschrieben. Fett- oder Ölflecken können mit einem Ledershampoo bearbeitet werden, sind aber meistens bleibend. Vor allem helle Raulederschuhe, so schön sie sein mögen, sind nun einmal Schönwetterschuhe.

Foto: Ed. Meier

Das nasse Veloursleder wird zum Abschluss wieder aufgerichtet.

Foto: Ed. Meier

Um sogenannte Schneeränder zu entfernen, den Schuh komplett nass machen und mit Sattelseife reinigen.

Foto rechte Seite:
Der Lohn der Arbeit ist hier gut zu erkennen. Wichtig: Schuhe die komplett im Wasserbad waren hinterher zum Trocknen aufhängen. Damit es keine Feuchtigkeitsflecken gibt die Schuhe mit Zeitungspapier ausstopfen. Die FAZ oder Die Welt eignen sich besser sagt man, wegen der geringeren Druckerschwärze.

Foto: Ed. Meier

Zweifarbige Schuhe

Bei Schuhen, die aus zweifarbigem Leder bestehen wie beispielsweise die schwarz-weißen Spectatormodelle, wird nach der Reinigung zuerst das hellere Leder gepflegt und anschließend das dunklere. Bei stärkerer Verschmutzung wird mit Flüssigpräparaten oder einem Reinigungsschaum gearbeitet, der mittels Schwamm aufgetragen wird. Grundsätzlich sollte beim Auftragen von Schuhcreme sehr vorsichtig gearbeitet werden, weshalb Tiegelbürsten oder der Finger zum Auftragen am besten geeignet sind. Falls doch einmal dunkle Schuhcreme auf das helle Leder gelangt, kommt sie nur mit der hellen Schuhcreme in Kontakt und nicht mit dem hellen Leder direkt. Sie kann dann besser entfernt werden.

Schuhe aus Leder und Stoff

Schuhe, die sowohl aus Leder als auch aus Stoff bestehen, müssen mit größter Sorgfalt gepflegt werden, weil der Stoff in der Regel sehr empfindlich gegenüber Schuhcreme ist. Für die Stoffteile sollte eine eigene kleine Schmutzbürste verwendet werden. Schuhcreme sollte nur mit einer kleinen Tiegelbürste oder Fingern aufgetragen werden. Anschließend wird vorsichtig auspoliert und die Stoffteile sollten mit einem für Textilien geeigneten Imprägnierspray eingesprüht werden. Hier macht ein Aerosolspray ausnahmsweise Sinn, da bei einem Flüssigimprägniermittel die Stoffbereiche des Schuhs komplett durchnässt würden.

Golfschuh Lederpflege

Wenige Schuhe werden so stark belastet wie Golfschuhe. Sie müssen Feuchtigkeit von außen und von innen aushalten sowie hitzebeständig sein. Hitzebeständig aus dem Grund, weil die meisten Golfer ihre Schuhe nach dem Spielen im Kofferraum ihres Autos aufbewahren und dort herrschen im Sommer locker Temperaturen um die 80 Grad. Solche Temperaturen trocknen das Leder zu schnell und der Schuh bekommt schneller Risse im Oberleder. Also Schuhe nie im Kofferraum aufbewahren! Glattledergolfschuhe sollten vor Gebrauch gut gefettet werden. Hier gibt es verschiedene Sportfette von Kiwi, Tonino, Burgol Tierowa, Tapir, Colourlock, B & E, Efax oder Centralin, die das Leder weich halten und auch schützen. Heute gibt es fast nur noch Softspikes. Sind diese zu wechseln, sollte man bei Metallgewinden beim Einsetzen von neuen Spikes einen Tropfen Öl auf das Gewinde geben. Oft hat man Gras oder Erde an der Sohle, was sofort nach dem Spiel unter fließendem Wasser zu entfernen ist. Dann lässt man die Schuhe gut trocknen. Gereinigt wird am besten mit Lederreiniger oder einer Reinigungscreme. Erst, wenn die Golfschuhe getrocknet sind, werden sie mit einer farbgebenden zum Farbton des Oberleders passenden Emulsionscreme behandelt. Nach einer Einwirkzeit von ca. 60 Minuten wird der Golfschuh mit Lappen und Bürste poliert.

Wichtig ist, dass der Bereich, in dem Oberleder und Rahmen zusammentreffen, immer gut gefettet ist. Wachse machen beim Golfschuh wenig Sinn, da sie keine große Tiefenwirkung erzielen. Golfschuhe nicht überfetten, da sonst der Sand aus dem Bunker und loses Gras am Schuh haftet. Man kann zwischendurch auch mit Imprägniersprays Behandlungen durchführen, aber nur an sauberen Schuhen. Selten geht man mehrere Kilometer am Stück so wie beim Golfen, deshalb ist es wichtig nach dem Tragen die Golfschuhe mit passenden Spannern mindestens 48 Stunden ruhen zu lassen. Wie die unterschiedlichen Golfschuh-Oberledertypen wie Fettleder, weiße Leder oder Leder-Stoffkombinationen gepflegt werden, erfahren Sie auf den nächsten Seiten.

Maßschuhe
Himer & Himer
Maßschuhe
Himer & Himer
Rapide..
LEDERCREME

Sneaker

Sneaker sind Sportschuhe, die man im Alltag benutzt, meistens ähneln sie Lauf- oder Basketballschuhen. Mittlerweile gibt es aber auch Sneaker, die klassisches Aussehen mit Sportschuhkonstruktionen verbinden und so kommt es, dass immer mehr Sneaker im Businessbereich getragen werden. Diese Schuhe brauchen ähnliche Pflege wie normale Straßenschuhe mit ein paar Einschränkungen. Da die Sohlen entweder aus Kunststoff oder Gummi bestehen, sind hier andere Reinigungsmittel gefragt als bei Ledersohlen. Die Kombinationsmöglichkeiten an Sneakern sind unerschöpflich, fast schon so wie beim Damenschuh. Deshalb gibt es hier nur die wichtigsten Pflegetipps. Es wäre fast ein eigenes Buch wert.

Nubuk wird mit einer Nubuk Gummibürste gereinigt. Die Gummilamellen der Bürste glätten das Leder.

Bei Stoff-Lederkombinationen Creme vorsichtig mit einem Finger auftragen.

Nubuk-Glattlederschuhe werden mit Kombisprays imprägniert.

Sneaker aus Mesh und Stoff werden mit der Heypflege blitzsauber.

Stoff Lederkombination lassen sich hervorragend mit Hey reinigen.

Ein Stoff-Lederimprägnierer sorgt für Wasser- und Fleckenabweisung.

Die Tapir Creme eignet sich sehr gut zur Tiefenpflege, da sie sehr dünnflüssig ist.

Gummisohlenumrandungen halten länger durch Gummipflegesprays.

Fettgegerbte Schuhe reinigen

Die Sohlen werden mit einer groben Schmutzbürste gereinigt.

Mit einer Rosshaarreinigungsbürste Staub entfernen.

Reinigungsmilch auftragen.

Die Schuhe mit Milch und Tuch säubern.

Auch die Lederschnürsenkel reinigen.

Tonino-Lederreiniger mit Wasser vermischen.

Reinigungsschaum geht auch.

Schuhe und Sohlen gut säubern.

Den Schaum mit weichem Tuch auftragen.

Fettgegerbte Schuhe pflegen

Abstehende Fäden flämmt man am besten ab.

Helle Nähte werden durch neutrales Fett geschützt.

Mit den Fingern lässt sich die Creme sehr gezielt auftragen.

Creme mit der Auftragbürste auftragen.

Die dünnflüssige Creme von Woly deckt sehr gut.

Die Creme vorsichtig mit dem Finger einmassieren.

Mit der großen Rosshaarbürste feinpolieren.

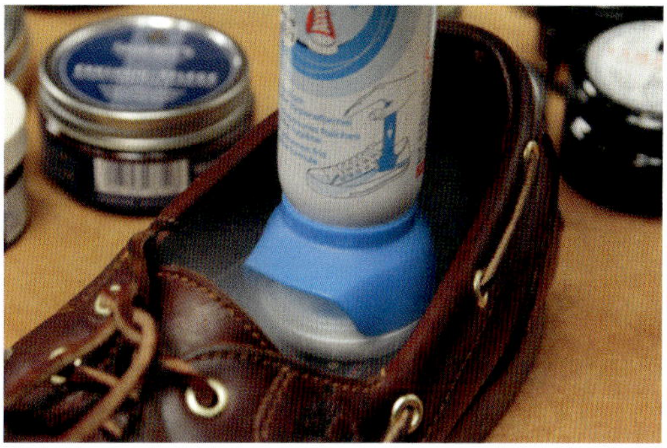

Desinfizieren kann man mit Kiwi Innenschuhspray oder …

… Woly Shoefresher sorgt auch für bessere Fußgerüche.

Der Sohlenrand wird mit Sohlenfarbe neutral behandelt.

Zu guter Letzt imprägniert man die Schuhe im Freien.

Cowboystiefel pflegen

Cowboystiefel sehen erst getragen richtig gut aus. Deshalb pflegt man sie besser mit einer farblich passenden Creme und einer dunkleren, um eine schöne Patina zu erhalten.

Damit Röcke oder Hosen nicht mit Schuhcreme beschmutzt werden, pflegt man den Schaft mit einem stofftauglichen Pflegemittel. Damit die Ziernähte farblich nicht verändert werden, pflegt man diese mit neutraler Creme.

Cowboystiefel sehen erst getragen richtig gut aus. Deshalb pflegt man sie besser mit einer farblich passenden Creme und einer dunkleren, um eine schöne Patina zu erhalten.

Collonil-Bekleidungsledercreme mit Tuch aufnehmen.

Schwarzes Wachs hält sehr gut an der Oberfläche.

Der Schaft wird mit Bekleidungsledercreme eingefettet.

Beim Auftragen manche Stellen stärker einstreichen.

Zur Tiefenwirkung … Creme in passender Farbe nehmen.

Mit der Auftragbürste den Rahmen pflegen.

Zedernholzschaftspanner von Tonino erhalten die Stabilität.

Jagdstiefel-pflege

Jagdstiefel sollten immer gut gefettet sein, damit sie keine Knirschgeräusche abgeben, welche das Wild aufschrecken. Fast jeder Pflegemittel-Anbieter hat ein für Jagdstiefel geeignetes Lederfett.

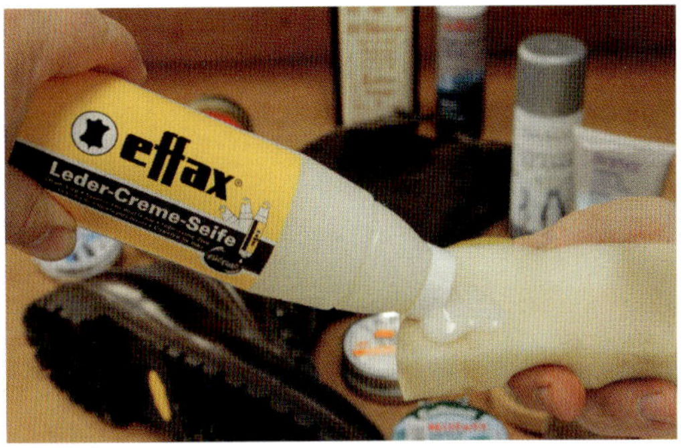

Effax-Lederreinigungscreme auf einen Schwamm geben.

Den ganzen Stiefel samt Sohlenrand gut fetten.

Die Effaxcreme reinigt und pflegt gleichzeitig.

Nach einer dreistündigen Trockenzeit abpolieren.

Lederfett mit der Auftragbürste aufnehmen.

Patronengürtel aus Bisonleder von AKAH.

Die Ledermanufaktur AKAH verwendet für diesen handgefertigten Schrotpatronengürtel hochwertiges Bisonleder aus Nordamerika, das auf die traditionelle Weise mit Rinden und Steppengräsern vegetabil gegerbt wurde. Bisonleder hat eine ganz eigene attraktive Narbenstruktur. Patronengürtel pflegt man mit Bekleidungscremes.

Wanderschuhe reinigen

Mit einer Rosshaarreinigungsbürste den groben Schmutz entfernen.

Reinigungsschaum flächig auftragen.

Mit dem Schwamm den Schaum einmassieren.

Im vorgeschriebenen Verhältnis mit Wasser mischen.

Den Hey-Reiniger in die Messkappe füllen.

Mit dem Tuch den Schmutz aufnehmen.

Beim Auftragen des Hey-Reinigungsmittels sollte man die Augen schützen.

Wanderschuhe pflegen

Man kann auch zwischendurch nur imprägnieren.

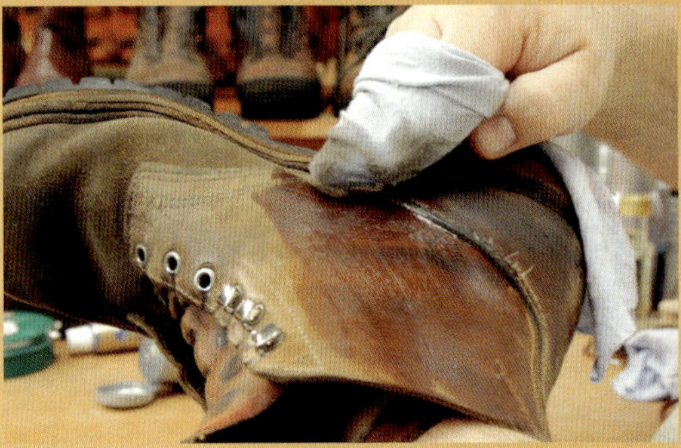

Lederfett gut einmassieren.

Fettcreme auf ein weiches Tuch geben.

Auch hier den Rahmen und die Sohlenränder fetten.

Fettlederschaum in ein Tuch sprühen.

Den Fettlederschaum gut in das Leder einmassieren.

Aerosolimprägnierspray nur im Freien auftragen.

Gummiumrandung mit Aigle-Pflege geschmeidig halten.

Gummipflegemittel in Sohle und Umrandung einmassieren.

Schimmel ist mit Effax zu behandeln.

Springerstiefel pflegen

Mit der Schmutzbürste Dreck entfernen.

Bei den unzugänglichen Stellen hilft eine Zahnbürste.

Gemeinsames Stiefelreinigen nach dem Einsatz.

Nur gut gepflegte Schuhe halten die Füße trocken.

Die Creme wird mit der Auftragbürste gut verteilt.

Die Bundeswehr schwört auf Gregor Chemie.

Überschüssige Creme wird abpoliert.

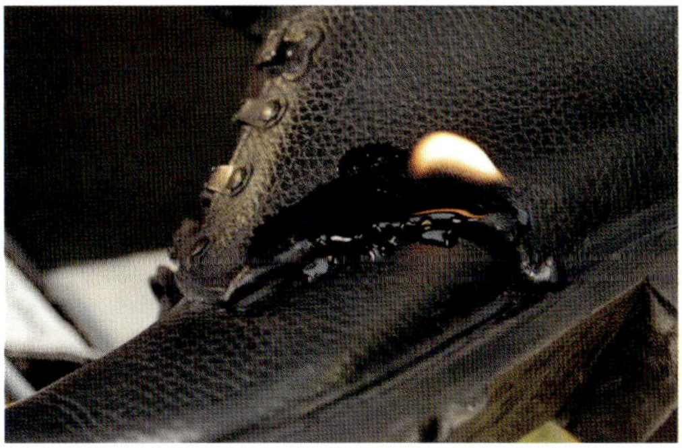

Alter Soldatentrick: Zur Tiefenwirkung die Creme anzünden.

Mit der Polierbürste und Spucke wird auf Hochglanz poliert.

Fußballschuhe pflegen

Für die Fußballschuhpflege haben wir dem Zeugwart des 1. FC Köln Kresemir Ban beim Pflegen zugeschaut. Er ist quasi der Schuhflüsterer des FC's. Er weiß über alle Gewohnheiten oder Vorlieben seiner Spieler Bescheid. Einige seiner Tricks dürfen wir nicht verraten, aber mit dem, was Sie hier sehen, erhalten Sie ihre Schuhe lange geschmeidig so wie die Profis vom 1 FC Köln.

Nach jedem Spiel oder Training reinigt er die Schuhe nass.

Dann werden die Schuhe von innen getrocknet.

Helle und dunkle Bürste - Lederfett, mehr braucht er nicht.

Mit einer Polierbürste trägt er Fett auf.

Das ist kein Lottozettel, sondern sein Spieler-Arbeitszettel.

Gewinnt Köln, wechselt er das Poliertuch nicht mehr.

Er fettet die Schuhe in feuchtem Zustand.

Nach dem Fetten trocknen die Schuhe in Reih und Glied.

Wegen der Tiefenwirkung nur mit Creme pflegen.

Fett oder Öl wird mit Fettlöser …

Ruhig mit der Hand einmassieren.

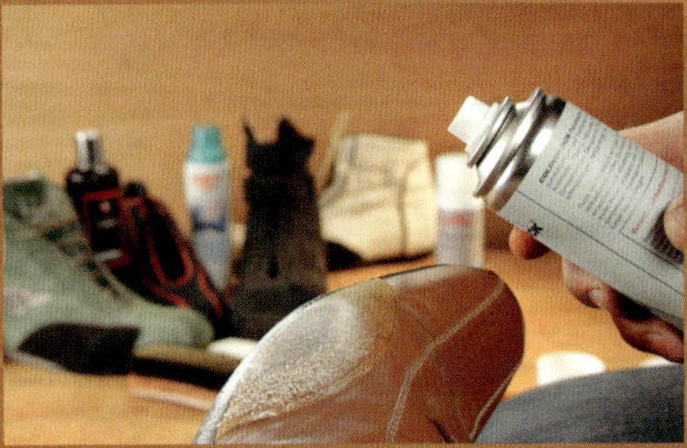

… von Colourlock besprüht.

Rennfahrerschuhe pflegen

Nach einer dreißigminütigen Trocknung …

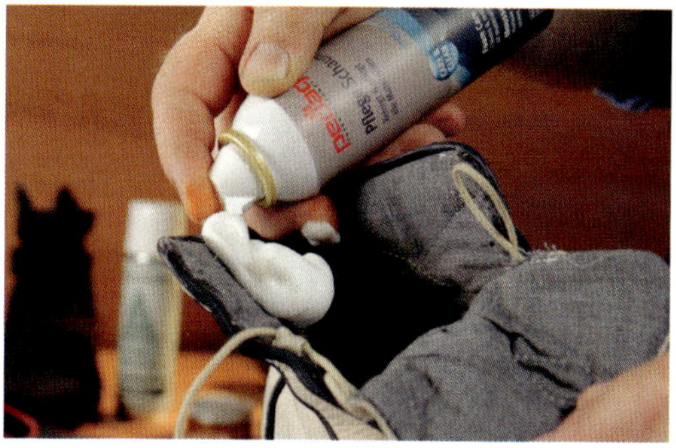

Reinigungsschaum zur Innenpflege.

… wird das Granulat richtig abgesaugt.

Auch außen ist der Schaum verwendbar.

Schuhe nicht mit Aerosolsprays imprägnieren.

Nubukschuhe werden mit der Nubukbürste glatt gehalten.

Der Lederradierer entfernt Verschmutzungen.

Der Swizöl-Lederreiniger ist auch auf Schuhen verwendbar.

Lammfellschuhe pflegen

In den letzen Jahren sind Lammfellstiefel für den Winter der letzte Schrei. Eigentlich sind diese Stiefel gar nicht schlechtwetter- oder wintertauglich, da sie sehr anfällig gegenüber Nässe sind und stark zu Verfärbungen oder Gerbstoffausblutung neigen. Lammfell immer vorsichtig reinigen und auf jeden Fall gut imprägnieren.

Hier erkennt man Gerbstofftrockenränder.

Kiwi Pflegeschaum geht auch.

Mit dem Hey-Reiniger gut durchreinigen.

Schaum mit der Raulederbürste einmassieren.

Am Lappen erkennt man wie schnell das Leder ausblutet.

Die raue Oberfläche wieder herstellen.

Nässeoberfläche mit einer Raulederbürste behandeln.

So sieht der getrocknete Schuh aus.

Exoten-Lederschuhe pflegen

Exotenleder wie Schlange, Lachsleder, Krokodil, Strauß, Perlrochen oder gar Haifisch erfreuen sich zur Zeit großer Beliebtheit. Schuhe aus diesen Ledern sind immer teurer als Kalbs- oder Ziegenlederschuhe. Um sich lange an Ihnen zu erfreuen, muss man bei der Pflege einiges beachten. Wachshaltige Pflegemittel sind nicht geeignet, da sie keine Tiefenfettung haben. Emulsionscremes, Pflegemilch oder Lederöle sind hier erste Wahl. Übrigens möchten wir bei aller Liebe zu unserem Handwerk und Lederverarbeitung eines anmerken: Exotenleder die nicht aus Züchtungen stammen, sollten gemieden werden.

Straußenbein pflegt man mit Lederöl.

Lachsleder wird mit einer Pflegemilch geputzt.

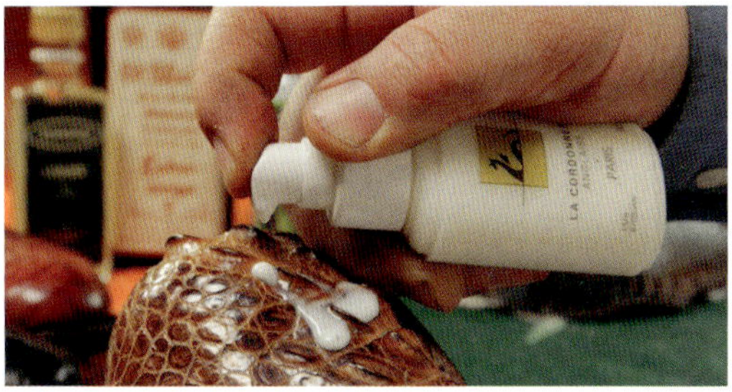

Krokoleder mit Lederconditioner pflegen.

Perlrochen reinigt man am besten mit dem Wolyschaum.

Auch Schlangenleder freut sich über Pflegemilch.

Keiman-Schuhe lassen sich auch gut mit Tapir …

… oder Lederöl von Tonino pflegen.

Woly-Creme hat ein großes Spektrum an Farben …

… wie wenige, hier perfekt farbdeckend zum Strauß.

Haifisch reinigt man mit dünnflüssigen Reinigungsmitteln.

Dünnflüssige Emulsionscreme in passender Farbe ändert nichts an der Optik.

Weiße Schuhe pflegen

Weiße Schuhe sehen eigentlich nur in sauberem Zustand gut aus. Weiß gilt als das Reine, Saubere. Ein schmutziger weißer Schuh wirkt direkt ungepflegt. Übrigens muss man weiße Creme sehr vorsichtig auftragen, da sie sehr gut decken muss. Schnell ist auch einmal die Sohle oder bei zweifarbigen Schuhen die andere Farbe weiß.

Centralin Schuhweiß deckt sehr gut.

Zur Not geht auch Tipex.

Weiße Creme sollte man mit dem Finger …

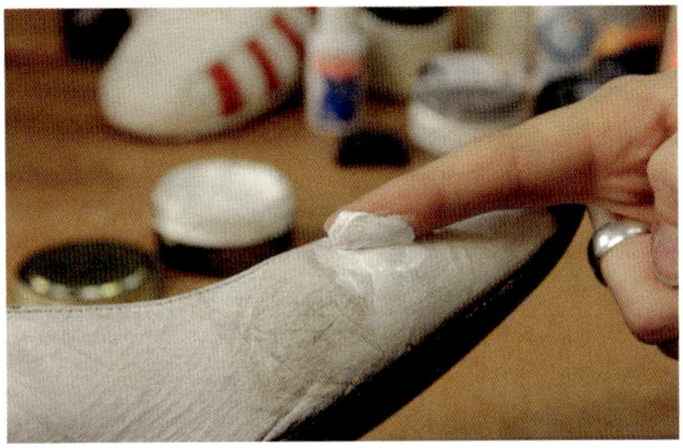

… auftragen, da sie so gezielter platziert werden kann.

Schwarze Sohlenrandfarbe deckt Pflegefehler ab.

Solitär Deckweiß kann man gut auftragen.

Doch hier verstopfen die Löcher.

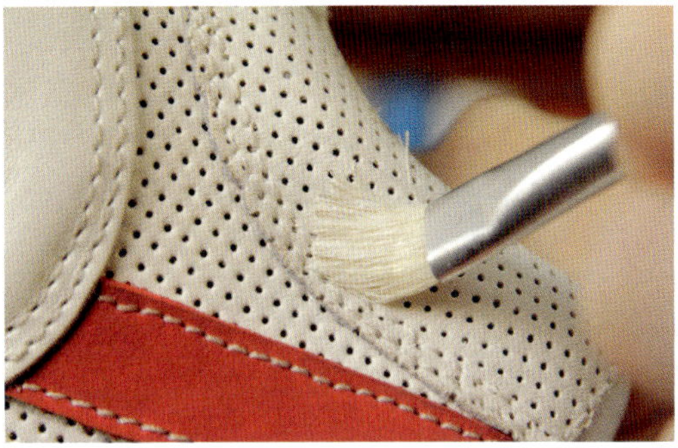

Die Creme mit dem Pinsel auftragen.

Das Lackpflegemittel von Bama kann schonend weiße Übertritte reinigen.

Bei Damenschuhen ist die passende Farbcreme das Wichtigste

Keiner hat so viele Farbabstufungen wie Woly.

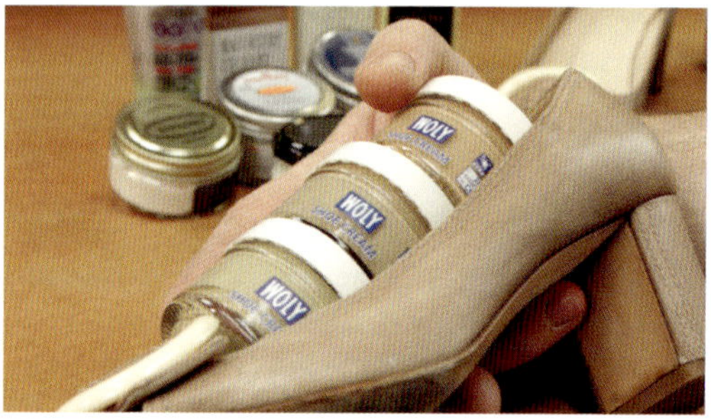

Damenschuhe pflegen

Die Creme dünn auftragen.

Erst die stark verschrammten Stellen pflegen.

Zu guter Letzt wird der Schuh poliert.

Empfindliche Leder werden mit Bama Nässestop behandelt.

Schaumstoffschuhspanner erhalten die Form.

Beschädigte Louboutinsohlen sind ein Graus.

Damenschuhe Sohlen einfärben

Mit einem feinen Schleifband ...

... wird die Laufsohle angeschliffen.

Passende Sohlenfarbe gleichmäßig auftragen.

Die Sohlenfarbe sollte 24 Stunden trocknen.

Damenschuhe geprägtes Leder

Die Reinigungsborsten reinigen auch Zwischenräume.

Reinigungsemulsion mit dem Tuch abpolieren.

Damenschuhe sind durch barfußtragen von innen schmutzig.

Der Solitärreiniger kann auch im Schuh verwendet werden.

Auch die Sohle kann man damit reinigen.

Der Sohlenrand wird mit Sohlenfarbe eingefärbt.

Solche Verletzungen bereiten fast schon körperlichen Schmerz.

Ein wasserfester Edding kann helfen.

Wie man sieht funktioniert es.

Mit der Auftragsbürste wird eine ...

... Emulsionscreme aufgetragen und anschließend poliert.

Woly hat Metallfarben, die perfekt decken.

Damenschuhe Metallfarbpflege

Beim Auftragen am besten Einweghandschuhe tragen.

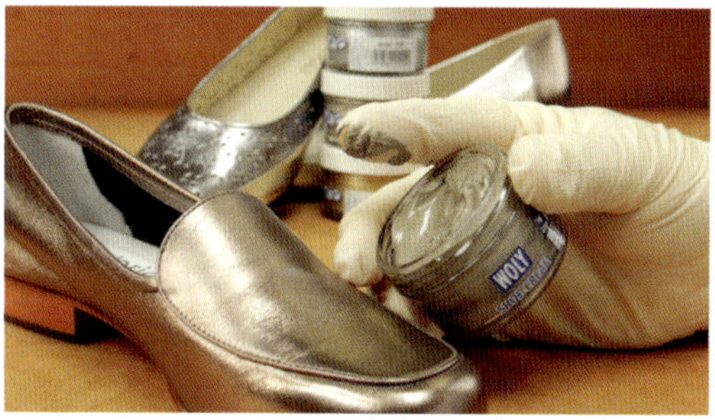

Mit dem Finger kann man gezielt auftragen.

Wie man am Latex sieht, hält die Farbe gut.

Tipps zur Fleckentfernung

Pigmentierte Glattleder

Flecken auf pigmentierten Glattledern sind relativ einfach zu entfernen. Durch die Pigmentschicht geschützt, perlen Flüssigkeiten in der Regel ab und ziehen nicht tief ein. Die Flüssigkeit wird sofort mit einem saugfähigen Tuch oder Papiertaschentuch durch Abtupfen aufgenommen. Nicht reiben, da dies die Sache nur verschlimmert. Anschließend wird der Fleck mit einem Lederwaschmittel behandelt. Flecken und Striche, die durch Stifte, insbesondere Kugelschreiber, verursacht wurden, werden entfernt indem sie mit Kreppband überklebt werden, das dann ruckartig wieder abgerissen wird. Reste werden mit einem Entfärbestift aufgenommen.

Anilinleder und Rauleder

Auf diesen Lederarten ziehen Flecken sofort ein und setzen sich im Leder fest. Für Fett- oder Ölflecken kommt ein fettabsorbierendes Spray zur Anwendung, bei Flecken, die durch wasserhaltige Flüssigkeiten entstanden sind, wie Limonade, Kaffee etc., kommt man meist um eine Komplettwäsche mit einem geeigneten Lederwaschmittel nicht umhin, da der Fleck durch Reiben oder Tupfen mit Wasser nur noch größer wird.
Kleidungsstücke oder Ledermöbel die durch Hautkontakt und Schweiß speckig geworden sind müssen komplett in der Waschmaschine gewaschen werden oder ganzflächig mit geeignetem Lederwaschmittel behandelt werden. In beiden Fällen empfiehlt sich die vorherige Verwendung eines Farbfixieres damit es nicht zu Verfärbungen kommt. Auf die verfleckte Stelle kann schon vor dem Waschgang etwas Lederwaschmittel direkt aufgetragen und eingewalkt werden, das verbessert das Ergebnis.
Bei Rauledern erzielt man mit einer Raulederbürste oder einem Lederradierer gute Ergebnisse sofern es sich um Straßenschmutz oder Staub handelt. Bei Kugelschreiberstrichen kann mit einem Lederschleifpad gearbeitet werden. Vorsicht mit dem Kreppband bei Rauledern, da die Fasern abgerissen werden könnten.

Wichtigste Regel:
Nach jeder Fleckentfernung oder Reinigungskur ist das Leder wieder zu pflegen, um es mit frischen Nährstoffen zu versorgen!

Besonders die komplette Entfernung von Fett- und Rotweinflecken ist schwierig. Ist man sich nicht sicher wie ein Fleck am besten zu behandeln ist, so empfiehlt sich im Zweifel immer der Gang in eine Spezialreinigung!

Colourlock-Fettfleckenentferner funktioniert auf allen Ledern.

Schuhpflege-truhen und -kisten

Den Ignoranten unter den Schuhpflegern reicht es sicher, die Tube Schnellglanzmittel in die Sockenschublade zu stopfen, den Pragmatikern und Ästheten jedoch keinesfalls. Viele namhafte Hersteller bieten sowohl kleinere Schuhpflegekisten für die notwendigsten Pflegeutensilien als auch große Schuhpflegetruhen an, die keine Wünsche offen lassen.

Schuhpflegekisten für den privaten Haushalt

Schuhpflegekisten oder -boxen für den privaten Haushalt gibt es in vielen unterschiedlichen Größen und Ausführungen. In der gehobenen Kategorie kann aus einer Reihe edler Hölzer und unterschiedlicher hochwertiger Befüllungen gewählt werden. Wichtig ist jedoch, dass alle zur regelmäßigen Schuhpflege benötigten Utensilien ordentlich an einem Platz zu finden sind und das auch noch auf meist dekorative Art und Weise. Zur Befüllung gehört auf jeden Fall eine **Grundausstattung** von:

1 Dose Schuhcreme der gängigsten Farben
1 Schmutzbürste
1 Auftragbürste pro Farbe
1 Polierbürste
2 Tücher
1 Lederreiniger
1 Veloursbürste
1 Velourspflegemittel
1 Lederöl
1 Neutralcreme

Schuhpflegetruhen für den privaten Haushalt

Große Schuhpflegetruhen sind etwas für Schuhpflege- und Raumästheten, denn aufgrund der durchaus respektablen Größen stellen die Truhen veritable Möbelstücke dar, die sich schlecht wegräumen oder verstecken lassen. Aus diesem Grund werden sie meist in dekorativen und hochwertigen Holzausführungen wie Walnusswurzelholz, Mahagoni oder Makassar hergestellt. Wenn sie gut durchdacht sind, haben sie oben eine Arbeitsfläche und eine Schmutzschublade. Selbstverständlich besitzen sie eine **Schuhpflege-Vollausstattung**. Zur Befüllung gehören:

10 Dosen Hartwachspaste in den gängigsten Farben

10 Tiegel Emulsionscreme in den gängigsten Farben

10 Stielauftragbürsten
2 Polierbürsten, eine für dunkle Farben, eine für helle

Nubukbürste
Messingbürste für Veloursleder
Velourspflegemittel
Shoebone
Lederreiniger
Sohlenöl
Lederimprägniermittel
Lederfett
Eisspray
mehrere Poliertücher
Ersatzschnürsenkel
Schuhanzieher

Prinz Asfa-Wossen Asserate liebt nicht nur gepflegte Schuhe, sondern auch das Schuhpflegeaufbewahrungschränkchen von Royal Shoe Care.

Schuhpflegekisten für den privaten Haushalt

Wer gerne Ordnung hält und sich dabei gerne auf das Wesentliche beschränkt, hat seine Pflegeutensilien an einem Platz gelagert. Die elegante Lösung sind Schuhpflegekoffer und -kisten. Hier einige im Überblick.

Die Eduard Meier-Kiste hat alles dabei, sogar eine Pflegeanleitung.

La Cordonnerie Anglaise hat wohl die größte Auwahl.

Foto: Ed. Meier

Der Eduard Meier Pflegemittelkoffer für die Reise.

Dieses La-Cordonnerie-Anglaise-Kistchen ist quasi das Starter-Set.

Während diese La Cordonnerie Anglaise-Kiste schon etwas von einem edlen Waffenkoffer hat.

Mit dieser Kiste von La Cordonnerie Anglaise wird sogar eine Lady zum Schuhpflegenarr.

Schuhpflegekisten und -truhen für den privaten Haushalt

Alvoro Design hat ein cleveres und sehr elegantes System zur Schuhaufbewahrung entwickelt, mit Lüftung und Tableau zum Abstellen von Schuhen.

Die Dasco-Pflegekiste bestückt man selbst. Sie hat seitlich große Messinggriffe, wodurch man sie gut transportieren kann.

Von Tonino gibt es verschiedene Kisten. Diese hier ist die variabelste. Vorsicht, die Dame des Hauses könnte eine eigene wollen!

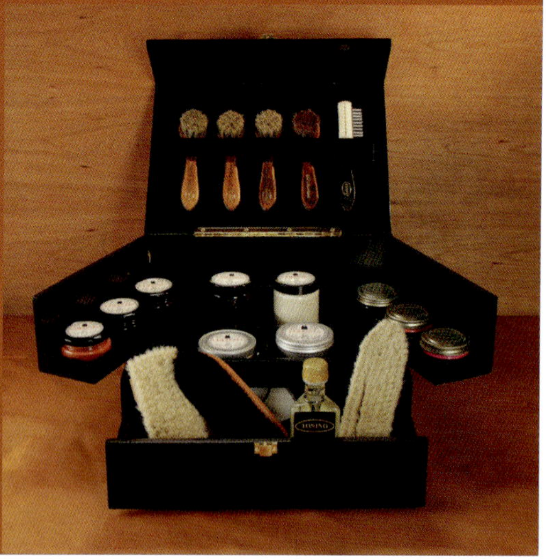

Die Alvoro Design-Kiste macht auch geschlossen was her.

Alvoro Design hat eine sehr schöne und praktische, mit Leder bezogene Pflegekiste entwickelt, in der so einige Pflegemittel Platz haben.

Die La Cordonnerie Anglaise-Kisten sind mit praktischen Ledertragegriffen versehen.

Schuhpflegeservice in Hotels

Wer einmal gesehen hat,dass selbst in angeblich erstklassigen Hotels Schuhputzmaschinen der übelsten Sorte stehen oder wer erleben musste, dass der – falls vorhandene – Schuhputzservice des Hotels die geliebten Lackschuhe mit regulärer Schuhcreme übelster Machart schlichtweg ruiniert hat, wird sachkundige und geschulte Mitarbeiter für diese, zwar im Verborgenen ablaufende aber durchaus wichtige Tätigkeit, sehr zu schätzen wissen. Es ist erschreckend, welche Ausstattung den Hotelmitarbeitern zur Schuhpflege vielerorts zur Verfügung gestellt wird. Meist handelt es sich um billigste Pflegemittel, die inklusive eventuell vorhandener Bürsten und Lappen alle durcheinander in einer kleinen Kiste liegen, mit der von Tür zu Tür gegangen wird. Die Schuhe werden dann von dem Mitarbeiter auf dem Boden kniend geputzt. Dass diese Situation für die Motivation des Schuhpflegepersonals gelinde gesagt suboptimal ist und sich daher auch kein gutes Arbeitsergebnis einstellt, dürfte jedem einleuchten. Das Hotel könnte sich in diesem Fall die Beschäftigung der Mitarbeiter gleich sparen. Ein solcher „Service" kann nicht einmal mehr in den Bereich der pragmatischen Schuhpfleger eingeordnet werden.

Hotels, die Wert auf zufriedene Gäste legen und den ausführenden Angestellten die Wertigkeit ihrer Arbeit vermitteln möchten, sollten als Erstes in gute Pflegemittel und dann in fachkundige Schulung des Personals investieren. Himer Maßschuhe oder Royal Shoe Care bieten in Hotels teils zweitägige Intensivschulungen des Schuhpflegepersonals an, in denen jedes Schuhpflegeproblem zur Sprache kommt. Erstklassige Häuser, die einen unter optimalen Bedingungen stattfindenden Pflegevorgang wünschen, sollten die Anschaffung einer Royal Shoe Care Station, ein großer All-inclusive-Schuhpflegerollwagen, erwägen, die speziell für Hotels entwickelt wurde. Sie wird einfach von Tür zu Tür gerollt, hält alle Pflegemittel und eventuell nötige Ersatzschnürsenkel griffbereit, besitzt eine robuste Arbeitsfläche in angenehmer Höhe und ist mit einer Schmutzschublade ausgerüstet.

Gäste-Schuhsack im Carlton Hotel in St. Moritz.

Der Hausbutler rollt die Royal Shoe Care-Station von Tür zu Tür.

Im Carlton Hotel in St. Moritz wird in Sachen Schuhpflege nichts dem Zufall überlassen.
Alle Hausbutler wurden in einem 2-tägigen Seminar bestens in Sachen Schuhpflege von Axel Himer geschult. Die Royal Shoe Care Station hält für jeden Pflegefall das richtige Mittel parat. In Baden-Baden pflegt auch Brenners Parkhotel und Spa mit R.S.C.- Station sowie das Sofitel Bayerpost in München.

Lederpflegeseminare für Besser-Pfleger

Den Ästheten unter den Schuhpflegern, die einmal sehen und lernen möchten, wie Schuhe von Fachleuten gepflegt werden, seien die Schuhpflegeseminare von renommierten Maßschuhmachern oder Pflegefachleuten empfohlen. Dort wird in lockerem Rahmen jedem Schuhpflegeproblem auf den Grund gegangen. Für Gruppen können Sondertermine vereinbart werden, sodass man unter sich ist. Solche Seminare sind lehrreich und unterhaltsam zugleich. Der wohl exklusivste Schuhpflegezirkel ist der „Swann" Club von Olga Berluti in Paris, der einmal pro Jahr abgehalten wird. Dieser ist sicher nicht ohne Hintergedanken nach Marcel Prousts Romanfigur, dem jüdischen Lebemann Charles Swann, benannt. Bei Veranstaltungen dieses Clubs, der zumeist in führenden Fünf-Sterne-Hotels stattfindet, wird Champagner nicht nur getrunken, sondern angeblich werden auch die Schuhe damit geputzt.

Wer es nicht ganz so abgehoben, aber fachlich ebenfalls auf höchstem Niveau haben möchte, wird mit den Schuhpflegeseminaren von Shoe Shine Coach, Eduard Meier und Royal Shoe Care bestens bedient. Die Seminare des Lederzentrums vermitteln dem Interessierten umfangreiches Wissen über die Pflege von Ledermöbeln, Automobilleder und Lederwaren im Allgemeinen.

Peter Meier hält seit über 20 Jahren Seminare.

Das Lederzentrum schult für Automobilleder- und Möbellederpflege sowie Smart-Repair-Bereich.

Auch Rainer Ersfeld schult Schuhpflege-Enthusiasten.

Axel Himer gibt sein Pflegewissen an Profis und Laien weiter.

Erlerntes sofort umsetzen, das gibt Sicherheit im Umgang mit den Pflegemitteln.

Gemeinsames Pflegen ist auch kommunikativ. Seminare gibt es ab 4 Stunden bis 2 Tage für Profis.

Schuhliebhaber Mick Knauff, Deutsches Anleger Fernsehen, beim Pflegeseminar von Saphir Importeur Torsten Dickmann.

Schuhe auf Reisen

Wer seine Schuhe auch auf Reisen möglichst werterhaltend behandeln möchte, kommt um ein paar einfache, aber grundlegende Erwägungen nicht herum. Zuerst sollten immer Strecker in den Schuhen sein, leichte Reiseschuhstrecker sind ausreichend. Wer trotz allem nicht so viele Strecker mitnehmen möchte, kann einen Strecker für die jeweils gerade getragenen Schuhe verwenden und die übrigen mit Zeitungspapier ausstopfen.

Als Transportbehältnis sind atmungsaktive Schuhbeutel empfehlenswert, keinesfalls luftdichte Plastiktüten. Ein Schuhpflegeset für unterwegs, wie es von vielen Herstellern angeboten wird, sollte ebenfalls immer mitgeführt werden. Je nach Dauer der Reise sollte es gefüllt sein mit:

1 Dose Schuhcreme für die wichtigste Farbe
2 Auftragbürsten
(am besten die kleinen Tiegelbürsten)
1 kleine Polierbürste
1 Tuch
1 Reiseschuhanzieher
1 Raulederbürste

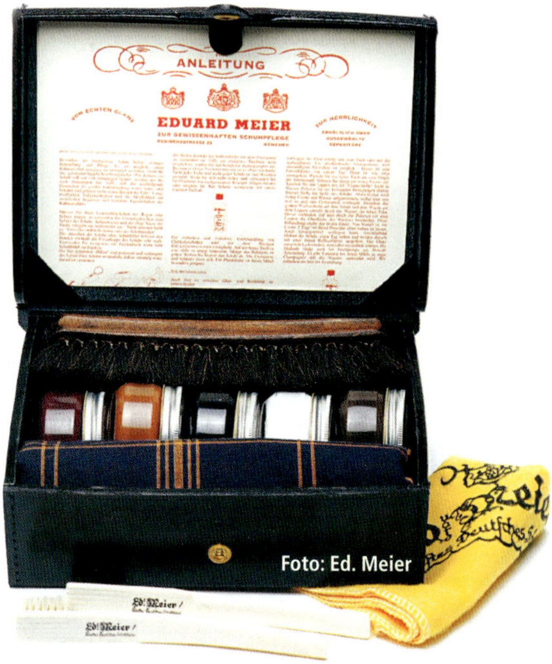

Eduard Meier bietet schöne Reisesets aus Leder, die mit dem Nötigsten ausgestattet sind.

La Cordonnerie Anglaise hat bei Reisesets eine sehr große Auswahl, wir konnten nicht alle zeigen.

Schuhe sollten mit einem Klappspanner oder Kunststoffspanner ausgefüllt sein, wegen des Gewichtes. Die Schuhe im Schuhsack reisen zu lassen, schützt die Kleidung. Ein Reiseset mit den nötigsten Pflegemitteln und Ersatzschnürsenkeln sollte ebenfalls immer dabei sein.

Schuhputzer von Berlin bis Los Angeles

EINLEITUNG

Schuhputzer waren bis circa 1940 in Deutschland etwas ganz Alltägliches. Doch dann traf sie das gleiche Schicksal wie beispielsweise Tankwarte, Gepäckträger und viele andere, die ihre Dienstleistungen in der Öffentlichkeit ausübten und deren Berufe nach und nach von der Bildfläche verschwanden. Meiner Meinung nach sind der Sozialneid und der „schleichende Sozialismus", die in Deutschland seit Ende des Zweiten Weltkriegs Einzug gehalten haben, Ursache dafür, dass es heute nicht mehr als schicklich gilt, sich in der Öffentlichkeit bedienen zu lassen. Wer es dennoch wagt, sich auf einen Stuhl der wenigen, seit kurzem wieder anzutreffenden Schuhputzer zu setzen, kann sich der sofort einsetzenden strafenden Blicke seiner Mitmenschen gewiss sein. Denn schließlich gehört er damit zum Großkapital, die die arme Arbeiterklasse bis aufs Blut ausbeuten.

Was die Tankwarte angeht, so kann man nur sagen, dass bei den heutigen Spritpreisen nicht nur die Bedienung, sondern auch gleich noch ein Kaffee und eine Mahlzeit im Preis inbegriffen sein müssten.

Wer Gepäckträger in Anspruch nimmt, zeichnet sich natürlich sofort durch große Bequemlichkeit und Faulheit aus, denn schließlich kann jeder, der zwei Arme hat, sein Gepäck gefälligst selbst tragen. Es sei denn, es handelt sich um alte oder gebrechliche Menschen, aber wehe dem Gepäckträger, der es wagt, von ihnen Geld zu verlangen. Hier gebietet es natürlich der Anstand, diesen das Gepäck aus Gefälligkeit zu tragen. Viele Taxifahrer sehen sich natürlich ebenfalls nicht als Gepäckträger, weshalb sie dem Fahrgast bestenfalls noch den Kofferraum öffnen, damit dieser sein Gepäck selbst verstauen kann. Wenn sie es doch selbst tun, wird dafür beim Bezahlen erwartet, dass dieser „außergewöhnliche" Service mit einem besonders großzügigen Trinkgeld honoriert wird. Einem vernünftig denkenden Menschen erschließt sich hier der gesellschaftliche Fortschritt nicht wirklich. Das weitgehende Verschwinden solcher Dienstleistungen hat entscheidend zu der viel zitierten „Servicewüste Deutschland" beigetragen. Es ist wirklich überhaupt nichts Ehrenrühriges daran, derartige Dienstleistungen in Anspruch zu nehmen – mit ungeputzten Schuhen herumzulaufen ist jedoch sehr wohl eine Beleidigung der Mitmenschen. Das Sozialstigma, das diese Berufsgruppen trifft, sollte eher auf Bankvorstände angewandt werden. Schließlich hat niemand ein Problem damit, sich die Post nach Hause liefern zu lassen, die ja auch selbst vom Postamt abgeholt werden könnte oder sich im Restaurant bekochen und bedienen zu lassen, denn man könnte ja zuhause auch selbst kochen. Bedenkt man die Freundlichkeit der Bedienung, so ist dies eine Einstellung, die vor allem in Restaurants der ehemaligen DDR weit verbreitet gewesen sein muss. Man sollte sich nur dann schämen, diese Dienstleistungen in Anspruch zu nehmen, wenn man nicht gewillt ist, sie angemessen zu entlohnen, denn dies sind alles ehrliche Tätigkeiten, die bei guter Ausführung einen Anspruch auf Honorierung haben.

Nicht zuletzt weisen viele erfolgreiche Karrieren zu Beginn eine Tätigkeit als Schuhputzer auf und es hat noch niemandem in irgendeiner Weise geschadet sie auszuüben. Exemplarisch seien hier nur der millionenschwere Diamantenhändler Ludwig Nissen genannt, der als deutscher Auswanderer im New York des 19. Jahrhunderts Schuhe geputzt hat, der ehemalige Boxweltmeister im Schwergewicht Larry Holmes sowie

Schuhputzer Peter Wiggins,
Shoe Shine Downtown, Los Angeles

Luiz Inácio Lula da Silva, der es sogar bis zum Präsidenten seines Heimatlandes Brasilien gebracht hat. Der elfjährige äthiopische Schuhputzer Tutobo Repigo bringt das Missverhältnis sehr gut auf den Punkt: „Mein Volk sieht meistens den Wert meiner Arbeit nicht, deshalb schauen die meisten auf uns Schuhputzer herab. Aber gerade der Schuhputzer braucht euren Respekt."

Natürlich ist die Situation in Ländern, in denen Kinderarbeit herrscht, eine andere. Nichtsdestotrotz sei dem Leser an dieser Stelle jedoch versichert, dass die Autoren, die als Maßschuhmacher von Natur aus viele Schuhe putzen und auch schon als Schuhputzer auf Messen und Events mit ihrem Stand waren, mitnichten das Gefühl hatten, eine minderwertige oder gar überflüssige Arbeit zu verrichten. Und bei Tageseinnahmen von über 300 Euro kann auch nicht von einer beruflichen Sackgasse die Rede sein.

In diesem Sinne hoffen wir, dass der Service von Schuhputzern und anderen Dienstleistern wieder verstärkt in Anspruch genommen wird. Nachfolgend werden einige typische und weniger typische Vertreter dieser Branche vorgestellt.

„Kaiser" Franz Beckenbauer nutzte den Royal Shoe Care Chair für seine Charity Golfturniere.

Beim Deutschen Fernsehpreis ließ sich Sonya Kraus mit Gold die Riemchen pflegen.

ZDF Nachrichtenmann Claus Kleber schätzt guten Service.

Bei der SWR Sendung „Kaffee oder Tee" war Axel Himer als Fachberater in Sachen Schuhpflege geladen und beantwortete live die Zuschauerfragen zum Thema.

Event-Schuhputzservice Nitschmann

Jürgen Nitschmann übt seine Tätigkeit als Schuhputzer seit 1995 im Messe- und Unterhaltungssektor aus. Er sieht sich nicht als absoluten Profi, sondern als Schnittstelle zwischen dem Auftraggeber und dessen Kunden. Dies bedeutet jedoch nicht, dass die Schuhpflege in Arbeit und Ergebnis schlecht ausfällt. So ließ sich auf einer Messe ein Herr die Schuhe pflegen, der vom Ergebnis so begeistert war, dass er fragte, ob er nicht seine restlichen Schuhe kurz vorbeibringen dürfe, damit diese auch gereinigt würden. Nachdem ihm gesagt wurde, dass das kein Problem sei, kam er mit sage und schreibe zwölf Paar Schuhen vorbei.

Aufbau, Deko-Artikel und Kostüme sind authentisch im Stil der 1920er Jahre gehalten, und auf freundliche und zuvorkommende Behandlung der Kunden wird größter Wert gelegt.

Der Event-Schuhpflegeservice Nitschmann kann zu sämtlichen Veranstaltungen bundes- und weltweit gebucht werden.

www.der-schuhputzer.de

Burgol

Das Nitschmann-Team pflegt den Kunden die Schuhe …
… nicht nur sehr gut, sondern auch sehr stilvoll.

SPS Schuhpflege Service

Thomas Ganick ist seit 2004 „Schuhputzer aus Berlin und Leidenschaft". Damals war er arbeitslos und hatte keine Lust mehr, in seinem alten Beruf zu arbeiten. Von den 2.000 Euro Teilnahmehonorar an einer medizinischen Studie kaufte er sich seine erste Schuhputzausrüstung. Keiner der verschiedenen Jobs, die er in seinem Leben schon gemacht hat, hat ihn so erfüllt wie dieser. Er erklärt sich das so, dass er einerseits immer intensiven Kontakt mit interessanten Menschen hat und andererseits, weil das Ergebnis seiner Arbeit immer sofort sehen kann und eine positive Resonanz dafür bekommt. Denn schließlich steht die Zufriedenheit seiner Kunden für ihn an oberster Stelle. Der Schuhpflege Service kann für alle denkbaren Veranstaltungen gebucht werden, solange für den Veranstalter die Qualität der Arbeit im Vordergrund steht. Eine angenehme und unterhaltsame Konversation entsteht dann von allein.
Neben der Schuhpflege vor Ort wird auch ein Abhol-

Thomas Ganick ist Schuhputzer aus Leidenschaft.

und Bring-Service für Firmen und Privatpersonen angeboten. Ein deutschlandweiter Pflegeversand sowie die Annahme von Schuhreparaturen, die von einem Schuhmachermeister ausgeführt werden, runden das Angebot ab.
www.mein-schuhputzer.de

Listros e.V.

Ein besonderes Projekt ist Listros e.V., ein gemeinnütziger Verein in Berlin, der 2003 von dem Äthiopier Dawit Shanko gegründet wurde. Ziel des Vereins ist es, die Lebensumstände der Kinder und Jugendlichen, die in Äthiopien als Schuhputzer arbeiten und „Listros" genannt werden, zu verbessern. Mit Unterstützung von Kiwi und anderen Firmen wurden 3500 Schuhputzkisten nach Deutschland gebracht und ausgestellt. Im Gegenzug ermöglichte man den Kindern unter Anleitung von Schreinern und Stellung der Materialien, sich neue Schuhputzkisten zu bauen. Die alten können zu einem Preis von 2.500 Euro erworben werden. Von dem Verkaufserlös fließen 50% als Startkapital an die Listros Bank in Äthiopien, die restlichen 50% werden vom Verein für Aktionen und Ausstellungen verwendet. Die Ausstellung Perspektivwechsel von Listros e.V. wurde am 26.10.2010 von Bundespräsident Christian Wulff eröffnet.
www.listros.de

Bundespräsident Christian Wulff mit Listros e.V.-Gründer Dawit Shanko.

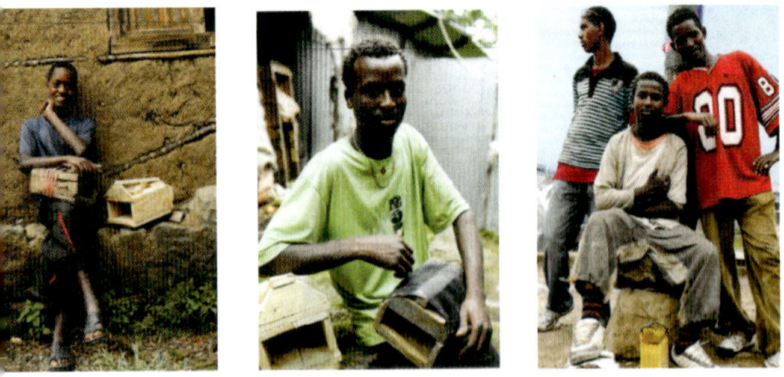

In Äthiopien ist Schuhputzer ein Überlebensjob.

Ein Listro mit seiner neuen Kiwi-Pflegekiste.

Bundespräsident Christian Wulff eröffnete die Ausstellung „Perspektivwechsel" von Listros e.V. am 26. Oktober 2010 in den Arkaden am Potsdamer Platz in Berlin.

Reitsport

EINLEITUNG

Pferde werden seit Jahrtausenden als Arbeits- und Nutztiere gehalten und seit Jahrhunderten dienen sie beispielsweise auf verschiedensten Reitsportturnieren und im Freizeitbereich dem menschlichen Vergnügen. Schon die Nomadenvölker Zentralasiens, die alten Kelten, die Römer und die Griechen des Altertums machten sich Pferde für Landwirtschaft, Transport und militärische Zwecke nutzbar. Das Großreich Dschingis Kahns wurde vom Rücken der Pferde aus erobert, und Alexander der Große benannte eine ganze Stadt nach seinem Pferd Bukephalos, das ihn von Makedonien bis nach Indien getragen hatte. Der römische Kaiser Caligula (zu dt.: „Stiefelchen", abgeleitet von Soldatenstiefeln, die er schon als Jugendlicher trug. Zu Lebzeiten wurde er jedoch nie so genannt, das wäre lebensgefährlich gewesen.) hat seinem Lieblingspferd Incitatus (zu dt. „Heißsporn") nicht nur einen eigenen Marmorpalast erbaut, sondern wollte es auch zum Konsul ernennen.

Die Zucht der edlen Araberpferde lässt sich angeblich auf die fünf Stuten Hamdaniyah, Hadbah, Abayyah, Saqlawiyah und Kuhaylah zurückführen, die sich gegenüber dem Propheten Mohammed durch besondere Treue auszeichneten und von ihm gesegnet wurden. Ein Nachfahre dieser Stuten, der Hengst Darley Arabian, der 1705 nach England kam, gilt als Stammvater der Rasse des englischen Vollbluts.

Am 18. Juni 1815 starben bei der Schlacht von Waterloo nicht nur 47.000 Menschen, sondern auch zahllose Pferde, darunter das Schlachtross Napoleon Bonapartes, ein Schimmel namens Marengo. Dieser wurde von dem englischen Oberkommandierenden Arthur Wellesley, dem I. Duke of Wellington als Trophäe nach London gebracht, wo seine Knochen angeblich heute noch in einem Museum ausgestellt sind. Seinem eigenen Schlachtross, der Stute „Copenhagen", die 1836 starb, war Wellington sehr viel gnädiger gesinnt. Er ließ sie mit allen militärischen Ehren begraben. Aber auch die Preußen, die bei der Schlacht von Waterloo unter dem Oberkommando des Generalfeldmarschalls Gebhard Leberecht Fürst Blücher von Wahlstatt (nach dem auch das Schuhmodell Blücher von Wahlstatt benannt wurde) an der Seite Englands standen, hatten Verluste unter ihren Schlachtrössern zu verzeichnen. So wurde Blüchers Stabschef Generalfeldmarschall August Graf Neidhardt von Gneisenau während der Schlacht gleich zweimal das Pferd erschossen.

Das bis heute wohl bekannteste Rennpferd ist „Man o' War", das von 1917-1947 lebte und 1999 als Rennpferd des Jahrhunderts ausgezeichnet wurde. Man o' War hat in seiner Laufbahn zwanzig von einundzwanzig Rennen und 249.465 Dollar Preisgeld gewonnen – zu einer Zeit als ein Ford Model T gerade einmal 400 Dollar kostete. Auch das amerikanische Rennpferd „Seabiscuit" gelangte in den Dreißigerjahren zu großer Berühmtheit und lief unter anderem gegen „War Admiral", einen Nachkommen Man o' Wars. 2003 setzte Hollywood Seabiscuit in Form eines Films ein Denkmal.

Eines der berühmtesten deutschen Rennpferde ist „Oleander", welcher bis heute als Einziger neben der Stute „Kincsem", den Großen Preis von Baden dreimal von 1927-1929 gewinnen konnte. Ihm zu Ehren taufte das ehrwürdige Brenner's Park-Hotel in Baden-Baden seine Bar „Oleander Bar". Wer dort ein Getränk zu sich nimmt, bemerkt an der Wand ein Gemälde des berühmten Fuchshengstes.

Als Filmpferd hat es wohl „Beauty" zu unübertroffener Berühmtheit gebracht. Es spielte die Hauptrolle in Black Beauty, Fury und in Giganten neben Elizabeth Taylor und James Dean.

Team Epona-Polosport Kapitän Uwe Töns mit seinem Pferd Mimosa zeigen deutlich auf, was Sattel und Zaumzeug so aushalten müssen.

Bei manchen Stämmen der Indianer Nordamerikas wurden hochgestellte Persönlichkeiten, insbesondere Häuptlinge, auf ihrem toten Pferd sitzend begraben.

Man kann ohne Übertreibung sagen, dass die Haltung der Pferde als Nutztiere den Fortschritt und die Zivilisation der Menschheit entscheidend beschleunigt und in hohem Maße bereichert hat. In vielen Ländern der Dritten Welt ist das Pferd noch immer ein unverzichtbares Arbeitstier in der Landwirtschaft und als Reit- und Zugtier unabkömmlich. Auch die Gauchos Argentiniens und die Cowboys der USA können nur mithilfe des Pferdes die dortigen riesigen Rinderherden lenken und überwachen. Selbst in den modernen Armeen der Schweiz und Österreichs und auch in einer kleinen Unterabteilung der Gebirgsjäger der Bundeswehr gibt es noch Pferde, die als Lasttiere auf unwirtlichen Gebirgspfaden eingesetzt werden.

Der Argentinier Eduardo Romero ist Groom und Polospieler bei Epona-Polosport und gab uns wertvolle Pflegetipps.

Bedenkt man, dass bei einer weltweiten Gesamtpopulation von über 60 Millionen Pferden in Deutschland über eine Million Pferde und Ponys leben sowie fast zwei Millionen Reiter und noch viel mehr Reitsportfans, wird deutlich, dass der Reitsport und die gesamte „Pferdebranche" vom Fan bis zum Züchter immer noch einen beachtlichen Stellenwert in unserer Gesellschaft besitzt. Dies schlägt sich auch in einer nahezu unüberschaubaren Anzahl von Ausrüstungsgegenständen nieder, die meist aus Leder gefertigt sind.

Sättel

Sättel gibt es in einer fast unüberschaubaren Vielzahl. Es gibt sie als Dressursättel, Springsättel, Vielseitigkeitssättel, Westernsättel, Militärsättel, Rennsättel, Damensättel und Packsättel. Wer besonders wertvolle maßgefertigte Sättel besitzt, dem wird kein Pflegeaufwand zuviel sein.

Sättel unterliegen zwangsläufig einer hohen mechanischen Belastung und kommen bei Ausritten mit Regen und Pferdeschweiß in Berührung, welche die schützende Fettschicht des Leders immer wieder angreifen und zerstören. Für die regelmäßige Pflege ist daher tatsächlich die rückfettende Sattelseife am besten geeignet. Sie enthält reinigende, pflegende und rückfettende Inhaltsstoffe. Die Sattelseife wird mit einem feuchten Schwamm in kreisenden Bewegungen auf das Leder aufgetragen. Wichtig ist insbesondere auch die Reinigung der Unterseite des Sattels und des Gurtzeugs, das direkten Hautkontakt mit dem Pferd hat. Für eine gründlichere Pflege wird nach der Reinigung der trockene Sattel mit einem Lederbalsam oder Lederöl gepflegt, das ebenfalls mit einem Schwamm oder einem Tuch aufgetragen wird.

Grundsätzlich kann auch ein Lederfett verwendet werden, hierbei ist jedoch wegen der starken Rückfettung darauf zu achten, dass überschüssiges Fett vor dem nächsten Benutzen mit einem sauberen Tuch abgenommen wird. Ansonsten kann es passieren, dass sich das Fett auf die Kleidung überträgt.

17. Juni, 1956, Olympiade in Stockholm.
Hans Günter Winkler im Parcours auf Halla.

Dies ist der originale Olympiasattel, den Waldhausen aus Köln für den mehrfachen Olympiasieger Hans-Günther Winkler anfertigte und daraus eine Sattelserie entwickelte. Der Sattel wird in dem hauseigenen Museum von Waldhausen ausgestellt.

Zweifarbige Sattelpflege

Die praktische Pferde-pflegemittelbox von Waldhausen muss man selbst befüllen.

Das Leder gut mit Lederreiniger einsprühen.

Den Reiniger gut einmassieren.

Für Faule gibt es Kombinationen von Reinigern & Pflegemitteln.

Der weiße Einsatz wird irgendwann unansehnlich.

Centralin Schuhweiß schafft hier Abhilfe.

Die weiße Farbe auf neutralen Untergrund geben …

… mit einem **Fetthaarpinsel** aufnehmen …

… und vorsichtig verstreichen. 24 Stunden trocknen lassen.

Sattelreinigung

Die Reinigung von Sätteln wird oft vernachlässigt, meistens nehmen die Reiter für alles Sattelseife. Es gibt aber mittlerweile sehr gute moderne Mittel, die ebenfalls ihre Berechtigung haben und zu besten Ergebnissen führen. Auf jeden Fall ist die Reinigung von Schmutz und Schweiß ein wichtiger Bestandteil der Pflege und sollte immer gründlich durchgeführt werden.

Lexol-Reiniger auf einen Schwamm auftragen …

… und dann gut in das Leder einmassieren.

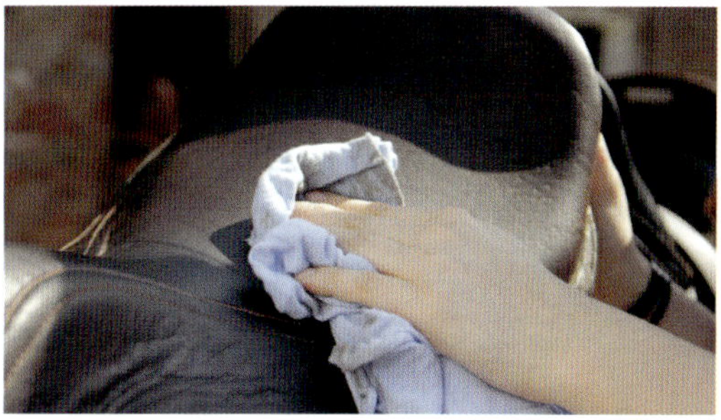

Mit einem weichen Tuch säubern und trocken reiben.

Man kann Reiniger auch direkt auftragen & einwirken lassen.

Dann mit einem Schwammreiniger mit Druck einbringen …

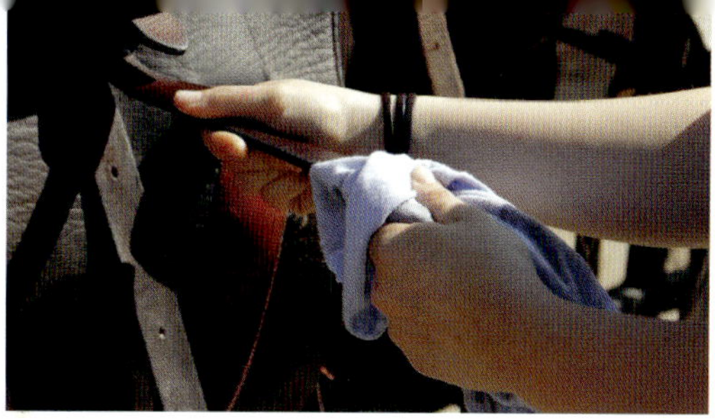

… und mit dem Tuch trocknen.

Sattelseife gibt es am Stück oder im Tiegel.

Die Seife hat eine reinigende und rückfettende Wirkung.

Die Effax-Pflegecreme ist für Reisen hervorragend geeignet.

Sie reinigt und pflegt, ohne dass man Wasser braucht.

Zaumzeug und Zügel

Zaumzeug und Zügel werden generell ebenso gereinigt und gepflegt wie Sättel. Da sie jedoch aufgrund ihrer geringen Breite schlecht zu bearbeiten sind, empfiehlt es sich, zur Reinigung eine Seifenlauge aus Sattelseife und Wasser in einem Eimer anzurühren und das Zaumzeug zügig unter Wasser mit einem Schwamm zu reinigen. Danach muss es bei Zimmertemperatur (oder auch im Stall) ausgiebig getrocknet werden, am besten über Nacht. Keine künstlichen Heizquellen verwenden! Anschließend trägt man etwas Pflegemittel (Lederöl, Lederbalsam oder Lederfett) auf ein Tuch auf, umschließt damit Zügel oder Zaumzeug und zieht diese durch das Tuch. Für die Zügel sollte besser kein Lederfett verwendet werden, da es nicht tief einzieht und die Zügel rutschig werden können. Außerdem bestehen manche Zügel zum Teil auch aus grobem Leinenmaterial, das Fett nicht so gut verträgt.

Das Zaumzeug lässt sich …

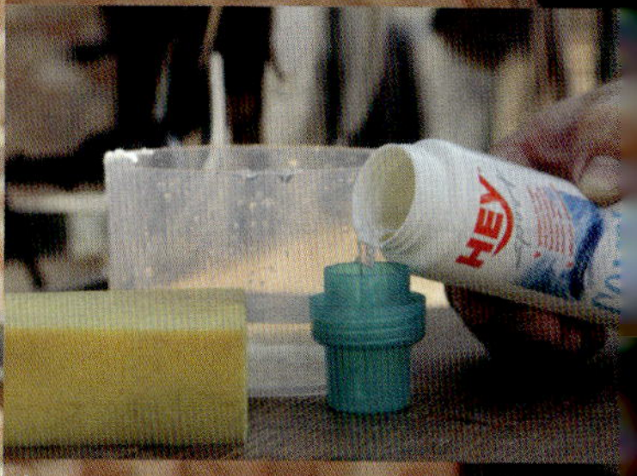

bestens mit dem Hey-Reiniger säubern …

… man kann damit auch gut …

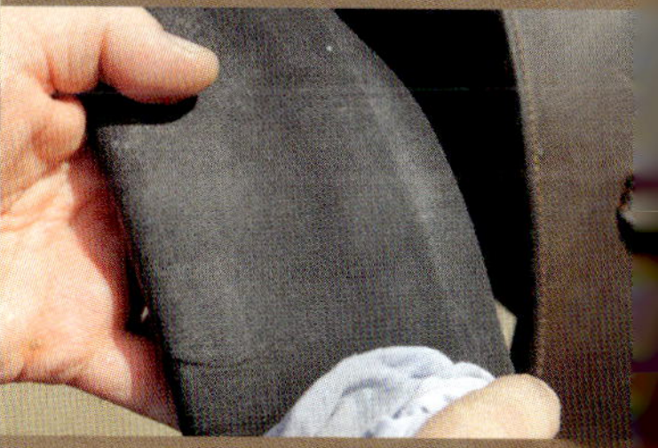

… Textilien schonend reinigen.

Die Pflegemitteltasche aus Stoff von Waldhausen ist nicht nur geräumig, sodass man alles mögliche an Reinigungs- und Pflegemitteln unterbringen kann, sondern sie ist, wie man sieht, sehr praktisch an ihrem Tragegurt aufzuhängen.

Sattelpflege

Für die Sattelpflege gibt es eine Vielzahl an Ölen, Fetten, Emulsionen und Imprägniersprays, die oft nicht genutzt werden. Da leider viele Reiter, wie schon erwähnt meine Sattelseife lange für die Pflege. Dem ist eben nicht so. Gerade im Reitsport wird der Sattel durch Schweiß und Abrieb stark beansprucht. Bei dem was ein guter Ledersattel kostet, macht Pflege wirklich Sinn.

B&E Lederöle gibt es in Schwarz und neutral.

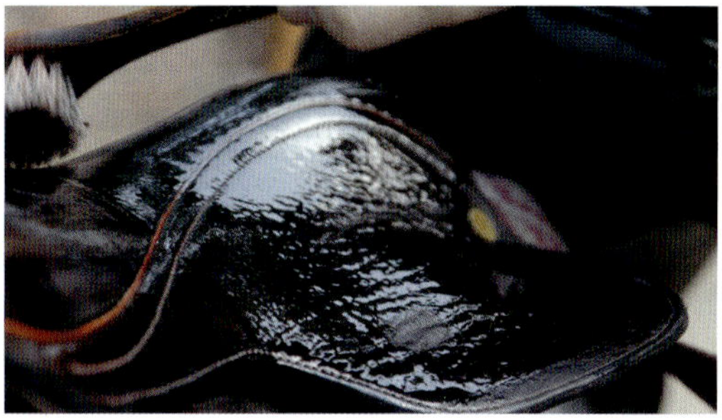
Bei dunklen Sätteln kann man gut schwarzes Öl nehmen.

Auch nicht sichtbare Stellen pflegen.

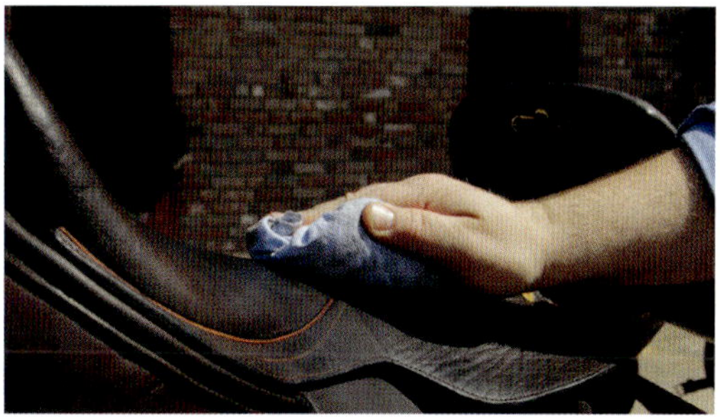
Nach einer 60-minütigen Trockenzeit den Sattel abreiben.

Ein weiches Tuch tränkt man mit Pflegeöl, …

… um es dann in kreisenden Bewegungen einzureiben.

Lederbalsam eignet sich gut zur Pflege zwischendurch.

Mit der Polierbürste den Sattel abpolieren.

Um den Sattel vor Verschmutzungen zu schützen,
kann man ihn beim Lagern auch einmal imprägnieren.

Polospieler – Ausrüstungspflege

Die Poloausrüstung ist sehr umfangreich und in der Pflege etwas problematisch, da traditionell gerne weiß getragen wird. Wie ein moderner Gladiator zu Ross kommt der Polospieler daher. Pflegen lässt er eigentlich von einem extra angestellten Pfleger, der sich auch um die Pferde kümmert. Meist sind dies Argentinier, da sie schon als Kind mit dem Polosport aufwachsen so wie wir mit Fußball groß werden. Diese wichtigen im Hintergrund arbeitenden Personen heißen Grooms. Aber diese pflegen am liebsten, wie schon öfter erwähnt, größtenteils mit Sattelseife. So wird es Zeit, dass die Grooms einmal von den fantastischen Möglichkeiten der modernen Lederpflege erfahren. Mittlerweile gibt es Versuche Polosport einem breiteren Publikum zugänglich zu machen, ohne dass man 8 Pferde besitzen muss. Volkssport wird es wohl trotzdem nicht werden, ist doch Springreiten dagegen geradezu ein echtes Schnäppchen.

Effax-Cremeseife auf einen Schwamm …

Erdal-Weiß deckt sehr gut.

… auftragen und den Helm reinigen.

Mit dem Sattelseifenblock kann man …

Mit der Bürste wird das Hey eingebracht.

Auch das Hey-Reinigungsmittel lässt sich gut verwenden, …

… die Knieschoner außen gut reinigen.

Bama-Fett auf die Schoner außen auftragen.

… gerade starke Verschmutzungen bringt es gut heraus.

Sattelseife aus dem Tiegel geht auch sehr gut.

Dann mit der Auftragbürste einmassieren.

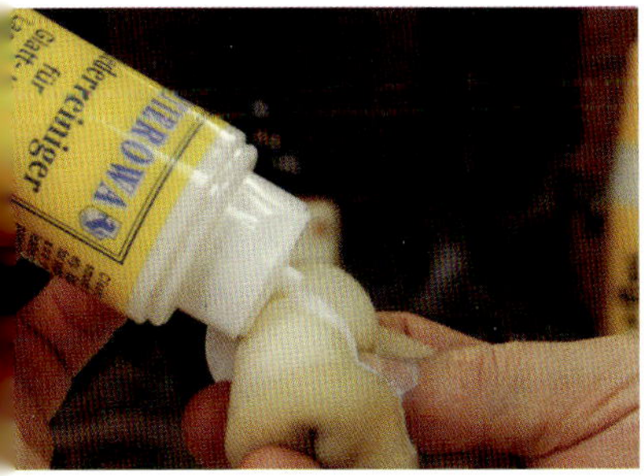

Tierowa Lederreiniger reinigt und pflegt.

B&E liefert den Schwamm im Behälter mit.

Wichtig ist, dass die Fette eingerieben auch mit Textilien in Kontakt kommen dürfen.

Polospieler – Ausrüstungspflege

Die Polostiefel werden auspoliert.

Staub mit Reinigungsbürste entfernen.

Grundreinigung entweder mit Hey Reiniger und Bürste …

… oder mit dem Lederreiniger von Eduard …

… Meier, der mit dem Schwamm eingebracht wird.

Den Rahmenbereich auch gründlich reinigen.

Stiefel gut mit dem Tuch sauber reiben.

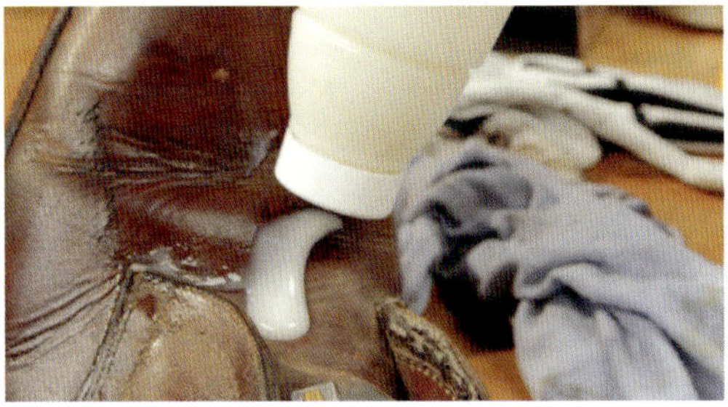

Auch die Cremeseife von Effax kann verwendet werden.

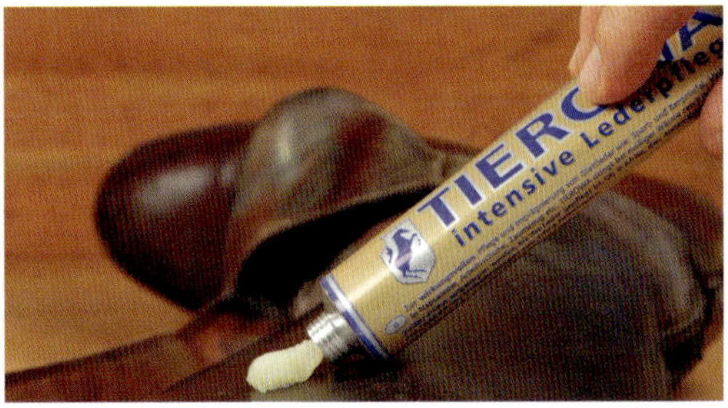

Tierowa Lederfett zur Tiefenpflege auftragen.

Für den Glanz Wachs auftragen.

Den Rahmen nicht vergessen.

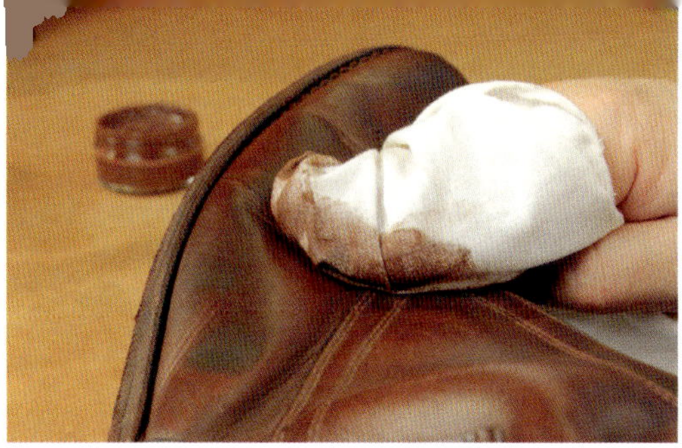

Creme oder Wachs mit Tuch aufpolieren.

Sohle mit grober Bürste reinigen.

Die Ledersohle mit Sohlenöl einlassen.

Die Polohandschuhe mit Hey reinigen.

Das positive Reinigungsergebnis ist klar erkennbar.

Reitstiefelpflege

Der Hey-Reiniger wird in die Messkappe gefüllt …

und mit Wasser vermischt, dann …

… wird die Sohle mit der Schmutzbürste gereinigt.

Emulsionscreme aus dem Tiegel nehmen …

Die Sohle mit Tuch trocken reiben.

… und dünn aufbringen.

Effax-Cremeseife auf ein Tuch geben …

Wachs mit der Auftragbürste aufnehmen.

… und die Stiefel intensiv reinigen.

Zu guter Letzt wird der Stiefel hochglanzpoliert.

Lederbekleidung

EINLEITUNG

Dank seiner hervorstechenden Eigenschaften wie Widerstandsfähigkeit, Atmungsaktivität bei gleichzeitiger Winddichtheit sowie Abriebfestigkeit wird Leder gerne zu Kleidungsstücken verarbeitet. Für viele Urvölker war und ist Leder immer noch das einzige Material zur Herstellung von Hemden, Hosen und Jacken. Raue Lebensumstände und extreme klimatische Bedingungen lassen meist gar keine Textilien zu, da sie viel zu empfindlich sind. Auch in der modernen Gesellschaft findet Lederkleidung nicht nur im Bereich der Arbeitskleidung Verwendung, sondern auch in der eleganten Freizeitkleidung und sogar bei festlichen Anlässen werden gern die beliebten Trachten getragen oder man denke nur an die bayerische Lederhose. Selbst feine Lederbekleidung ist in der Regel sehr widerstandsfähig und benötigt wenig Pflege. Durch das Tragen bleibt das Leder weich und geschmeidig und auch gelegentlicher Kontakt mit Regenwasser schadet normalerweise nicht.

Reinigung und Waschen generell

Stark verschmutzte oder speckig gewordene Lederbekleidung, egal ob Glatt-, Rau- oder Anilinleder, kann grundsätzlich mit Lederwaschmittel gewaschen werden. Alternativ zu Lederwaschmittel kann Wollwaschmittel oder flüssige Neutralseife verwendet werden. Eher empfindliche und leicht verschmutzte Leder wie Nappa besser per Hand, robustere und stärker verschmutzte Lederbekleidung wie Motorradbekleidung kann auch in der Waschmaschine, bei 30° Grad im Wollwaschgang, gewaschen werden. Bei der Handwäsche empfehlen sich mehrere Waschdurchgänge, um das Kleidungsstück gründlich zu säubern. Bei verschiedenfarbigen Kleidungsstücken oder Kleidungsstücken aus einem Leder-Textil-Mix kann es zu Verfärbungen und Auswaschungen kommen. Hier sollten sogenannte Farbfixierer für Leder benutzt werden, die Auswaschungen von Farb- und Gerbstoffen weitestgehend verhindern. Grundsätzlich sollten immer nur Stücke gleicher Farbe auf einmal gewaschen werden und bei Kombinationen immer alle Stücke zusammen, da sich sonst Farbunterschiede ergeben können. Die jeweiligen Waschanleitungen der Pflegemittel sind zu beachten. Der Trocknungsvorgang kann beschleunigt werden, indem man die nasse Bekleidung in ein Tuch einwickelt und das Wasser aus dem Leder herausdrückt, keinesfalls auswringen. Anschließend wird die Lederkleidung bei Zimmertemperatur über dem Wäscheständer liegend getrocknet, nicht über der Heizung oder bei direkter Sonneneinstrahlung. Nach etwa drei bis vier Tagen ist die Lederbekleidung wieder ganz trocken und etwas steif, was sich aber beim Tragen schnell wieder gibt. Das trockene Leder sollte dann gründlich neu imprägniert werden. Das Imprägniermittel sollte kein Silikon enthalten, da es die Poren verklebt und so die Atmungsaktivität beeinträchtigt. Kleidungsstücke, die unter der Lederoberfläche atmungsaktive Membranen besitzen, werden grundsätzlich genauso gewaschen, allerdings gibt es für sie spezielle Waschmittel, die nur für diese Leder-Textil-Mischungen geeignet sind.

Raulederbekleidung ist zwar empfindlicher als solche aus Glattleder, wird aber genauso gereinigt. Wegen der leichten Bildung von Wasserrändern bei nur teilweiser Reinigung empfiehlt es sich, bei der Durchführung von Handwäschen immer das ganze Bekleidungsstück zu durchfeuchten. Die glatt gedrückten Lederfasern des getrockneten Leders werden mit einer Kreppbürste (bei Nubukleder) oder einer Messingbürste (bei Veloursleder) wieder aufgerichtet. Anschließend gründlich imprägnieren.

Hirschlederbekleidung von der
Manufaktur Hack Lederwaren aus Köln.

Raulederpflege

Für Rauleder gibt es spezielle Tönungsmittel, keine Glattledertönungen verwenden. Diese werden entsprechend der jeweiligen Gebrauchsanweisung aufgebracht. Auch hier den Farbton an einer unauffälligen Stelle zuerst testen. Anschließend empfiehlt es sich, das Rauleder neu zu imprägnieren und mit einer Raulederbürste aufzurauen.

Speckige Stellen können mit der Raulederbürste aufgeraut und Flecken mit dem Raulederradierer entfernt werden. Etwa zweimal jährlich sollte das Kleidungsstück mit Flüssigimprägniermittel für Rauleder behandelt werden.

Bei sämischgegerbtem Hirschleder mit dem Radierer aufpassen!

Das Hirschleder vorsichtig mit der Veloursbürste reinigen.

Flecken mit dem Reinigungsschaum …

… besprühen und mit der Bürste einbringen.

Woly-Cleaner aufsprühen und mit …

… der Bürste vorsichtig einmassieren.

Ab und zu sollte die Hirschlederbekleidung imprägniert werden.

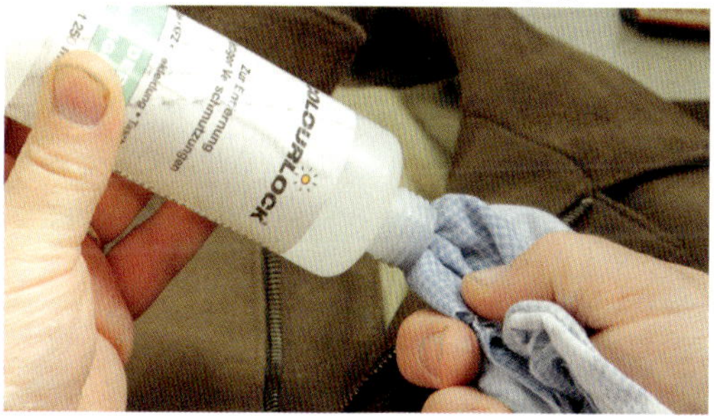

Flecken können auch mit Colourlock entfernt werden.

Wichtig! Nicht reiben, nur tupfen!

Glattlederpflege

Pigmentierte Glattlederbekleidung

Pigmentierte Glattleder werden zweimal jährlich mit Lederöl behandelt – es pflegt und imprägniert. Ist eine Farbauffrischung nötig, so kann für feine Lederbekleidung ein Farbauffrischer verwendet werden, vorher muss das Leder mit Reinigungsbenzin entfettet werden. Wer sich bei der Farbauffrischung nicht sicher ist, sollte einen Fachbetrieb aufsuchen. Für gröbere Motorrad- und Arbeitsbekleidung kann schwarzes Lederöl benutzt werden. Wie immer gilt auch hier, dass das Mittel erst an einer unauffälligen Stelle getestet werden sollte. Für die Reinigung wird ein Lederreiniger mit einem Schwamm aufgebracht.

Anilinleder

Für Anilinleder gibt es spezielle Pflegemittel, die es unempfindlich gegen Wasser machen. Spezielle Anilinprotektoren mit UV-Schutz verhindern das Ausbleichen und sind rückfettend. Zweimal jährlich sollten solche Anilinprotektoren angewendet werden. Da es sich bei Anilinleder um offenporiges Leder handelt, ist es sehr anfällig gegen Wasser und andere Flüssigkeiten, es ist daher besonders wichtig, dieses Leder gleich nach dem Kauf gründlich zu imprägnieren.

Farbauffrischung

Bei Ausbleichung oder größeren Kratzern kann eine Farbauffrischung vonnöten sein. Zuerst wird das Leder mit einem Lederreiniger gereinigt und anschließend mit Reinigungsbenzin entfettet. Dann wird die Ledertönung für Glattleder aufgebracht. Hierbei ist es sinnvoll, zunächst an einer unauffälligen Stelle zu testen, ob der Farbton stimmt. Die Gebrauchsanweisung ist zu beachten. Abschließend wird das Leder mit einem Lederöl oder einer Pflegemilch behandelt.

Glattleder-Rossjacke mit Kiwi pflegen.

Für dunkle Pflege eignet sich Collonil Schwarz.

Für die schnelle Pflege zwischendurch nimmt man ein Pflegetuch.

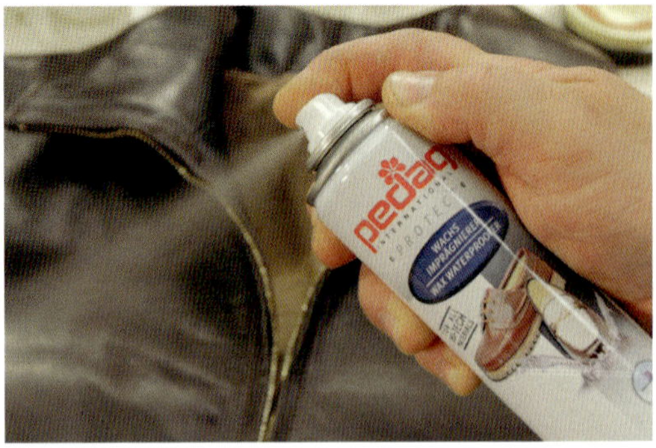

Eine Imprägnierung schützt vor Staub und Flecken.

Fettfleckenentfernung

Solch ein Fettfleck auf der Weste ist wohl der Supergau.

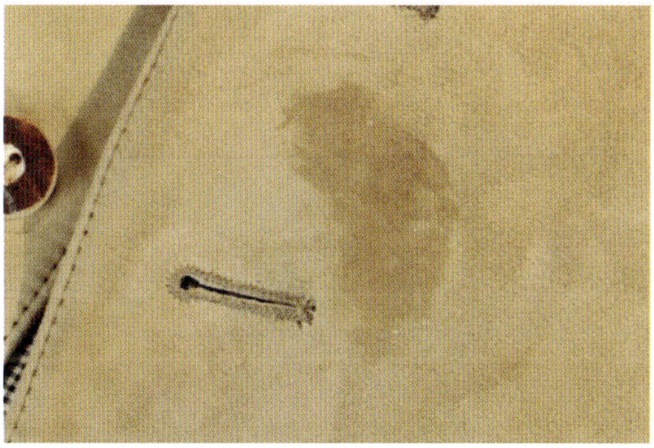

Den frischen Fleck nicht mit Haushaltsmitteln behandeln.

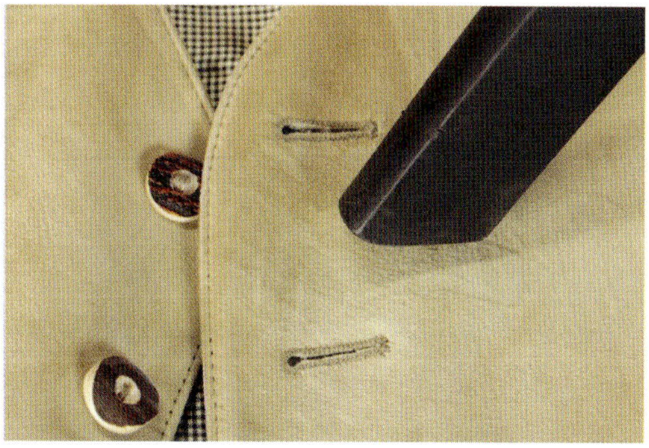

Nach einer dreißigminütigen Trocknungsphase absaugen.

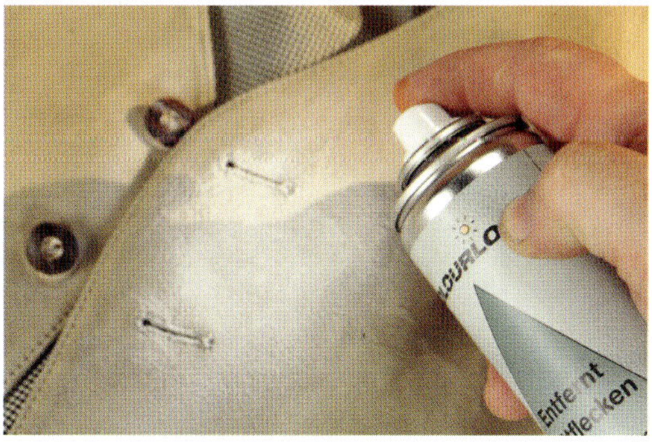

Colourlock-Fleckentferner aufsprühen.

Mit einer feinen Veloursbürste aufrauen.

Kennzeichnung für das Lederwaschen

An vielen Lederprodukten findet man Aufnäher oder Stempel mit Symbolen und Pflegeanleitungen. Die genaue Aussage der Symbole wird hier aufgeführt:

Lederhaut

Das Zeichen für echtes Leder schlechthin, meist mit dem Schriftzug „Echtes Leder" versehen. Doch was heißt das überhaupt?
In der RAL Vereinbarung 060 A2 des „RAL Deutsches Institut für Gütesicherung und Kennzeichnung e. V.", welche quasi gesetzlichen Charakter hat, wird „echtes Leder" folgendermaßen definiert:
„Als Leder, Echt Leder oder mit einem Ausdruck, der nach der Verkehrsauffassung auf Leder oder auf eine Lederart (Rindbox, Nappa, Nubuk, Saffian, usw.) hinweist, darf beim Angebot oder Verkauf nur ein Material bezeichnet werden, das aus der ungespaltenen oder gespaltenen tierischen Haut bzw. dem Fell durch Gerben unter Erhaltung der gewachsenen Fasern in ihrer natürlichen Verflechtung hergestellt ist."
Bei Leder mit einem Oberflächenüberzug beispielsweise aus Kunststoff, Folie oder Lack darf die aufgebrachte Schicht nicht stärker als 0,15 mm sein. Bei stärkerer Zurichtung oder Beschichtung gelten die Bezeichnungsvorschriften für Leder mit Beschichtung."

Lederbekleidung

Die Pflegeetiketten für Textilien werden teilweise analog für Lederbekleidung übernommen. Die Symbole sind genormt und gesetzlich geschützt. Die Pflegeetiketten geben die maximal mögliche Behandlung an, schonendere Behandlungen sind jederzeit durchführbar. Aus Gründen der Vollständigkeit muss immer zu jeder Pflegemethode eine Aussage gemacht werden. Die Reihenfolge der Angaben ist folgenderweise vorgeschrieben:

Waschen

Dieses Symbol gibt Auskunft darüber, ob das Kleidungsstück überhaupt gewaschen werden darf, egal ob von Hand oder in der Waschmaschine. Eventuelle Zahlen im Symbol geben die maximale Temperatur an, mit der gewaschen werden darf. Ist der Waschzuber einmal unterstrichen, so ist eine schonende Behandlung anzuwenden, also der Schonwaschgang bei Maschinenwäsche. Bei doppelter Unterstreichung ist eine besonders schonende Behandlung anzuwenden, also Wollwaschgang bei Maschinenwäsche. Ist eine Hand im Waschzuber abgebildet, so ist ausschließlich eine Handwäsche erlaubt. Ist das Symbol durchgekreuzt, so darf überhaupt nicht gewaschen werden.
Bei Leder ist darauf zu achten, dass nur spezielles Lederwaschmittel nach Gebrauchsanweisung zur Anwendung gebracht werden darf.

Bleichen

Das leere Dreieck gibt an, dass sowohl eine Sauerstoff- als auch eine Chlorbleiche zur Anwendung kommen können. Zwei schräge Linien im Dreieck bedeuten, dass keine Chlorbleiche, sondern nur eine Sauerstoffbleiche erlaubt ist. Ein durchgekreuztes Dreieck verbietet jegliche Bleiche. Bei Leder ist dieses Symbol immer durchgekreuzt, da Leder prinzipiell nicht gebleicht werden darf. Die Farbe soll ja schließlich erhalten werden.

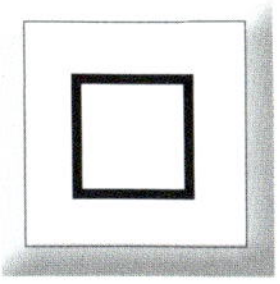

Trockner

Das Quadrat steht für den Trocknungsvorgang, der Kreis im Quadrat für den Wäschetrockner. Bei diesem Symbol ist also das normale Trocknen im Wäschetrockner erlaubt, das Gleiche gilt, wenn zwei Punkte im Kreis sind. Bei nur einem Punkt ist ausschließlich das Trocknen bei niedriger Temperatur erlaubt. Ist das Symbol durchgekreuzt, ist kein maschinelles Trocknen erlaubt. Dies gilt für quasi alle Leder, da Leder ausschließlich bei Zimmertemperatur getrocknet werden sollte, ansonsten könnte es einlaufen und verschrumpeln.

Bügeln

Das Bügeleisen gibt an, ob das Kleidungsstück gebügelt werden darf. Eventuelle Punkte im Symbol geben den Temperaturbereich an, drei für heiß, zwei für mittel und einer für geringe Temperatur ohne Dampf. Ist das Symbol durchgekreuzt, ist kein Bügeln erlaubt. Leder sollte nur in Ausnahmefällen in trockenem Zustand mit maximal 45 Grad gebügelt werden und nie mit Dampf. Es sollte auch immer eine hitzebeständige Membran zwischen Leder und Bügeleisen gelegt werden, am besten eignet sich Backpapier.

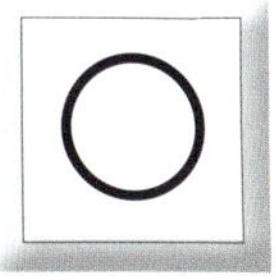

Professionelle chemische Reinigung

Der Kreis gibt an, ob eine professionelle chemische Reinigung durchgeführt werden darf. Eventuelle Buchstaben im Kreis weisen auf Chemikalien hin, die bei dem Reinigungsvorgang verwendet werden dürfen. Bei eventuellen Unterstreichungen gilt dasselbe wie beim Symbol „Waschen". Ein durchgekreuzter Kreis besagt, dass keine chemische Reinigung vorgenommen werden darf. Bei hochwertiger Lederbekleidung ist es empfehlenswert, gleich zu einer professionellen Reinigung zu gehen, sofern dies vom Hersteller zugelassen ist.

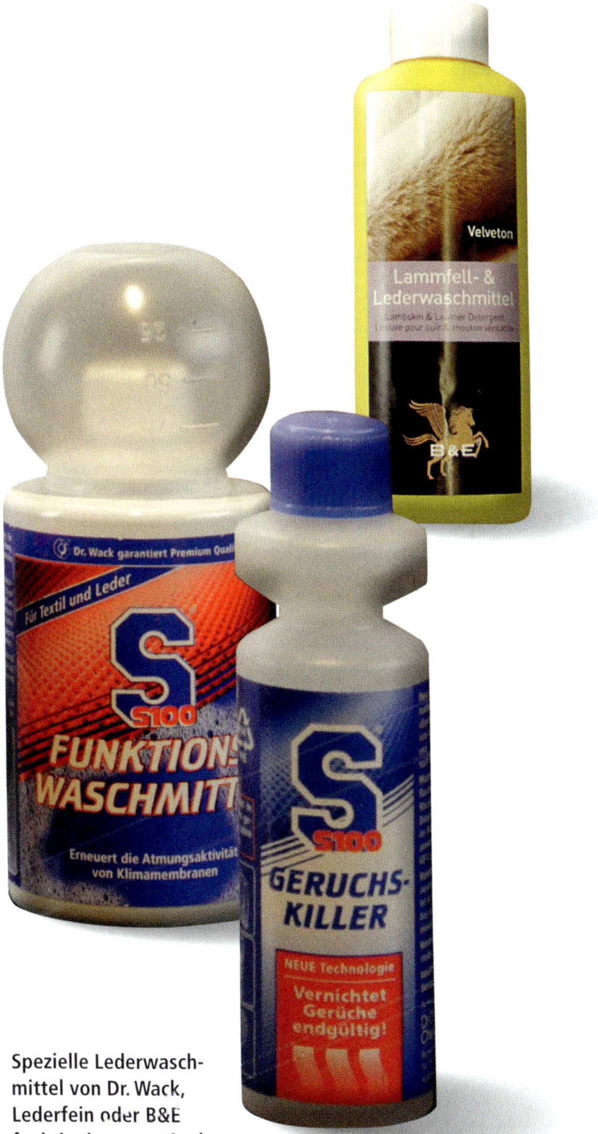

Spezielle Lederwaschmittel von Dr. Wack, Lederfein oder B&E funktionieren gut in der Waschmaschine.

Motorrad-bekleidung

Motorradbekleidung ist von Natur aus sehr robust und wird fast immer aus Rindleder, selten aus Känguruleder hergestellt. Sie wird durch tote Insekten, Motorwärme und Kontakt zu Metall mehr beansprucht und in Mitleidenschaft gezogen als andere Bekleidungsleder. Schließlich ist sie dafür ausgelegt, hoffentlich nie vorkommende Stürze abzufangen und dem Fahrer maximalen Schutz zu bieten.

Motorradbekleidung kann grundsätzlich genauso gewaschen oder gereinigt werden wie oben beschrieben. Stark verschmutzte Stellen oder Flecken durch tote Insekten sollten per Hand mit Lederwaschmittel und Bürste vorbehandelt werden. Manche Lederwaschmittel können auch bei einem Leder-Stoff-Materialmix eingesetzt werden, hier ist in jedem Fall die Gebrauchsanweisung des Waschmittels zu beachten. Nach Trocknung bei Zimmertemperatur wird zur Pflege und Imprägnierung eine Pflegemilch oder ein Lederöl aufgetragen.

Achtung:
Niemals Schuhcreme zur Pflege von Lederbekleidung verwenden!!!

LEVIOR
FETT
Collonil
SHAMPOO
LEXOL NF
Leather Dressing
NON-DARKENING
LEXOL
Leather Conditioner
PRESERVATIVE
FLM
Velveton
Lammfell- & Lederwaschmittel
FLM
MOTUL
HEY
COMBI
NEU!
WOLY
LEMON CLEANER
Bama
COLOURLOCK
Poliboy
Leder Intensiv Pflege
TIEROWA
Lederreiniger für Glatt- und Lackleder
Leather cleaner for smooth and patent leathers
LEATHER MILK
SWIZÖL
KIWI
LEDERPFLEGE
GRISON
LEATHER AND SADDLE SOAP

Motorrad – Lederbekleidungspflege

Stoff-Leder-Kombinationen sind gut mit Dr. Wack zu pflegen.

Dr. Wack-Imprägnierspray dünn auftragen.

Den Hey-Reiniger mit der Bürste auftragen.

Lexol besitzt einen UV-Schutz im Conditioner.

Mit einem weichen Tuch sauber reiben.

Der Woly-Imprägnierer hat ebenfalls eine gute Wirkung.

Das Hey-Flüssigpflegemittel kann auch auf Kunststoff verwendet werden.

Reinigen mit Sattelseife funktioniert auch.

… und gut einmassieren.

Für den Helm eignet sich der Reiniger von Woly …

Die Grison-Lederseife lässt sich auch verwenden.

… der sogar Salze aufnimmt.

Die raue Innenfläche der Handschuhe aufrauen …

Tierowa-Lederreiniger auf den Lappen geben …

… und mit Dr. Wack Rau-Matt-Pflege imprägnieren.

Motorradstiefelpflege

Motorradstiefel müssen den Fuß und das Bein beim Sturz schützen, wasserresistent sein und natürlich zum Outfit passen. Wir zeigen hier wie moderne Rennstiefel und fettgegerbte Kalblederstiefel gepflegt werden.

Stiefel mit Shoeboy's-Reinigungsschaum besprühen.

Reinigungsschaum mit dem Tuch einmassieren.

Staub mit der Raulederbürste entfernen.

Velours mit der Bürste reinigen.

Collonil-Bekleidungsfett kann man auch …

… zur Stiefelpflege benutzen.

Ledercreme mit weichem Tuch polieren.

Zu guter Letzt ein Imprägnierspray auftragen.

Den Veloursteil mit Raulederspray behandeln.

Dünnflüssige Ledercreme von Tierowa …

… mit der Auftragbürste aufbringen.

Mit der Rosshaarpolierbürste polieren.

Ledertaschen und -koffer

EINLEITUNG

Taschen und Koffer müssen generell viel aushalten. Dabei spielt es keine Rolle, ob es sich um die Lieblingshandtasche, einen Aktenkoffer oder einen Reisekoffer handelt. Vor allem Reisegepäck wird heute sehr oft sowohl von den Eigentümern als auch vom Bodenpersonal am Flughafen überaus despektierlich und grob behandelt. Man bekommt den Eindruck, dass sobald etwas für eine Reise verpackt ist, es nur noch die Hälfte wert ist.

In früherer Zeit war dies ganz anders – und in diesem Fall tatsächlich auch besser. Denn ausschließlich wohlhabende Leute konnten es sich leisten, in die Sommerfrische zu fahren, und selbstverständlich sollten alle lieb gewonnenen Gebrauchsgegenstände von zu Hause dabei sein. Nicht nur die komplette Garderobe für alle möglichen Wetterlagen und gesellschaftlichen Anlässe mit jeweils passendem Schuhwerk, sondern auch Teile des Essgeschirrs und der Möbel wurden mitgenommen. Schließlich sollte es an nichts fehlen. Selbstverständlich wurde auf das wertvolle Porzellan, die Maßanzüge, die handgemachten Hüte und Zylinder sowie auf das rahmengenähte Schuhwerk besonders gut aufgepasst, und jedes Stück musste auf der Reise genügend Platz haben. Nichts wurde eingequetscht oder gestopft. Diese Einstellung führte zur Entwicklung von geräumigem und stabilem Reisegepäck, welches im Schrankkoffer seinen Höhepunkt fand, der schon leer nur von zwei Männern bewegt werden konnte. Häufig gab es bei Reisen mit dem Automobil einen extra Gepäckwagen, vom Chauffeur gesteuert, der dem Auto der Herrschaften folgte. Neben Holz wurde damals wie heute gleichermaßen widerstandsfähiges Leder als bevorzugtes Material für solches Gepäck geschätzt. Natürlich ist heutzutage leicht nachzuvollziehen, dass sich nur noch die englische Königin einen derartigen Reisestil leisten kann. Von ihr ist übrigens bekannt, dass sie unter anderem immer ihre eigene Matratze im Gepäck hat. Angesichts der Betten mancher Hotels ist das etwas, was sich bestimmt viele Reisende wünschen würden. Trotz der heutigen Reisegewohnheiten und der wirklich nicht mehr so wertvollen Garderobe vieler Menschen, besteht doch kein Grund, Reisegepäck und dessen Inhalt in der oben beschriebenen Art und Weise zu behandeln.

Dass bei Damen die Lieblingshandtasche oder der täglich benutzte Aktenkoffer von Managern über die Jahre in ähnlicher Weise leiden und manches Mal Schrammen davontragen müssen, dürfte ebenfalls niemanden überraschen. Umso wichtiger ist auch hier eine gute Pflege.

Was eine Ledertasche so alles erleben kann, wird in dem Gedicht „Die Tasche" von Jürgen Daube deutlich:

Die Tasche

Diese Tasche, das weiß nicht jeder,
ist neu gemacht aus altem Leder.
Aber gutes Leder, das weiß jedes Kind,
kommt nun einmal von dem Rind.

Viele Jahre wurde es benützt,
damit es das Polster eines Sprungkastens schützt.
Und allen Schülern musste es gelingen
über diesen Kasten eben auch zu springen.
So hat das Leder dann in diesen Jahren
bestimmt so einiges erfahren.
Und erzählt, wenn man genau hinsieht,
noch heute vom Leben des Rindes und von den
Nutzerspuren der Leute.

Und wie es so kommt, an irgendeiner Stelle,
bekam es dann ein Loch oder eine Delle.
Als Kastenleder kam das Ende,
aber Dank Jürgen nahm es eine positive Wende.

Weil nur ein kleiner Teil vergammelt,
wurde es von mir gesammelt.
Bis ich dann nach eigner Masche
daraus genäht hab' diese Tasche.

Wer ein solches Prachtstück hat,
besitzt damit ein Unikat.
Jede Tasche ist zu unserem Glück
ein ganz besond'res Einzelstück.

Ob es ist die Art der natürlichen Gerbung
oder die jeweils ganz spezielle Färbung,
die vielen Spuren vom Gebrauch
und natürlich dann das Design auch.

Recycling ist in und so bekommt das Leder eben,
von mir genäht, ein drittes Leben.
Ich hoffe, Du wirst bestimmt an vielen Tagen
noch oft und gern die Tasche tragen.

P.S.
Für des Leders Leben letztes Drittel
pflegt man es ab und zu
mit farblos Lederpflegemittel.
Oder für das Make-up wär' auch ganz nett,
nimmt man nur etwas Lederfett.

Reinigung und Pflege von Glattledertaschen und -koffern

Bei Flecken oder Verschmutzung wird ein Lederreiniger benutzt, und zur Pflege und Imprägnierung, je nach Intensität der Benutzung, etwa zweimal jährlich ein Lederöl. Vor allem bei größeren Gepäckstücken, die einer stärkeren Belastung ausgesetzt sind, kann mit einem Tuch auch eine dünne Schicht Lederfett aufgetragen werden. Aufgrund der Rückfettung sollte Lederfett jedoch nur außen angewandt werden.

Taschen und Koffer aus Anilin zugerichtetem Leder werden mit speziellen Anilinpflegemitteln behandelt, die gleichzeitig pflegende und imprägnierende Wirkung haben. Für die Reinigung stehen spezielle Anilinreiniger zur Verfügung, und Öl- oder Fettflecken werden mit einem fettabsorbierenden Spray entfernt.

Reinigung und Pflege von Rauledertaschen und -koffern

Reisegepäck oder Handtaschen aus Rauleder werden bei starker Verschmutzung mit Lederwaschmittel, unter Beachtung der Gebrauchsanweisung, gewaschen. Flecken werden mit dem Raulederradierer entfernt. Für Öl- und Fettflecken kommt wiederum ein fettabsorbierendes Spray zur Anwendung. Für die Imprägnierung wird eine spezielle Raulederimprägnierung verwendet.

Die Farbauffrischung findet wie im Kapitel Ledertaschen und -koffer beschrieben statt.

Zur Kofferpflege nur schonende Pflegemittel verwenden. Sattelseife ist nicht für feine Leder geeignet.

Diese grauen Schlieren wurden von Sattelseife verursacht.

Kiwi bietet ein echtes Allround-Pflegemittel an.

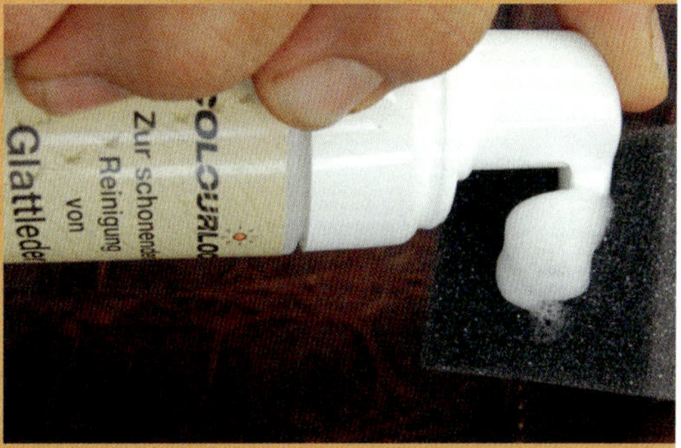

Colourlock-Schaumreiniger auf den Schwamm geben.

Colourlock-Glattlederpflege bietet auch UV-Schutz.

Der Ed Meier-Reiniger reinigt gut und schonend.

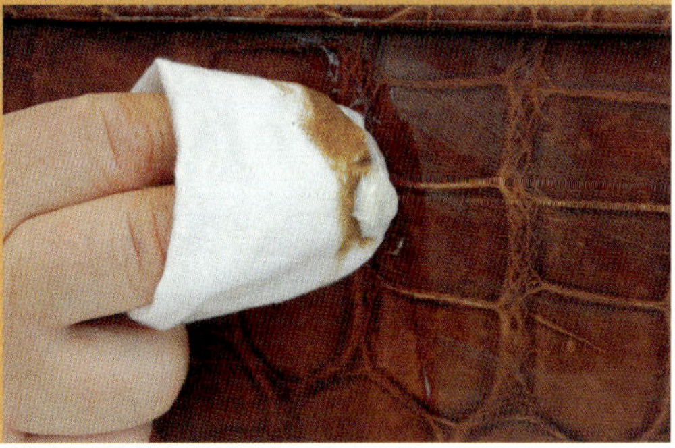

Mit der Colourlock-Pflegetönung erzielt man beste Ergebnisse.

Kleinlederwaren und Lederaccessoires

Kleinlederwaren und Accessoires wie Geldbeutel, Brieftaschen und Gürtel werden oft vernachlässigt, obwohl sie für gute Pflege genauso dankbar sind wie große Lederwaren. Sie werden auch in gleicher Art und Weise gepflegt. Bei Flecken nimmt man einen Lederreiniger, der mit einem Tuch oder Schwamm aufgetragen wird. Nach Trocknung bei Zimmertemperatur wird eine Pflegelotion oder ein Lederöl aufgetragen. Lederfett sollte nicht verwendet werden, da solche Lederwaren meist mit Kleidung in Kontakt kommen.

Collonil
CLEAN & CARE
Collonil
RUSTICAL
Poliboy
Leder Intensiv Pflege
Ed. Meier
Haus für feine
Poliboy
Leder Reiniger
Qualität hergestellt in Deutschland
TAPIR
LEDER PFLEGE
Bama
Pflege-Lotion
Crème Traditionnelle
DASCO
PROTECTOR
KIWI
LEDERPFLEGE
250ml
WOLY
MULTI COLOR LOTION
Smooth Leather
Collonil
FÜR LEDERKLEIDUNG

Kleinlederwarenpflege

Bei der Pflege von Lederbüchern die Seiten schützen.

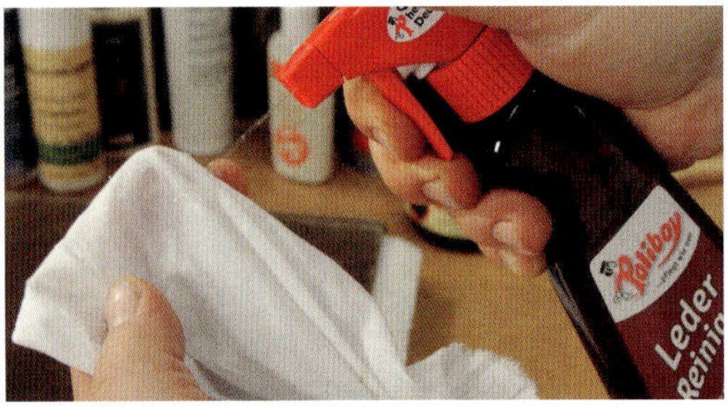

Poliboy-Lederreiniger auf ein Tuch aufbringen.

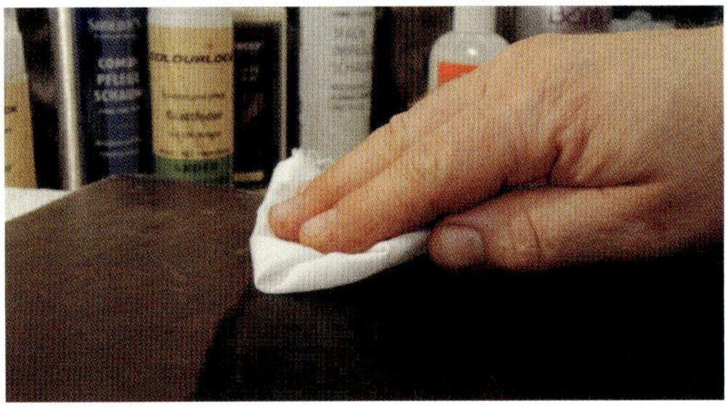

Zügig gleichmäßig einmassieren.

Poliboy-Lederpflege mit …

… einem Tuch einmassieren.

Collonil-Pflege mit Schwammaufträger auftragen.

Die Pflege gut einpolieren.

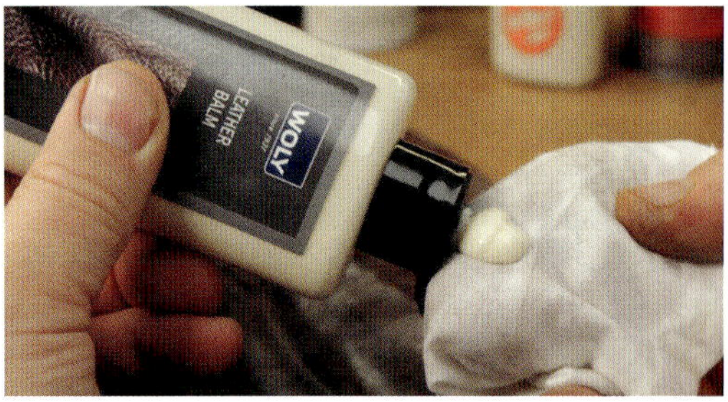

Woly-Lederbalsam eignet sich …

… genauso wie die Kiwi-Pflege für Taschen.

Die Magnetverschlüsse nicht mitpflegen.

Portmonees pflegt man gut mit Collonil …

… Bekleidungspflege, die in alle Ecken verteilt werden sollte.

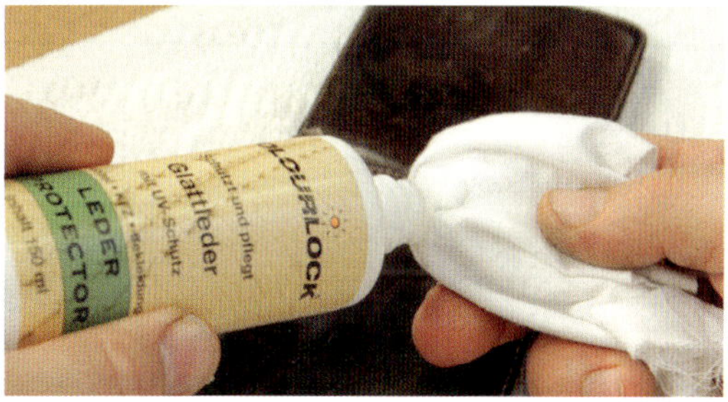

Die Colourlock-Pflege pflegt sanft …

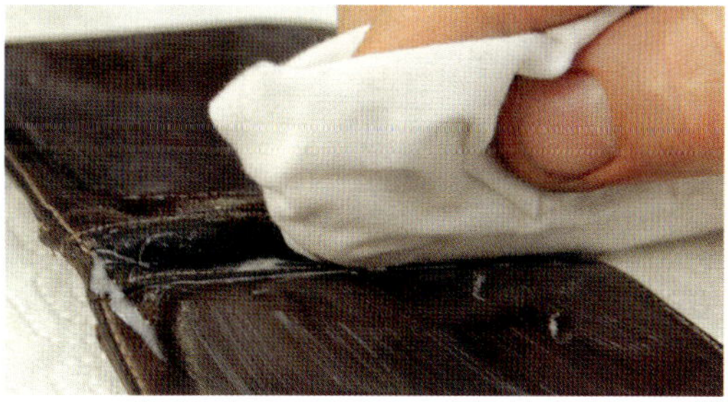

… und lässt sich gut einmassieren.

Zigarrenetuis außen gut pflegen …

… innen bitte nicht pflegen, da sonst …

… die Zigarren nach Pflegemittel schmecken.

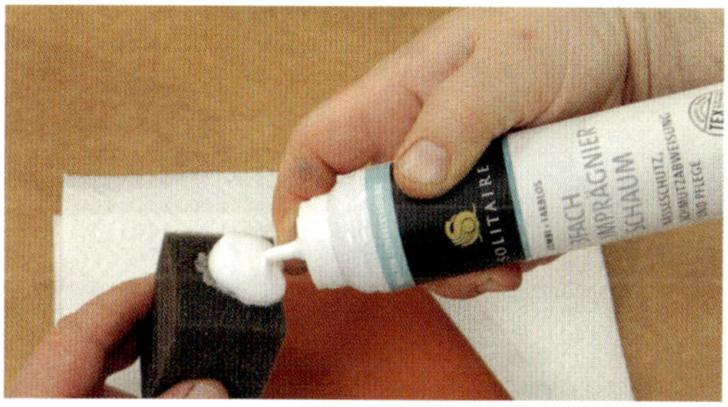

Anilin zugerichtete Brieftaschen kann man …

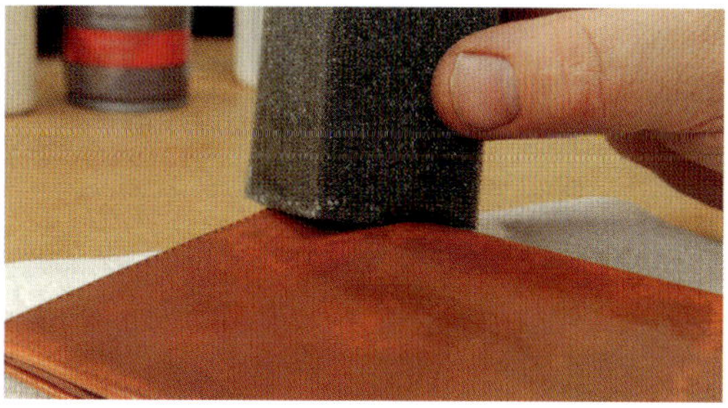

… mit Solitär-Imprägnierschaum behandeln.

Kleinlederwarenpflege

Collonil-Bekleidungslederpflege in Schwarz …

… deckt bei braunen Aktentaschen aufgescheuerte …

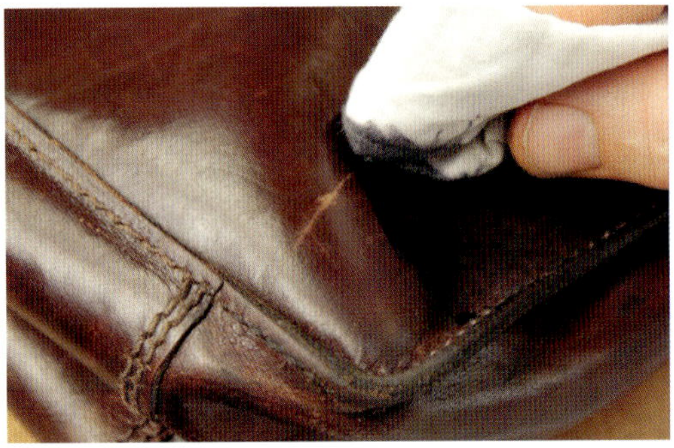
… Ränder und Kratzer sehr gut ab.

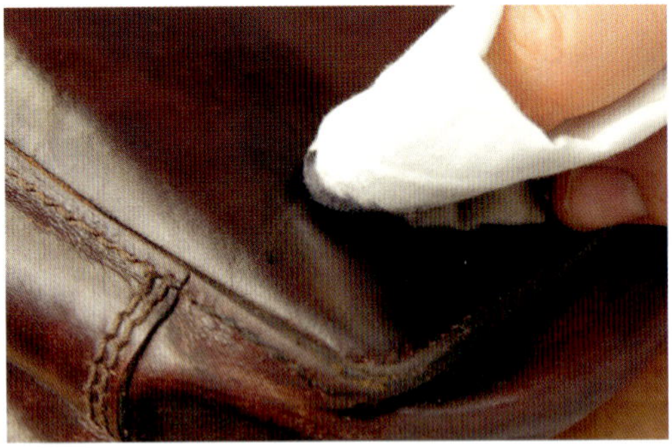
Wie man auf diesem Bild deutlich sieht.

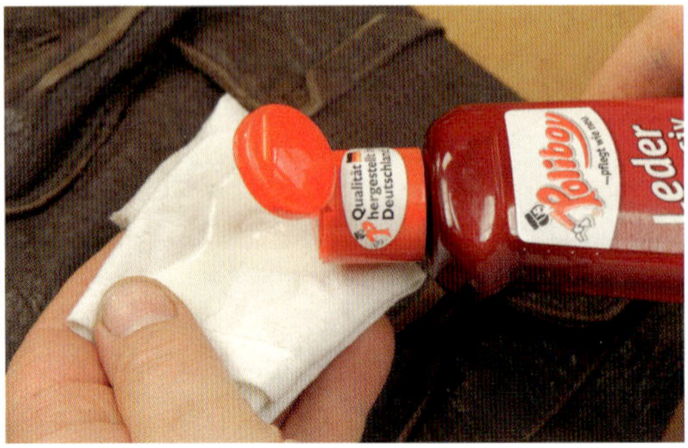

Elchledertasche vorsichtig aber zügig mit …

… Poliboy-Lederpflege behandeln.

Tabaktaschen aus Straußenleder pflegt man …

… mit Poliboy, da es auf Textilien aufgetragen werden darf.

Anilinzugerichtete Tabaktasche mit der Tapir-Pflegemilch …

… bestreichen und polieren.

Velours-Tabaktaschen aufrauen und …

… gegen Schmutz imprägnieren.

Große Velourstaschen von Staub befreien.

Mit Reinigungsschaum einsprühen und ausbürsten.

Die Lederränder mit Collonil-Pflege behandeln.

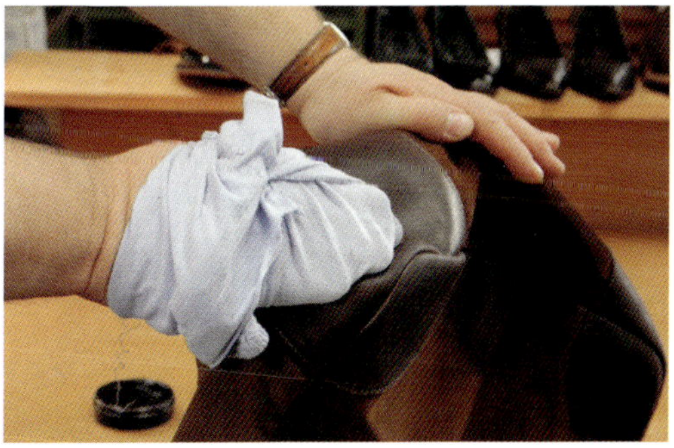

Abpolieren und los geht's.

Lederhandschuhpflege

Solche dreckigen Handschuhe können …

… in der Waschmaschine oder mit Hey gereinigt werden.

Nach dem Trocknen die restlichen Flecken mit dem Radierer …

… behandeln, dann mit der Veloursbürste aufrauen.

Lederreinigungsschaum aufsprühen.

Auf den Nubukhandschuhen den Schaum einbürsten.

Zuletzt gut imprägnieren.

Lammfellhandschuhe mit Lammfellpflegemittel waschen.

Ledergürtelpflege

Schlangenleder mit Pflegemilch behandeln.

… bevor er mit einem Spray imprägniert wird.

Wegen der weißen Naht werden farblose Mittel verwendet.

Helle Gürtel mit neutralen Mitteln pflegen.

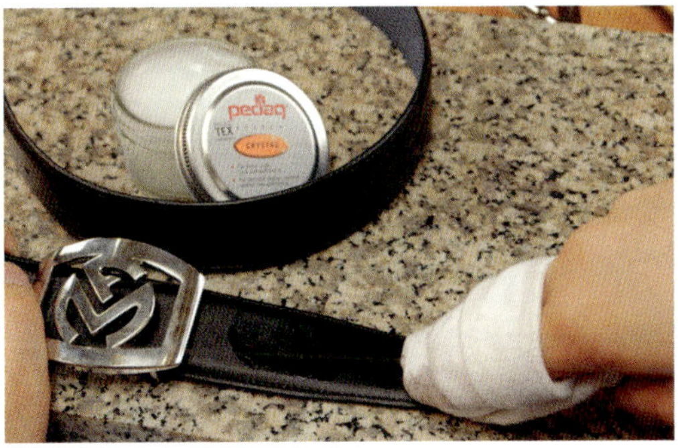

Pedag eignet sich zur Gürtelpflege.

Komplett schwarze Gürtel können mit Schwarz gepflegt werden.

Diesen Gürtel pflegt man mit der Bürste …

Armbanduhren-lederpflege

Ein Tuch mit Lederreiniger tränken …

… und dann das Band innen…

… und außen gut reinigen.

Nach dem Reinigen gut trocknen lassen.

Armbanduhrenlederpflege

Mit dem Finger erst braune Creme einmassieren.

Mit einem Tuch aufpolieren.

Danach schwarze Creme auftragen.

Polieren und das Band erstrahlt wieder.

Farbgebende Schuhcreme …

… auspolieren, sonst ist die Bluse farbig.

Zur Sicherheit imprägnieren …

… und mit Woly-Bienenwachs behandeln.

Neutralpflege bei hellen Nähten verwenden.

Lederöl mit einem Fehaarpinsel aufnehmen.

Haifisch mit Woly-Bienenwachs pflegen.

Echsenleder mit Lederöl einstreichen.

Krokobänder mit Pflegemilch behandeln.

Woly pflegt und bringt Glanz auf das Leder.

Straußenleder mit Woly-Shine pflegen.

Damenlederbänder Reinigung

Armreifen aus Perlrochen mit Bürsten-Pflegemittel reinigen

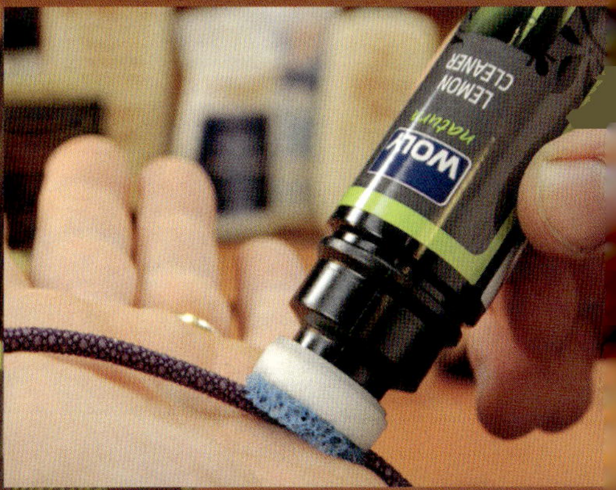

Halsbänder ab und an mit dem …

… Woly-Cleaner, der selbst Salze löst, behandeln.

Pflege von Möbelleder

EINLEITUNG

Ledermöbel sehen nicht nur sehr schön aus, sondern sind auch bequem und bei guter Pflege überaus widerstandsfähig und haltbar. Nicht ohne Grund sind heute, vor allem in England, noch Ledermöbel in Gebrauch, die bereits 200 Jahre alt sind. Außerdem sind sie viel hygienischer als Polstermöbel, da sie keinen Staub produzieren, was sie für Allergiker zur ersten Wahl macht. Wer sich also beim Kauf Zeit lässt und nach guter Qualität sucht, das Möbelstück anschließend gut pflegt und sorgsam damit umgeht, muss sich nur einmal im Leben eine Couchgarnitur oder einen Fernsehsessel zulegen. Dadurch wird auch der Preis, der bei einer großen hochwertig gearbeiteten Garnitur mit Sessel durchaus den eines Kleinwagens erreichen kann, relativiert. Hat man sich zu einer solchen Anschaffung durchgerungen, besteht in der Regel das weitaus größere Hindernis darin, einen Betrieb zu finden, der solche Qualitäten überhaupt liefern kann. Denn nicht nur das Leder ist entscheidend, sondern auch die Polsterung und der Hartholzunterbau. Wer einmal auf derartigen Ledermöbeln gesessen und diesen Komfort und diese Haltbarkeit genossen hat, wird sehr schnell von den Billigmöbeln der Discounter nichts mehr wissen wollen.

LEATHER CLEANER
SWIZÖL
COLOURLOCK
A1
Lederpflege
Auf Jojobaöl-Basis
Soin Cuir
Zur Farbauffrischung
Glattleder
Inhalt 150 ml
SWISS WAXMAKERS SINCE 1930
LEATHER MILK
CONDITIONER
SWIZÖL
HIGH PERFORMANCE CAR CARE
HAND MADE IN SWITZERLAND

Ledermöbel

Neue Glattleder

Bei Ledermöbeln, die noch nicht älter als drei Jahre sind, ist es ausreichend, auftretende Verschmutzungen sofort mit einem Lederreiniger zu entfernen. Hierzu einen milden Lederreiniger auf einen Schwamm oder ein Tuch auftragen und damit über die verschmutzte Stelle reiben und den Schmutz aufnehmen. Sollte das Leder hartnäckiger verschmutzt sein, nimmt man einen stärkeren Lederreiniger und eventuell eine weiche Bürste. Je nach Benutzungshäufigkeit wird das Leder etwa zweimal jährlich mit einer Pflegemilch oder einem Lederöl behandelt. Bei sehr hellen Ledern empfiehlt sich innerhalb der ersten drei Jahre die regelmäßige (zwei- dreimal im Jahr) Verwendung von Leder-Versiegelungsmitteln, um Abfärbungen von der Kleidung auf das Leder zu vermeiden.

Tipp – Daumentest: Ein guter Test, ob ein Ledermöbel oder ein Autositz Pflege braucht, ist der Daumentest. Wenn sich das Leder ohne Faltenbildung mit dem Daumen eindrücken lässt und sich gleich wieder in seine Ausgangsposition zurückzieht, so ist es noch ausreichend gepflegt. Bilden sich aber Falten und zieht es sich nur langsam und unregelmäßig in seine Ausgangsposition zurück, ist es zu trocken und benötigt dringend Pflege, ansonsten werden sich bald Risse bilden!

Ältere Glattleder

Bei großflächigen Verschmutzungen oder regelmäßigen Grundreinigungen sollte zuerst loser Schmutz mit einem Staubsauger oder einer weichen Bürste entfernt werden. Dann wird das Leder wie oben beschrieben mit einem Flüssigreiniger oder einem Reinigungsschaum gereinigt. Immer nur kleine Bereiche reinigen und den Schmutz sofort aufnehmen, nicht etwa erst das ganze Sofa einschäumen. Falls die Farbe aufgefrischt werden muss, nach der Reinigung auf die nachzufärbende Stelle mit einem Tuch oder Schwamm Reinigungsbenzin aufbringen und das Leder entfetten. Anschließend die Farbauffrischung applizieren, keinesfalls Schuhcreme oder sonstige Produkte verwenden, die zur Schuhpflege gedacht sind, sie färben ab. Es gibt spezielle Farbauffrischer für Ledermöbel.
Größere Schäden wie Risse oder kleine Löcher sollten vor der Nachfärbung zuerst mit einem feinen Schleifpapier oder speziellen Leder-Schleifpads glatt geschliffen werden. Jetzt werden die Brüche mit Flüssigleder einer salbenartigen synthetischen Flüssigpaste geschlossen. Dann wird gefärbt und schließlich sollte das ganze Leder mit einem Pflegemittel behandelt werden. Pflegemittel mit UV-Filter schützen am besten vor Ausbleichungen.

Vorsicht mit Lederfett

Lederfett empfiehlt sich nur bei sehr trockenem und brüchigem Leder oder zur Konservierung. Es sollte immer nur sehr sparsam verwendet und immer zuerst auf ein Tuch aufgebracht werden, niemals direkt. Damit es gut einziehen kann, sollte man ein bis zwei Tage warten. Dann erst sollte man das überschüssige Fett mit einem trockenen Tuch aufnehmen – bevor man sich setzt, sonst findet sich das Fett in der Kleidung wieder.

Anilinleder

Aufgrund seiner Offenporigkeit ist Anilinleder sehr fleckenempfindlich. Flüssigkeiten ziehen sofort ein. Das Leder braucht daher schon ganz zu Anfang eine Behandlung mit speziellen Anilinpflegemitteln; diese Behandlung sollte alle drei Monate wiederholt werden. Vor der Anwendung mit Anilinpflegemitteln sollte ein Anilinreiniger verwendet werden. Mit Wasser sollte Anilinleder am besten überhaupt nicht in Kontakt kommen, denn es zieht sofort ein und das Leder dunkelt nach. Flecken, die bereits eingezogen sind, können nur noch in Spezialbetrieben entfernt werden. Vor allem an den Armlehnen und Kopfstützen wird Anilinleder leicht speckig. Handelt es sich nur um kleinere Bereiche, kann mit speziellen fettabsorbierenden Fleckensprays nachgeholfen werden. Wenn die Stellen jedoch großflächig sind, hilft wiederum nur ein Spezialbetrieb. Gleiches gilt prinzipiell auch für Semi-Anilinleder, das nur geringfügig widerstandsfähiger ist als Anilinleder.

Achtung: Ledermöbel sollten grundsätzlich nie direkter Sonneneinstrahlung oder Heizkörpern ausgesetzt werden!

Antikleder

Reinigung

Antikleder sind hauptsächlich für die Herstellung von Chesterfieldmöbeln (Vorsicht! Der Umkehrschluss gilt nicht. Nicht alle Chesterfieldmöbel sind mit Antikleder bezogen.) und für hochwertige, für die Jagd verwendete Lederwaren, in Gebrauch. Durch die in vier Reihen eingezogenen Knöpfe der Chesterfieldmöbel entstehen die sogenannten Cappitons (typische Falten). Diese sind vorsichtig mit einem Staubsauger oder einem weichen, leicht angefeuchteten Tuch zu reinigen. Bei stärkerer Verschmutzung bitte einen milden Reiniger verwenden. Vorsicht, manche Chesterfields sind sehr wasserempfindlich, auch Reiniger sollten erst an unauffälligen Stellen auf ihre Farbechtheit überprüft werden!

Pflege und Nachfärbung

Antikleder sind meist von Natur aus strapazierfähig und robust. Für die normale Pflege ist die halbjährliche Anwendung einer Pflegemilch oder eines Lederöls ausreichend. Durch jahrelangen Gebrauch kann es aber an stark beanspruchten Stellen wie Sitzflächen oder Arm- und Rückenlehnen zu Farbabrieb kommen, was sich in diesem Bereich dadurch deutlich macht, dass nur noch die hellere Grundfarbe zu erkennen ist. Diese Bereiche können meist mit schwarzer Lederfarbe nachgefärbt werden. Nach der Trocknung, die auch mit einem Fön unterstützt werden kann, wird die gefärbte Stelle mit einem sehr feinen Schleifpapier leicht angeschliffen – und zwar so lange, bis die Färbung wieder der normalen, erwünschten Färbung entspricht. Auch bei der Nachfärbung ist es wichtig, diese Technik erst einmal an einer unauffälligen Stelle zu testen. Wer sich dies nicht selbst zutraut, sollte einen Fachbetrieb aufsuchen und die Ledermöbel mit einer Lederversiegelung behandeln, diese verhindert weiteren Farbabrieb.
Zusätzlich empfiehlt es sich, um Farbabrieb generell zu minimieren, die Möbel nach den ersten drei Jahren und anschließend einmal jährlich mit einer Lederversiegelung zu behandeln. Nach der Versiegelung kommt ein Leder Protector zur Anwendung, beziehungsweise ein Lederfett bei glänzendem Leder. Lederfett darf, wegen seiner rückfettenden Wirkung, jedoch nur sehr dünn auftragen werden. Ein bis zwei Tage einwirken lassen und den Rest mit einem Tuch abnehmen.

Ledermöbelpflege

Nicht erschrecken! Hier trocknet das Reinigungsmittel.

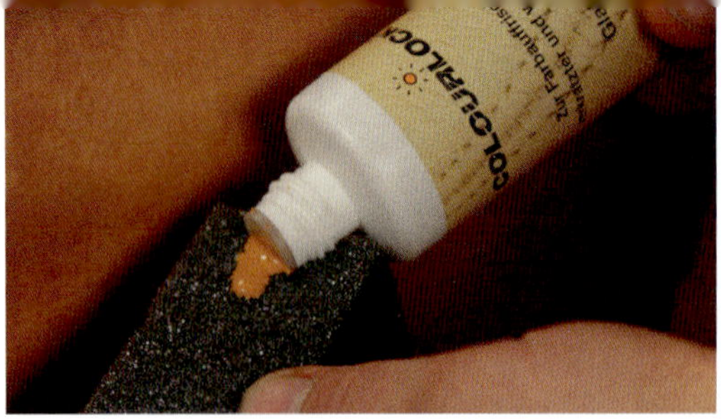

Colourlock-Tönung auf einen Schwamm …

… auftragen, gut verteilen und …

… mit gleichmäßigen Strichen auf das Leder bringen.

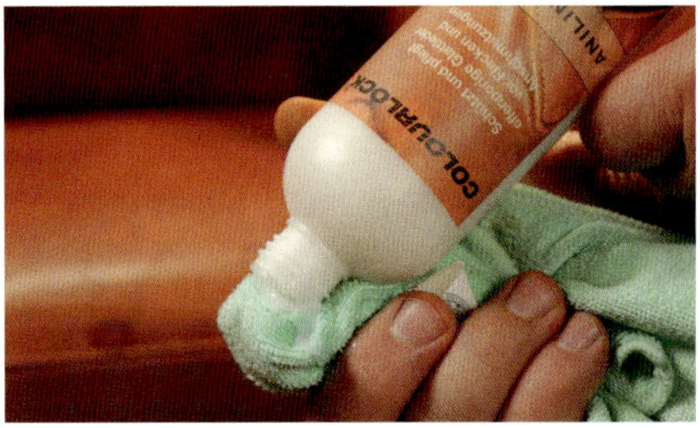

Colourlock-Anilinpflege auf ein Mikrofasertuch …

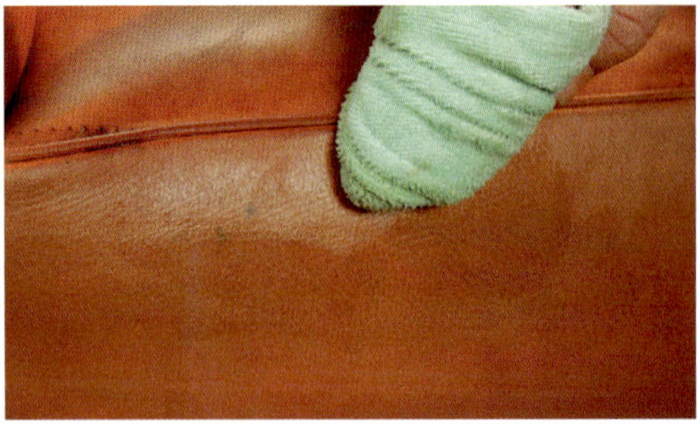

… auftragen und einmassieren.

A1-Lederpflege ist für Autositze und Möbelleder gut geeignet.

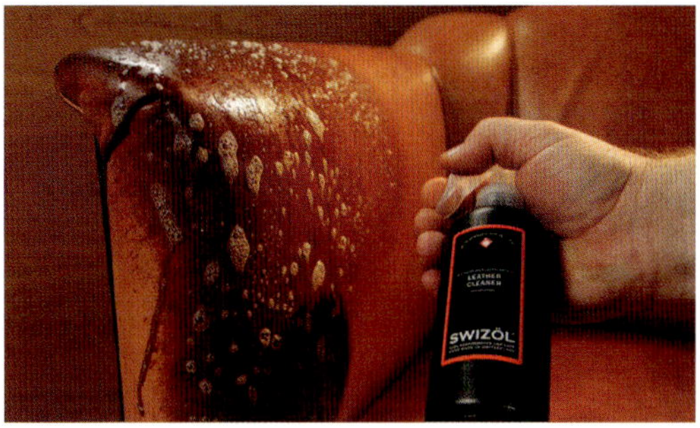

Swizöl-Reiniger aufsprühen …

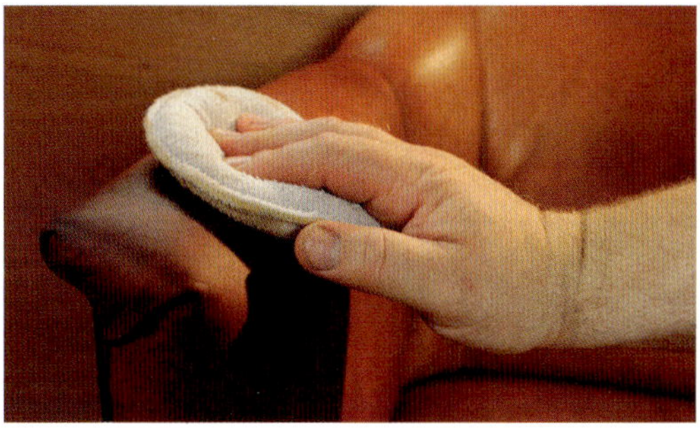

… und mit Swizöl-Pad reinigen.

Poliboy funktioniert ebenfalls.

Lexol-Pflege mit Schwamm auftragen.

Das Leder mit einem Föhn vorsichtig anwärmen.

Dann das Swizöl-Pflegemittel mit …

… dem Tuch auf das warme Leder bringen.

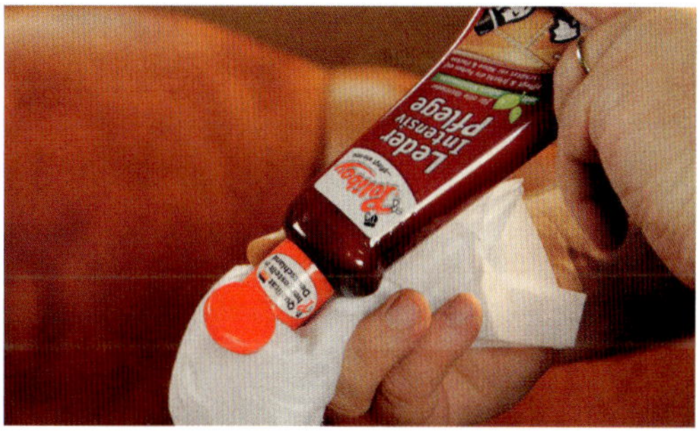

Die Poliboy-Pflege mit einem …

… Tuch zügig auftragen.

Ledermöbel-pflege

Designklassiker wie dieser Egg Chair von Arne Jacobsen, leben von ihrer Patina. Zum Erhalt der Patina mit Colourlock-Anilinpflegespray behandeln.

Helle Leder pflegt man …

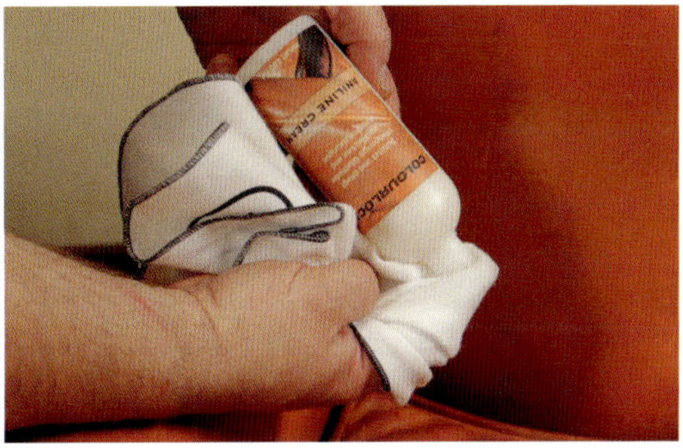

… mit Colourlock-Anilinpflege.

Patinierte Leder werden mit der gleichen …

… Farbe und Schwarz von Grison eingelassen.

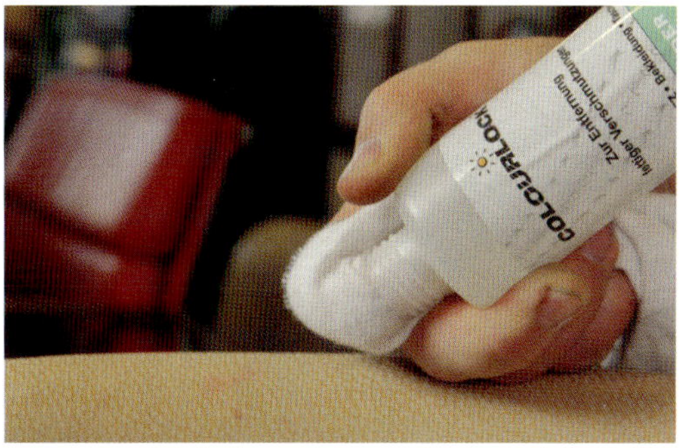

Flecken mit Colourlock-Reinigungsbenzin behandeln …

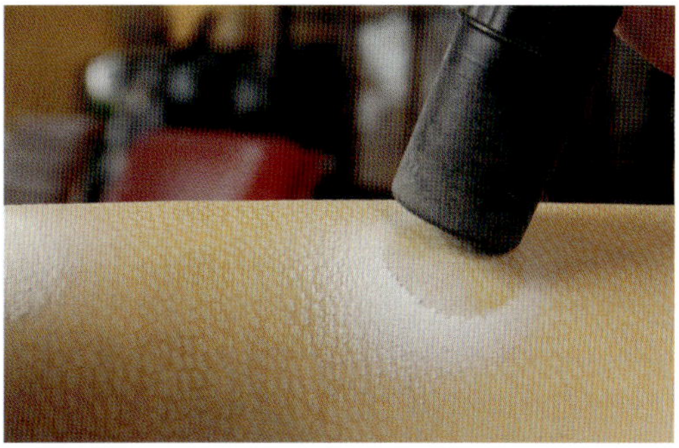

… und dann mit Colourlock-Fleckengranulat einsprühen.

Helles Leder mit Lederreiniger behandeln.

Nach dem Trocknen mit Pflegemilch pflegen.

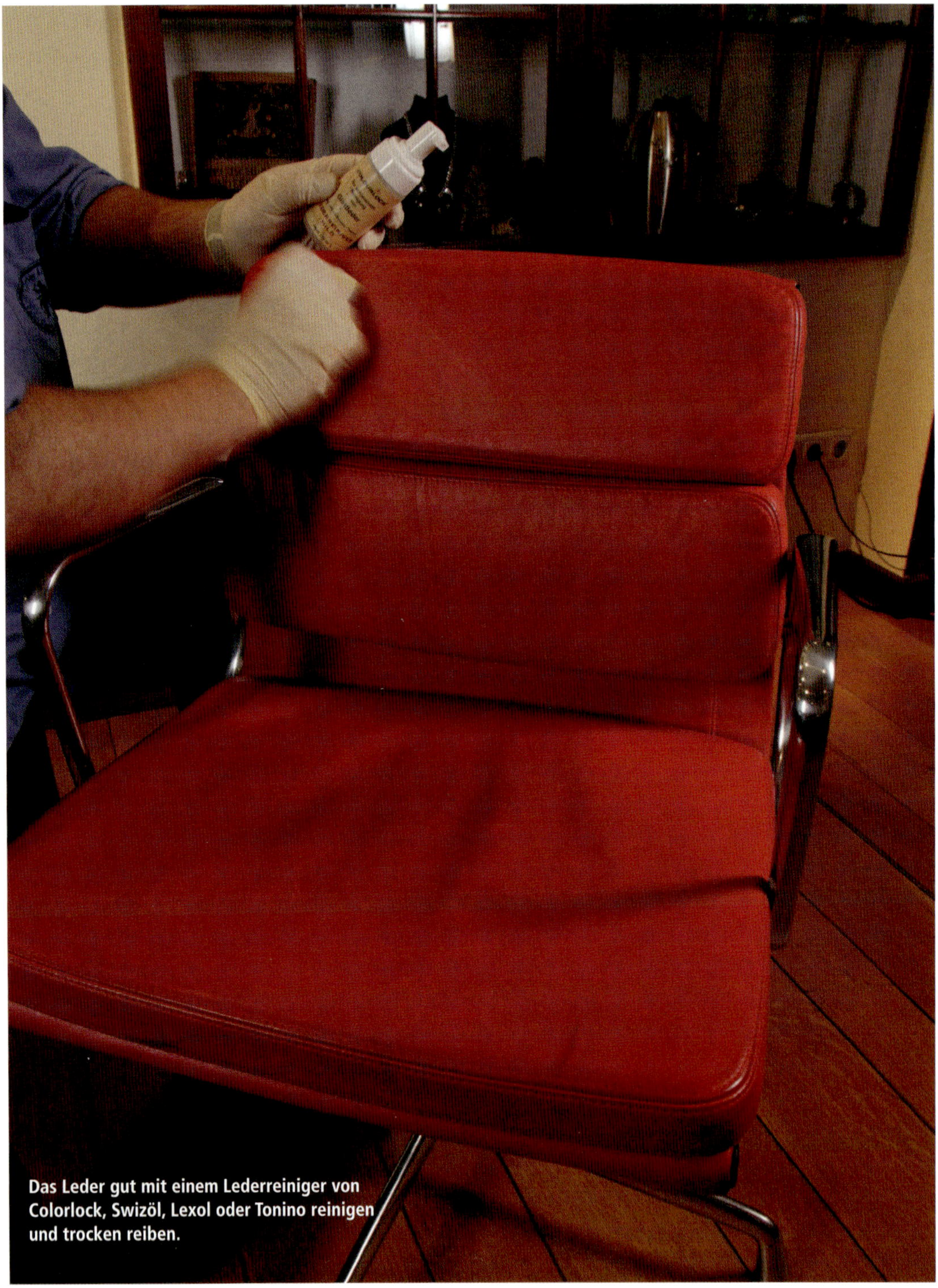

Das Leder gut mit einem Lederreiniger von Colorlock, Swizöl, Lexol oder Tonino reinigen und trocken reiben.

Büromöbellederpflege

Büroledermöbel werden nicht nur durch Reibung und Schweiß stark beansprucht, sondern auch durch die Sonneneinstrahlung ausgebleicht.
Damit dies nicht so schnell passiert pflegt man die Möbel zwischendurch mit einem UV-hemmenden Pflegemittel. Ebenso kann man mit einem tönenden Pflegemittel die verblichene Farbe auffrischen.

Dr. Wack A1 pflegt mit einem UV-Blocker.

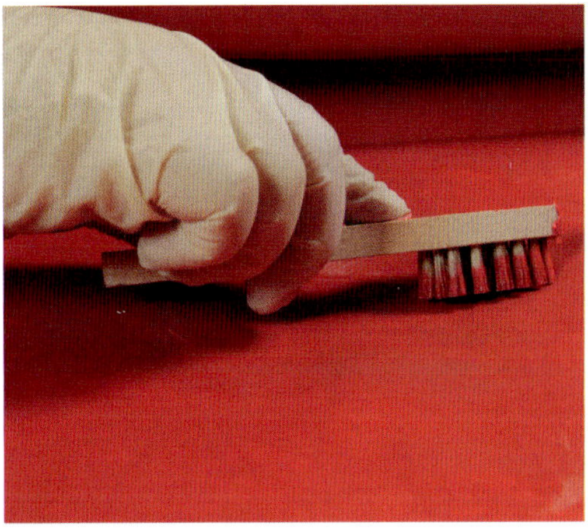

Die Lederpflege mit einer Einstreichbürste auftragen.

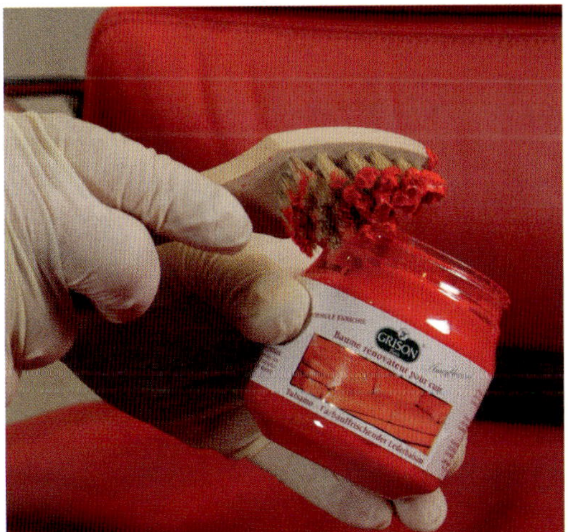

Grison-Möbelpflege gibt es in mehreren Farben.

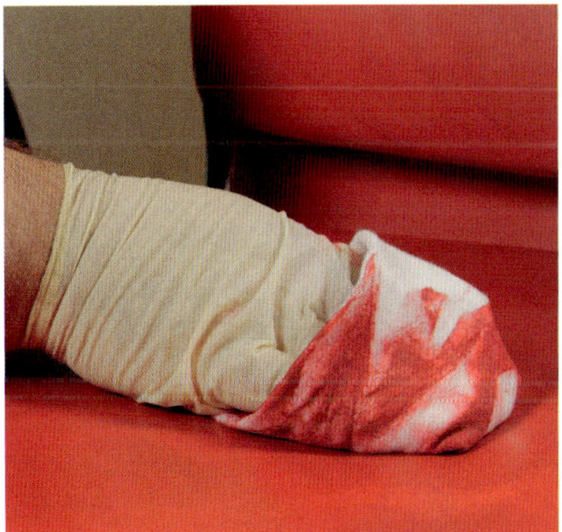

Nach 20 Minuten Trockenzeit mit dem Tuch aufpolieren.

Automobil-lederpflege

Es gibt heute bei Fahrzeugausstattungen wohl kein anderes Extra, das so für die Wertigkeit und Exklusivität eines Automobils steht wie eine Lederausstattung. Die angenehme Haptik, die schöne Optik und nicht zuletzt der angenehme Geruch machen ein Automobil mit einer umfangreichen, gut gepflegten Lederausstattung beinahe unwiderstehlich – insbesondere, wenn die übrigen Materialien, die man sieht oder die man anfasst, aus Holz und Chrom bestehen. Gleichzeitig muss das Leder heute eine Vielzahl von technischen Eigenschaften erfüllen: Es muss möglichst farbecht gegenüber UV-Licht sein, um Ausbleichungen und Verfärbungen zu verhindern und es muss möglichst resistent gegen Anschmutzungen durch Getränke, Essen, Zigarettenasche, Körperausdünstungen und Schmutz im Allgemeinen sein. Außerdem soll es pflegeleicht und in den mechanischen Eigenschaften auch der Beanspruchung schwergewichtiger Menschen gewachsen sein. Werden alle diese Anforderungen berücksichtigt, so ist leicht zu verstehen, dass Automobilleder besonders aufmerksame Pflege benötigt, vor allem wenn man noch den Wertverlust durch eine schlecht gepflegte oder bereits kaputte Lederausstattung bedenkt. Besonders bei älteren Fahrzeugen kann sich der Restwert dadurch schnell einmal halbieren. Da versteht es sich von selbst, dass es äußerst sinnvoll ist, die Lederausstattung von Anfang an zu pflegen. Einerseits kann man dadurch den regelmäßigen Pflegeaufwand klein halten und sich andererseits an der längstmöglichen Lebensdauer des Leders erfreuen.

Oldtimer werden schon seit geraumer Zeit immer beliebter. Wer einen Oldtimer besitzt, hat ihn in der Regel entweder wegen seines hohen emotionalen Wertes angeschafft oder aus Gründen der Geldanlage oder aus einer Kombination beider Gründe. Was nun auch der Grund sei, eine besonders gute Pflege der automobilen Schmuckstücke ist von größter Bedeutung, um sich noch möglichst lange an seinem Hobby erfreuen zu können oder um den Wert der Kapitalanlage zu maximieren.

LEXOL NF
Leather Dressing
NON-DARKENING
Neatsfoot for today's Leather
500 mL (16.9 FL OZ)
LEXOL
Original Formula
Leather Conditioner
PRESERVATIVE
Softens Leather • Prevents Crackin
500mL (16.9 FL OZ)
Poliboy
Leder
Reiniger
KIWI
LEDERCREME
Collonil

Neufahrzeuge und Youngtimer

Seit dreißig Jahren sind quasi alle Autoleder chromgegerbt und oberflächengefärbt. Um diese Leder werterhaltend zu pflegen und so eine möglichst lange Lebensdauer zu erreichen, sollte von Anfang an auf die richtige Pflege geachtet werden. Leder, das noch nicht älter als drei Jahre ist, braucht noch keine besondere Pflege, da es vom Gerber optimal zugerichtet wurde. Das größte Problem bei derartigen neuen Ledern besteht in der möglichen Abfärbung von der Kleidung der Fahrzeuginsassen auf das Leder, vor allem bei hellen Ledern. Daher empfiehlt es sich innerhalb der ersten drei Jahre, das Leder mit einem Leder-Versiegler zu behandeln, das beugt Anschmutzung und Abrieb vor. Der Fahrersitz sollte drei- bis viermal pro Jahr versiegelt werden je nach Benutzungshäufigkeit des Automobils, die restlichen Sitze dementsprechend weniger häufig, etwa ein- bis zweimal pro Jahr.

Reinigung

Bevor mit der eigentlichen Pflege begonnen wird, sollte mit einem Staubsauger oder einer weichen Bürste loser Schmutz und Staub vollständig von den Sitzen entfernt werden, da sonst das Leder durch die Schleifwirkung beschädigt werden kann. Verschmutzungen werden mit einem flüssigen Lederreiniger oder einem Reinigungsschaum entfernt. Grundsätzlich sollten alle Reiniger, Pflege- und Imprägniermittel nicht direkt, sondern mittels eines Tuches oder Schwammes auf das Leder aufgetragen werden. Zunächst sollte aber die Verträglichkeit an einer versteckten Stelle getestet werden.
Lederreiniger gibt es in verschiedenen Stärken. Um das Leder nicht überzustrapazieren, fängt man mit den milderen an und wechselt bei nicht ausreichender Wirkung zu den stärkeren Reinigern. Bei sehr hartnäckigem Schmutz oder an unzugänglichen Stellen wie Falten und Ritzen kann mit einer weichen Bürste nachgeholfen werden. Es sollten jeweils nur kleine Bereiche gereinigt und der gelöste Schmutz gleich mit einem Tuch aufgenommen werden.

Pflege / Schutz

Auf Autoledern, die älter als drei Jahre sind, sollte nach der Reinigung ein Pflegemittel appliziert werden. Leder trocknet mit der Zeit aus und wird brüchig und rissig. Lederpflegemittel, egal ob als Pflegemilch oder Lederöl, halten das Leder elastisch und weich und besitzen eine rückfettende Wirkung. Daher gilt es, die Pflegemittel gut einzumassieren und am besten über mehrere Tage bei offenen Fenstern einziehen zu lassen. Dann werden mit einem Tuch überschüssige Reste aufgenommen und das Leder mit einem anderen Tuch überpoliert. Aufwand und Gründlichkeit sind hier notwendig, damit die rückfettenden Mittel nicht in die Kleidung der Fahrzeuginsassen gelangen. Daher auch Vorsicht beim Umgang mit Lederfett, vor allem auch am Lenkrad, es ist stark rückfettend und sollte grundsätzlich nur sehr sparsam verwendet werden. Es bietet sich vor allem bei Cabriolets an, da Cabrioleder auch einmal nass werden kann. Gerade für Cabrios bietet sich auch ein Pflegeprodukt mit integriertem UV-Schutz an, welches das Ausbleichen der Ledersitze verhindert.

Tipp:
Verwenden Sie grundsätzlich keine Scheuerschwämme mit harter Oberfläche zum Auftragen von Pflegemitteln!

Vor dem Reinigen gut absaugen.

Mit dem Finger das Mittel gut verreiben.

Die Bürste holt schonend den Dreck aus den Ritzen.

Die Pflege in einem Durchgang aufbringen.

Swizöl-Reiniger mit dem Frotteetuch …

Verletzungen mit Collonil-Creme oder …

… zügig einmassieren.

… Colourlock-Tönung abdecken.

Swizöl-Pflege in das Frotteepad bringen.

Staub mit dem Swizöl-Duster aufnehmen.

Kiwi Neutral eignet sich zur Not auch.

Jedoch sind Mittel wie Lexol speziell …

… auf Automobilleder abgestimmt.

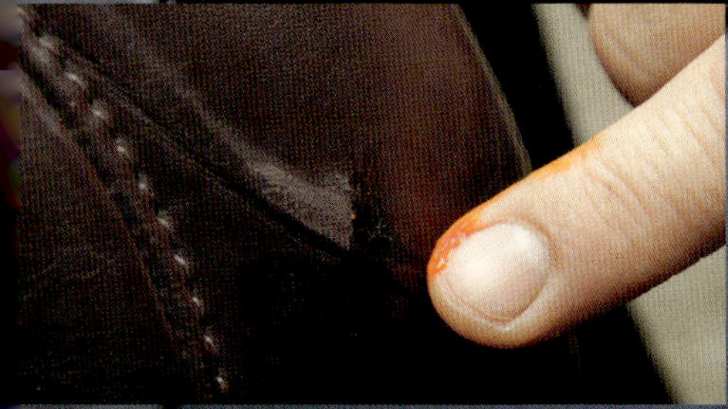

Abschürfungen können mit Creme getönt werden.

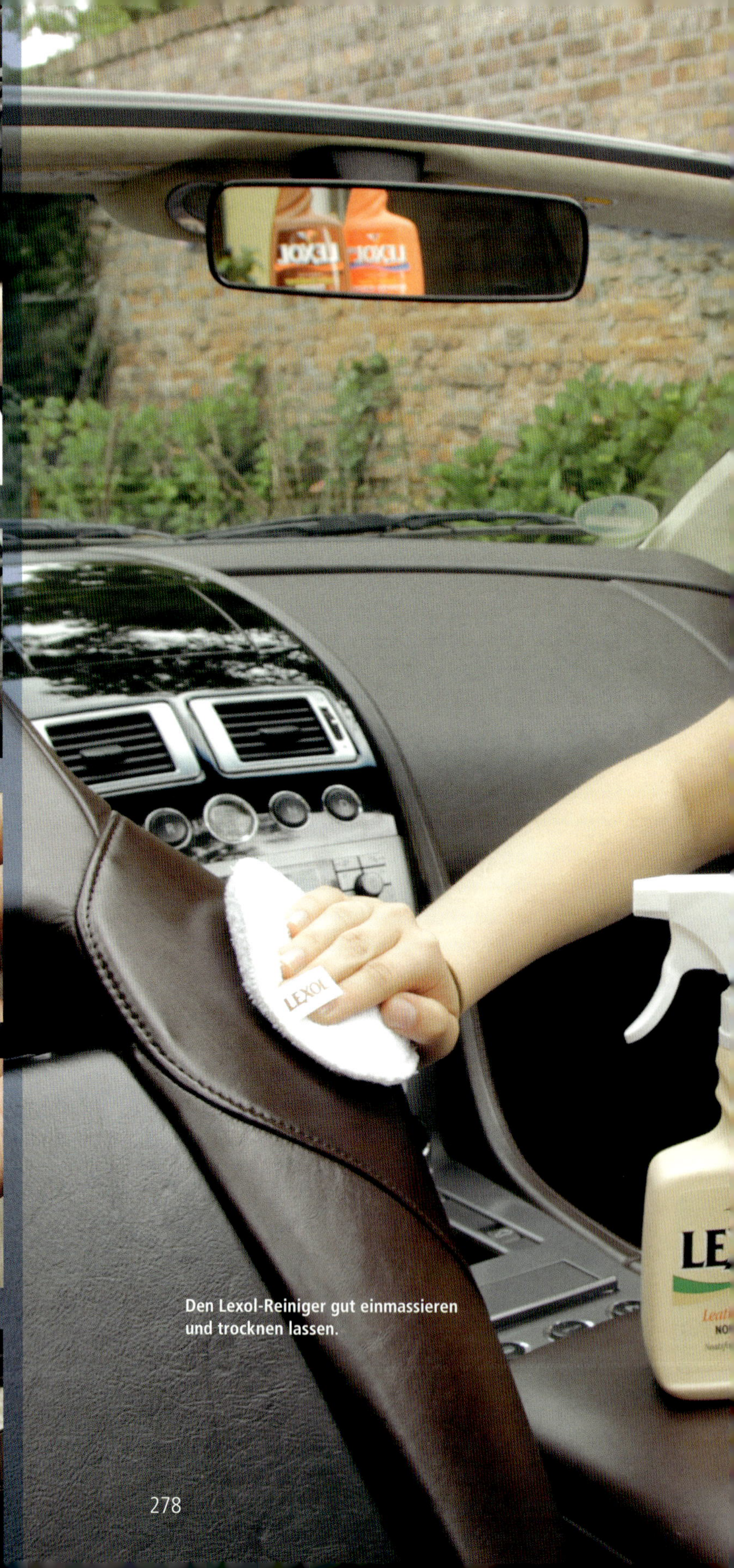

Den Lexol-Reiniger gut einmassieren und trocknen lassen.

Flecken im Velours mit Reinigungsbenzin säubern.

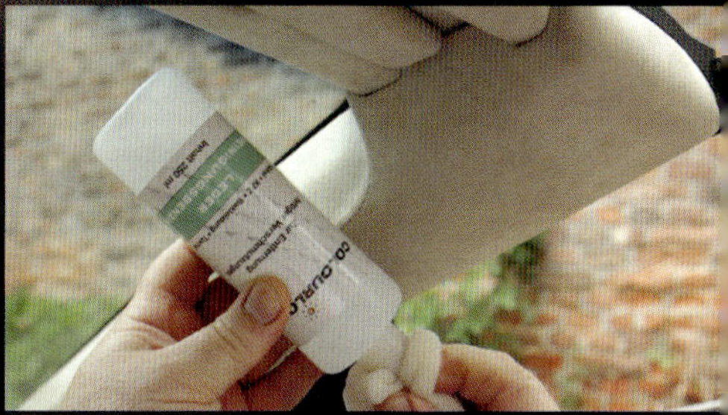

Zur Fleckenentfernung nur tupfen.

Mit der Veloursbürste wieder aufrauen.

Pflege von Automobilleder

Perforiertes Leder wird grundsätzlich genauso gepflegt wie unperforiertes. Die Löcher sind jedoch anfälliger für Anschmutzungen. Damit keine Feuchtigkeit durch die Löcher in das Sitzinnere gelangt, sollten die Reinigungs- und Pflegemittel bei den einzelnen Arbeitsschritten nur sehr sparsam verwendet werden. Dafür lieber öfter mit dem Tuch oder mit dem Schwamm über das Leder gehen.

Tipp: Grundsätzlich gilt: Es ist besser, öfter zu pflegen, bei sparsamer Verwendung der Pflegemittel, als einmal das Leder mit Pflegemitteln zu ertränken. Das gilt für alle Lederprodukte.

Achtung: Auf bienenwachshaltige Produkte sollten Sie im Autolederbereich verzichten, da sie Knarzgeräusche verursachen können.

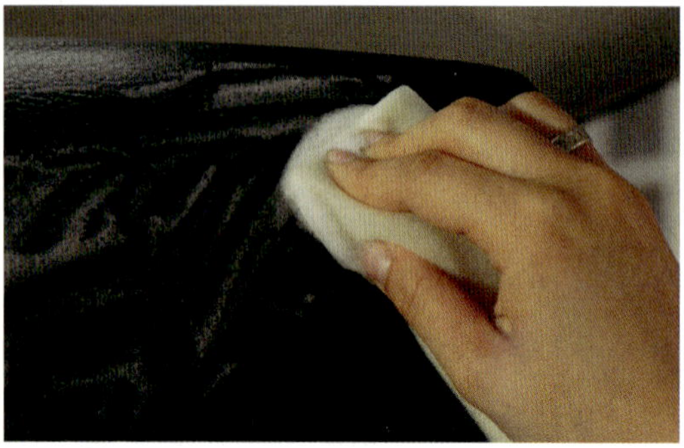

Gut in das Leder massieren.

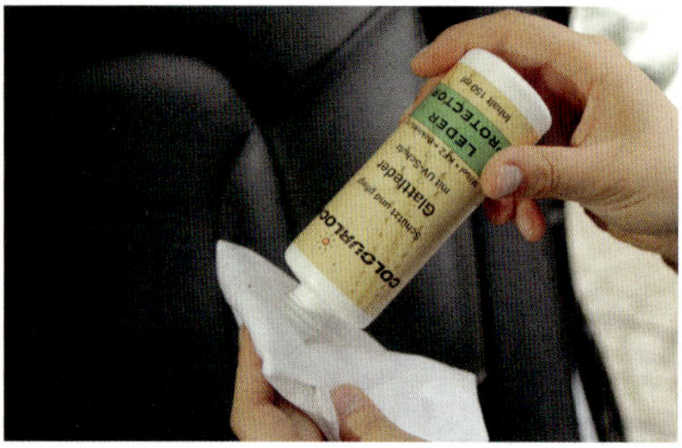

Colourlock-Pflegemilch in ein Tuch geben.

Den Reiniger reichlich auf …

… einen Schwamm auftragen.

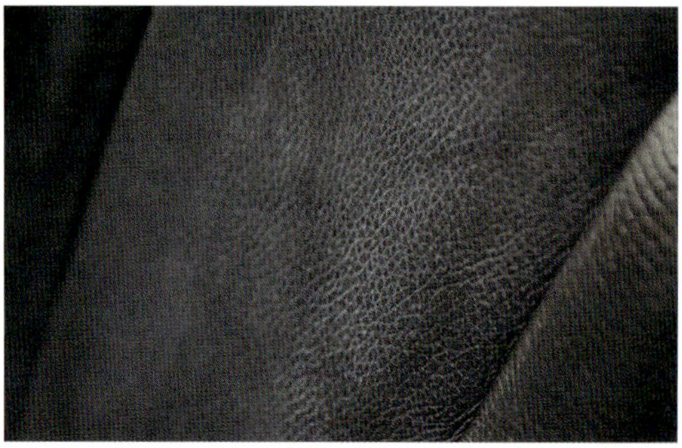

Bei genarbtem Leder gibt es schon einmal einen …

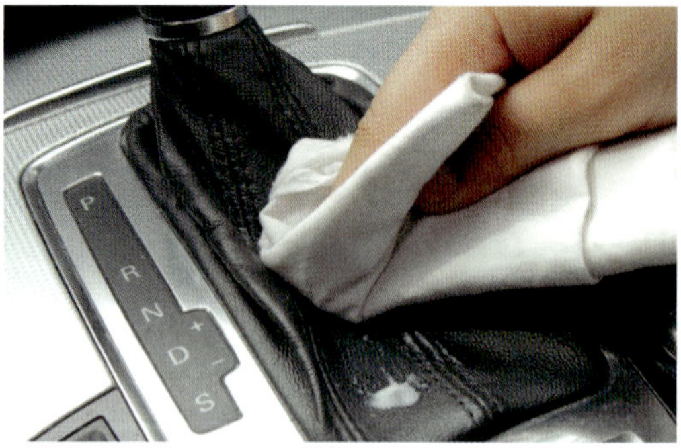

… Grauschleier – dann mit feuchten Tuch nachwischen.

Oldtimerlederpflege

Verhärtetes Leder

Lederausstattungen von Oldtimern bestehen aus vegetabil gegerbten Ledern und sind nicht durchgefärbt. Sie sind sehr wasserempfindlich, weshalb sie niemals wirklich nass gemacht werden, sondern nur mit angefeuchteten Tüchern in Kontakt kommen sollten. Außerdem sollte direkte Sonneneinstrahlung vermieden werden. Die früher zur Farbgebung verwendeten Nitrozelluloselacke sind in trockenem Zustand sehr hart, weshalb ihnen für die Anwendung auf Leder Weichmacher hinzugefügt wurden. Diese oxidieren und zersetzen sich mit der Zeit. Vegetabil gegerbte Leder sind nur bis circa 70 Grad hitzebeständig, im Gegensatz zu den heute verwendeten chromgegerbten Ledern, die bis über 90 Grad hitzebeständig sind. In Autos, die in der Sommerhitze geparkt wurden, können problemlos Temperaturen von über 80 Grad erreicht werden. Die Folge davon ist, dass vegetabil gegerbte Leder austrocknen und dadurch verhärten. Es bilden sich Risse oder gar Brüche.

SWIZÖL

Soll hartes Leder wieder weicher gemacht werden, kommen sogenannte Leder „Softener" (dt.: „Weichmacher") zum Einsatz. Diese werden nach dem oben beschriebenen Reinigungsvorgang des Leders, das dabei so wenig wie möglich mit Wasser befeuchtet werden sollte, und vollständiger Trocknung mit einem Tuch oder Schwamm aufgetragen. Das Leder sollte mit dem Softener großzügig eingerieben werden, bis es gut feucht ist. Wenn das Leder trocken ist, wird der ganze Vorgang wiederholt, falls nötig, mehrmals. Dies kann mehrere Tage in Anspruch nehmen. Im Anschluss sollte das Leder durch Drücken leicht bewegt werden, bis es weicher wird. Wegen der Bruchgefahr sollte allerdings nicht zu stark gedrückt werden.

Geschrumpftes Leder kann nicht mehr durch Pflege auf die alte Größe gebracht werden, dieser Schaden ist dauerhaft. Trotzdem sollte auch geschrumpftes Leder gepflegt werden, um den Zustand nicht noch zu verschlimmern.

Der Reinigungs- und Pflegevorgang ist ansonsten wie bei Neufahrzeugen. Wenn eine konservierende Wirkung zur Einlagerung in feuchten Garagen gewünscht wird, darf nach dem Applizieren des Pflegemittels ruhig großzügig mit Lederfett gearbeitet werden.

Farbauffrischung

Bei altem Leder hat oft auch die Farbe gelitten, gerade bei Oldtimerleder. Für eine Farbauffrischung muss das Leder zuerst, wie oben beschrieben, gründlich gereinigt werden. Anschließend werden alle Fett- und Pflegemittelreste mit einem in Reinigungsbenzin getränkten Tuch entfernt. So vorbereitet kann das Färbemittel (z. B. Leder Fresh von Colourlock) aufgetragen werden. Auch hier gilt: lieber mehrmals in dünnen Schichten auftragen als in einer einzigen dicken Schicht.

Wie beim Reinigen sollte die Tönung ebenfalls nur in kleineren Bereichen von Naht zu Naht aufgetragen werden. Bevor eine neue Schicht Farbe aufgetragen wird, sollte die erste Schicht vollständig abgetrocknet sein. Zur schnelleren Trocknung kann ein Fön eingesetzt werden. Ist das Farbergebnis zufriedenstellend und die Farbe vollständig trocken, geht man mit einem Pflegemittel oder eventuell etwas Lederfett darüber.

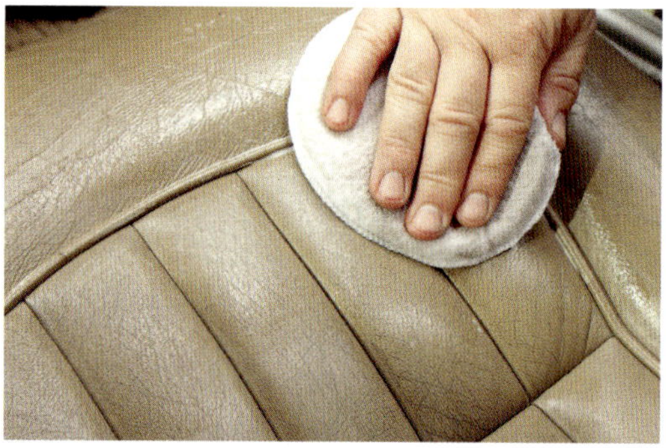

Mit dem Pflegepad Reinigungsmittel auftragen …

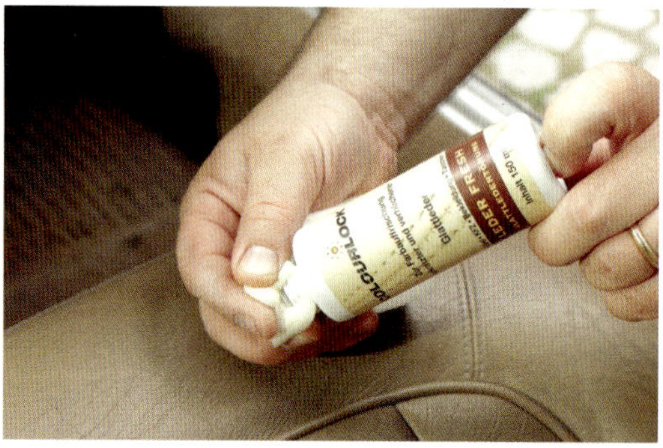

Colourlock-Pflegemittel mit UV-Schutz …

… gleichmäßig einmassieren.

Das Lenkrad gut reinigen.

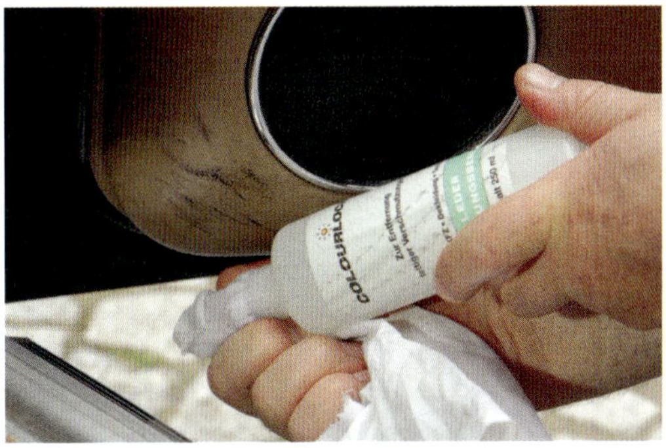

Mit Reinigungsbenzin von Colourlock …

… an der Tür die Ausstiegsspuren beseitigen.

Lederpflegetücher von Poliboy …

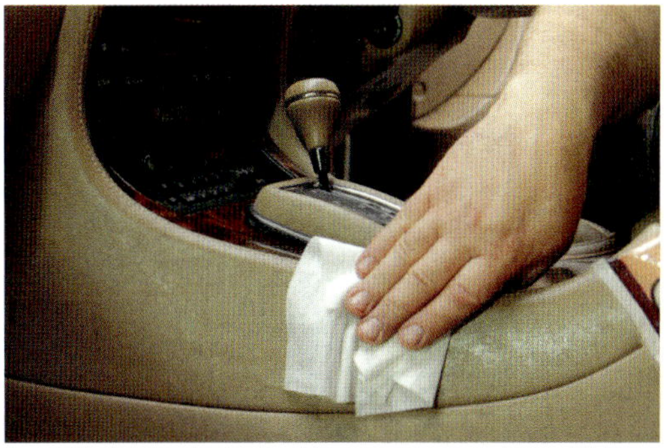

… für die Pflege zwischendurch …

… können platzsparend im Auto verwahrt werden.

Die Pflegemittel von Poliboy …

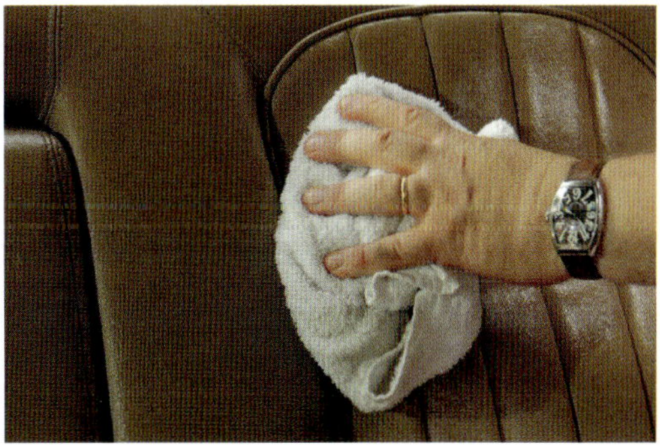

… erzielen ebenfalls gute Ergebnisse.

Fertig! jetzt kann's losgehen!

QUELLENVERZEICHNIS

Bücher:

Berghoff, Mischa:
Autopflege Spezial,
Heel Verlag, Königswinter (2006)

Prinz von Croy, Albrecht:
Benehmen Sie sich,
Carl Hanser Verlag, München (2006)

Ebel, Carl:
Die Fabrikation von Schuhcreme und Bohnerwachs,
Knapp, Halle a. d. Saale (1952)

Himer, Axel:
Maßschuhe, Fackelträger-Verlag, Köln (2009)

Kirchdorfer, Franz:
Wachswaren. Aus der chemischen Praxis,
Schuhcremes – Bohnermassen – Kerzen, Augsburg (1948)

Leder-Pflege-Fibel:
Lederzentrum GmbH, Rosdorf (2006)

Petzold, Christian:
Das große Buch der Fahrzeugpflege,
Heel Verlag, Königswinter (2010)

Vass, Lázló & Molnár, Magda:
Herrenschuhe handgearbeitet,
Könemann-Verlagsgesellschaft mbH, Köln (1999)

Zeitschriften:

Edition Schuhe Frühjahr/Sommer (1997)
Webseiten:
www.heinen-leather.de.
www.horween.com.
www.leder-info.de.
www.lederfabrik-rendenbach.de.
www.lederpedia.de.
www.vdl-web.de.
www.wikipedia.de.

Schuhpflegewerkbank in der Schuhabteilung des Modehauses Hirmer in München.